わたしの居場所、
このまちの。

制度の外側と内側からみる第三の場所

田中 康裕＝著

水曜社

はじめに

居場所の現場からの問題提起

居場所の現場に立ち続けてこられた方から、次のような願いをこめて居場所を運営していると伺ったことがある。

> 今どこに行っても、立ちあげの目的は介護予防・健康寿命延伸のためと紹介されます。結果そうであることを願いますが、……、参加される全ての方にとって日々の生きる喜びや楽しみ、自己実現の場であり、結果、地域に生きる安心につながることを願っています。そのために必要なことをプラスしながらやっていけたらと思っています。

筆者にとって、この言葉は大きな意味をもつ。この言葉を伺い、社会が居場所に「介護予防・健康寿命延伸」の役割を期待しているとしても、この側面に焦点をあて過ぎることで居場所の可能性を見失ってしまうのではないか、専門家は現場の人々が居場所にこめている願いに本当に向き合えているのだろうかと考えるようになったからである。本書は、この言葉から受けとった問題提起への応答として執筆したものである。

本書で取りあげる居場所とは、既存の制度や施設の枠組みでは上手く対応されない要求に対応するために開かれてきた家（家庭）でも、職場や学校でもない第三の場所である。筆者が居場所に注目するようになった2000年代前半、居場所はすでに同時多発的に開かれつつあったが、任意団体や個人が運営する小規模な場所が多かったため、居場所は持続可能なのか、広がっていくのかと指摘されることもあった。しかし、この指摘はあてはまらず、その後も多くの居場所が開かれ続けている。

さらに近年では、高齢社会への対応として、居場所には介護や介護予防の機能を担うことが期待されるようになってきた。そして、コミュニティカフェ、地域の茶の間、まちの縁側などをモデルとする通いの場、宅老所をモデルとする小規模多機能型居宅介護というように、既存の制度や施設の外側の場所として開かれてきた居場所が、制度や施設のモデルにされ、その中に取り込まれる動きも生まれている。

　こうした動きは居場所の意義が広く認知されたことの現れとも言えるが、冒頭で紹介した言葉はこうした動きに対する現場からの問題提起である。この言葉では居場所が「介護予防・健康寿命延伸」の機能を担うことは否定されていないが、「日々の生きる喜びや楽しみ、自己実現の場」であり「地域に生きる安心につながる」というように、「介護予防・健康寿命延伸」の枠組みに収まりきらない豊かな場所と捉えられている。

　筆者は『まちの居場所、施設ではなく。：どうつくられ、運営、継承されるか』（以下、前書）において、「親と子の談話室・とぽす」（東京都江戸川区、1987年4月オープン）、「ひがしまち街角広場」（大阪府豊中市、2001年9月オープン）、「居場所ハウス」（岩手県大船渡市、2013年6月オープン）、「実家の茶の間・紫竹」（新潟県新潟市、2014年10月オープン）の4つの場所を取りあげ、居場所の運営を継続するためのポイントを人・もの・お金の3点から考察した。さらに、居場所の運営においては価値の継承を伴わなければならないこと、そのために理念を事後的に豊かなものにし、共有していくことの必要性を述べた。前書で述べた考えは今も変わらないが、居場所だけに注目する考察では、居場所が制度や施設に取り込まれる動きを捉えることはできず、それゆえ、冒頭で紹介した現場からの問題提起に応じることもできない。

　このような問題意識から、本書では前書で取りあげた4つの場所に、「下新庄さくら園」（大阪府大阪市、2000年5月オープン）を加えた5つの場所を取りあげ、前書で十分に考察できなかった居場所と施設の違いについて、居場所が制度や施設に取り込まれていく動きについて考察する。そして、この作業を通して居場所の可能性と、居場所を支える専門家の姿を描きたい。本書は制度や施設を批判するものではない。ただし、居場所と施設の違いに無意識であることの結果として、居場所が制度や施設に取り込まれ、その可能性が見失われていくことは問題だと

考えている。

　本書が、既に居場所に関わっておられる方や専門家にとって居場所を振り返っていただく機会に、居場所に関心をお持ちの方にとって居場所を知っていただく機会になれば幸いである。

本書の構成

　本書は、第1部「居場所の姿」、第2部「居場所の可能性」の2部から構成されている。

写真0-1　(上)「親と子の談話室・とぽす」
写真0-2　(下) 桜並木に面して開かれている

居場所を考察していくためには、まず居場所とは具体的にどのような場所なのかを知る必要がある。そこで、第1部では本書で紹介する5つの場所の姿を描くこととする。

　第1章では、2011年に行われた2つのコミュニティカフェの全国調査の結果を手がかりとして5つの場所の特徴をおさえる。

　第2章から第6章では、5つの場所を1章ごとに紹介していく。それぞれの場所のオープンの経緯や運営の基本情報は変わらないため、前書と重複する部分もあるが、新型コロナウイルス感染症の拡大によって以前のように視察や見学ができなくなった状況においては、具体的な姿を改めて紹介することには意味があると考えた。なお、いずれの場所についても、新たな資料を反映させて加筆している。

写真0-3（上）「下新庄さくら園」
写真0-4（下）下新庄鉄筋住宅と「下新庄さくら園」（右側）

それぞれの章は独立して読んでいただける構成にしており、関心のある場所の章から読み始めていただければと考えている。

　第2部では、冒頭にあげた言葉への応答としての考察を行う。

　第7章は居場所をめぐる小史として、居場所が制度や施設の外側の場所として開かれてきたこと、それと同時に、居場所が制度化されてきたことの流れをみていく。

　第8章では既往研究を参考にしながら居場所と施設とを比較し、居場所の制度化について考察する。結論を要約すれば、居場所では要求に対応することで機能が備わってくるのに対して、施設では先取りされた要求に対応する機能があらかじめ設定されるというように、居場所と施設とでは要求と機能の関係が反転して

写真0-5（上）「ひがしまち街角広場」
写真0-6（下）新千里東町（手前が「ひがしまち街角広場」のある近隣センター）

いることになる。第9章では居場所に備わる機能を豊かに想像する手がかりとして、5つの場所において具体的にどのような機能がオープン後に備わってきたのかをみていく。

　居場所と施設では要求と機能の関係が反転しているとすれば、その違いはどこから生じてくるのか。第10章と第11章はこの点についての考察である。第10章では、施設における第三者としての専門家と、居場所における主（あるじ）の違いに注目する。第11章では、施設における人々の関わりは利用者、参加者という特徴をもつのに対して、居場所における人々の関わりはこれらに限定されないことをみたうえで、そのような関わりが許容される場所はどのようにつくりあげられているのかをみる。

写真0-7（上）「居場所ハウス」
写真0-8（下）古民家を移築・再生した建物

8

第12章では視野を広げて、制度や施設の外側の場所として開かれてきた居場所を支えるために、専門家はどのような役割を担い得るのかを考察する。居場所はすでに専門家を抜きにして広がりつつある動きをふまえたうえで、当事者に注目する研究や実践の手助けを得ながら、居場所を支える専門家像を描くことを試みる。

　第1部は5つの場所それぞれに焦点をあて、縦糸として「居場所の姿」を描くものである。第2部は要求と機能の関係を手がかりとして、横糸として「居場所の可能性」を描くものである。これらの縦糸と横糸を編むことを通して、居場所のことをお伝えしたい。

写真0-9　（上）「実家の茶の間・紫竹」
写真0-10（下）空き家を活用した場所

「わたしの居場所、このまちの。」　目　次

第2部 居場所の可能性

プロローグ

1 居場所と新型コロナウイルス感染症

　居場所ではさまざまな属性の人々が、あらかじめ決められたプログラムに参加しなくても居られることが大切にされてきた。ただし、人々がプログラムに参加することに比べて、居られることを実現するのは容易ではない。それゆえ、本書で紹介するように、居場所においては居られることを実現するために多くの配慮がなされているのである。運営に携わる方々から話を伺ったり、自らも運営に携わったりすることで、居られることを実現するのは容易でないと実感していた。けれども、誰かとともに居られること自体は否定されるべきものでないとナイーブに考えていたところがある。

　ところが、新型コロナウイルス感染症の拡大により、状況は一変した。居場所で大切にされてきた誰かとともに居られることが感染リスクとみなされるようになったのである。実際、感染拡大を受け運営を一時的に休止したり、閉鎖したりした場所もある。

　その一方、本書で紹介する5つの場所を含めて、感染防止対策を講じながら運営を継続したり、再開したりしている場所もある。感染リスクとみなされる状況であるにもかかわらず、誰かとともに居られることを実現しようとする方々、そして、それを求めている方々がいる。ナイーブだという誹りを免れないかもしれないが、このような方々からは居られることがもつ意味を改めて考えるきっかけをいただいた。従って、本書は新型コロナウイルス感染症が拡大する前に執筆していた内容から大幅な修正を加えることなく、特に後半では居られることをめぐる議論を行っている。

　もちろん、感染防止対策が重要であることは言うまでもないが、感染の真っ只中にある現時点では、ある居場所の感染防止対策が不十分である、あるいは、過

剰であると容易には判断できない[1]。こうした状況において気づかされたのは、居場所ではスタッフだけでなく来訪者の協力も得ながら感染防止対策が講じられており、これが新たな関わりの機会を生み出していることである。たとえば、「下新庄さくら園」では日々の運営を担うスタッフではない何人かの男性によって、テーブルに手作りのパーティションが設置されている。「実家の茶の間・紫竹」の河田珪子さんは次のように話している。

　今回のコロナでは、皆さんの行動が制限されていくことがないように気をつけました。感染を恐れて、今までの役目や得意なことを取り上げるのではなく、手洗いなどの予防をしっかりすれば今まで通りやっていいんですよ、と。例えば、再開したときにおやつのお菓子を飴に変えたんです。飴なら口に入れるとき以外はマスクをしていられるからですが、お一人分ずつ袋に入れてリボンで口を縛るという作業が出てきて、それでまた一つ参加者の出番を増やせた、なんていうこともありました。（河田珪子, 2020）

　ここには、介護予防への向き合い方との共通点がみられる。すなわち、あらかじめ具体的なプログラムやメニューが決められているのではなく、スタッフや来訪者などの関わりにより結果として介護予防や感染防止の状態をつくりあげていくこと。これはまさに本書が扱うテーマである。
　これに加えて、新型コロナウイルス感染症の拡大によって垣間見えた状況からは、次の2点についても居場所の可能性が浮かびあがってきたと考えている。

● **住宅が担い切れない要求を受けとめる**
　かつて住宅は生産の場所、学びの場所、育児、介護、看護、看取りというケアの場所というようにさまざまな機能を担っていた。それが現在では調理、洗濯、掃除などの家事を含めて外部化し、その多くは各種の施設によって担われるようになっている。これは住宅の機能の外部化と言われる現象だが、新型コロナウイルス感染症の拡大により、家族との面会を禁止した高齢者施設、キャンパスへの立ち入りを禁止した大学、臨時休館した図書館や公民館など、各種の施設にアクセスできない状況が続いた。また、感染防止対策として在宅勤務や時差通勤が要請

されたように、不特定多数の人々が乗り合わせる電車での通勤や通学は感染リスクが大きいとみなされた。そして、たとえば在宅勤務、オンラインでの授業や会議、飲み会など、これまで住宅の外で行われていたことが住宅で行われるようになった。住宅に機能が回帰する動きが生じたのである。

　ただし、現在の住宅はさまざまな要求に対する機能を担うようにはつくられていない。これは現在の住宅の標準的な間取りがnLDK（2LDK、3LDKなど）と呼ばれていることにも現れている。nLDKのnは個室の数を表すが、社会学者の上野千鶴子（2002）が「このnは、原則として、家族の人数マイナス1の数である」、「子どもたちはひとりひとり個室をもらえることになっているが、夫婦は一単位とみなされて一部屋をわりあてられる」と指摘しているように、現在の標準的な住宅はn（家族の人数マイナス1）室の個室と、リビング（L）、ダイニング（D）、キッチン（K）によって構成される。このような間取りの住宅においては夫、妻がそれぞれの部屋をもつことは想定されていない。

　住宅に回帰した機能を誰が担うのかという点も忘れてはならない。nLDKの間取りに関して、「LDKがお母さんの居場所」（上野千鶴子, 2002）と指摘されるように、これまで女性がケアや家事を担ってきた、あるいは、担うことを期待されてきた。住宅の機能の外部化には女性を解放するという側面があったのである。それではケアや家事はどのように担われるとよいのか。上野千鶴子（2004）は「依存的な他者を抱え込まなければ、家族は家族である積極的な理由はない」が、「家族がケアの機能をもはや果たせないという現実を認めて」、「ケアを必要とする人々を抱えた住宅というハコは、外に対して開かれる必要がある」と述べている。

　新型コロナウイルス感染症の拡大によって垣間見えたのは、住宅に機能が回帰する動きである。けれども現在の住宅は、間取りという物理的な側面でも、担い手という側面でも、さまざまな要求を受けとめることは困難である。改めて住宅をどう開くかを考えていく必要がある。

　このとき、住宅近くの小規模な場所が、住宅が担い切れないさまざまな要求を受けとめていく可能性を考えることができる。たとえば、住宅近くのサテライトオフィス、シェアオフィス、コワーキングスペースを利用する人も出てきている。これは住宅近くの小規模な場所が、住宅が担い切れない要求を受けている一例で

ある。小規模多機能といえば高齢者施設の一つのタイプだと認識されることが多いが、より広い意味で注目されるべきだと考える。ただし、本書でみていくように、さまざまな要求を受けとめていくとは、あらかじめ多くのプログラムやメニューを用意しておくのではなく、結果として多機能な状態が実現されること、つまり、多機能化していく場所であることが意味をもつ。これを先駆的に実現してきたのが居場所なのである。

　住宅近くの小規模な場所がさまざまな要求を受けとめていくこともまた住宅の機能の外部化だが、この外部化は家族を開くことを伴う可能性がある。

　上野千鶴子（2004）は「ケアを必要とする人々を抱えた住宅というハコは、外に対して開かれる必要がある」と述べていたが、この試みの例として、「実家の茶の間・紫竹」の河田珪子さんらが、1991年から始めた会員制の有償の助け合い活動「まごころヘルプ」をあげることができる。河田珪子さんは次のように記している。

　　有償の助けあい「まごころヘルプ」の事務所が、自然発生的に居場所になり、その効果から地域づくりの方法として、平成9年に意図的に、自分の居住地にある山二ツ会館で始めました。その際に「地域の茶の間」と命名しました。（常設型地域の茶の間「うちの実家」, 2013）。

　住宅と家族を開いていく試みの拠点である「まごころヘルプ」の事務所は「自然発生的に居場所」になっていった。そのような居場所を意図的につくったのが地域の茶の間であり、これが「実家の茶の間・紫竹」にも継承されている。河田珪子さんらの活動において、居場所は住宅・家族を開いていく動きから生まれてきたのである。

　「親と子の談話室・とぽす」は住宅を物理的に開くものではないが、白根良子さんは「親と子の談話室・とぽす」は「ひらかれた家族」だったからこそ実現できたと記している。

　　私は「とぽす」を家族のためにつくったのではなく、自分の仕事の場としてつくりました。しかし、ひらかれた家族であったからつくれたのだと思いま

す。（白根良子, 2001）

　白根良子さんは「親と子の談話室・とぽす」における人々の関係を、「ここ家族っていう感じかな。そうなっちゃうんだよね、みんなね。近くに勤めている方でも、昼を食べに来てくださる方はお花をもって来てくれたりね。私が絵描いてるからって、自分の家の花を届けてくれたりね」[050422] と話す。和南治子さんも「下新庄さくら園」における人々の関係を、「私らの中ではほんとに家族みたいな『ふれあい』になってるのは、ちょっと違うと思うの、普通の『ふれあい』とは。だから家族的な問題ね。互いに心配し合ったり、思わずかわいいって、愛おしいっていうんかな」[051027] と話す。このように、居場所で築かれる関係はしばしば家族のようだと表現される。もちろん、居場所は所属する場所でも、関わりを強いられる場所でもないため、ここで家族のようだと表現される関係は緩やかなものである。

　住宅から機能が外部化されるだけではなく、機能の外部化に伴って家族が開かれ、住宅の外部に家族のようだと表現される関係が築かれていく可能性があること。新型コロナウイルス感染症の拡大によって地域で暮らすことが見直されるなかで、家族を開くという視点が重要になってくる。さらにこのことは、次にみる他者への信頼を回復することにも関わってくる。

■ 他者への信頼を回復していく

　新型コロナウイルス感染症の拡大により、人前でくしゃみや咳をすることすら憚られる状況になった。眼の前にいる他者はひょっとしたら感染者ではないかというように、他者への疑心暗鬼も生じている。社会は他者への信頼を基盤として成立することを考えると、新型コロナウイルス感染症は社会の基盤を切り崩していく恐れがある。これも新型コロナウイルス感染症が社会にもたらす大きなダメージである。

　他者への信頼を回復するプロセスを考えるうえで、哲学者の鷲田清一による「〈存在の世話〉を、いかなる条件や留保もつけずにしてもらった経験」が「最後のぎりぎりのところでひとへの〈信頼〉を失わないでいさせてくれる」という指摘がヒントになる。

家庭という場所、そこでひとは無条件で他人の世話を享ける。言うことを聞いたからとか、おりこうさんにしたらとかいった理由や条件なしに、じぶんがただここにいるという、ただそういう理由だけで世話をしてもらった経験がたいていのひとにはある。こぼしたミルクを拭ってもらい、便で汚れた肛門をふいてもらい、顎の下、脇の下、指や脚のあいだを丹念に洗ってもらった経験⋯⋯。

　そういう〈存在の世話〉を、いかなる条件や留保もつけずにしてもらった経験が、将来じぶんがどれほど他人を憎むことになろうとも、最後のぎりぎりのところでひとへの〈信頼〉を失わないでいさせてくれる。そういう人生への肯定感情がなければ、きっと、ひとは苦しみが堆積するなかで、最終的に、死なないでいる理由をもちえないだろう。(植田正治・鷲田清一, 2000)

　他者への信頼の根底には、「いかなる条件や留保もつけずにしてもらった」という受動的な経験がある[2]。ここから、次のように考えることができる。他者への信頼を回復するプロセスが開始されるためには、眼の前にいる他者から信頼されるという受動的な経験がまず必要になる。逆に言えば、お互いが相手から信頼されていると感じることのできない両すくみの状況においては、他者への信頼を回復していくプロセスは開始されないということである。両すくみの状況をほどくためには、自らが信頼されるかどうかわからない状態において、相手を信頼しようとする誰かが存在しなければならない[3]。

　居場所においては、本書で主(あるじ)と呼ぶ人物が、このような構えをもつ誰かである。「私たちの考えとしては、色んなことがあっても、どんなことにでも、一応、1回は受けとめる対応をしようって。知らん顔はね、もう門前払いは一切してないんですよね」[050729]。「ひがしまち街角広場」の赤井直さんがこのように話すように、居場所の主(あるじ)はどのような人であっても門前払いせずに受けとめていく。家族のようだと表現される関係が築かれる居場所は、人々が他者への信頼を回復し、フランス文学者で思想家、武道家でもある内田樹(2019)が「小さな相互扶助的な共同体」と表現するものを実現する可能性がある。

　ただし、共同体を無条件で礼賛することの危険性には注意しなければならない。感染防止対策が十分でない、県外ナンバーの車であるなどの理由で私的な取締り

や攻撃を行う「自粛警察」と呼ばれる人々、感染者が見つかった病院や会社、大学などに嫌がらせの電話をかける人々がいたように、新型コロナウイルス感染症は共同体が一人ひとりに重くのしかかるものであることも垣間見せたのである。

内田樹は、「無数の共同体がネットワークでつながって」いる状態を「統合」として描いている。

　　僕の抱く「統合」のイメージは中枢的なもの、同心円的なものではありません。サイズも機能も異なる無数の共同体がネットワークでつながっていて、相互扶助・相互支援する仕組みを僕はイメージしています。でも、地球に住む70億人をカバーする相互扶助の仕組みというのは設計不能なんです。どこかで境界線を引いて、「こっちは身内、あっちは他人」という切ない区切りをしなければならない。それが相互扶助ネットワークの根本的な背理です。どこかで「ここまで」という区切りをしないと、限りあるリソースを有効に分配してゆくことができない。でも、そのことについては「疚〔やま〕しさ」を感じるべきだと思います。(内田樹, 2019)

「無数の共同体がネットワークでつながって」いる状態を考えるうえで、居場所が、劇作家の平田オリザ (1998) のいう「セミパブリックな空間」になっていることが意味をもってくる。「セミパブリックな空間」とは「『内部』の人々に対して、『外部』の人々が出入り自由であるということが前提になる」場所である[4]。居場所には主 (あるじ)、運営を担うスタッフ、常連の来訪者のような「内部」の人々がいる。時々やって来る人、初めて訪れる人のような「外部」の人々もいる。ここで注目したいのは「内部」の人々がすでに「小さな相互扶助的な共同体」を築いていることではなく、「外部」の人々が「内部」の人々によって受け入れられていくことへの配慮である。

「実家の茶の間・紫竹」では、河田珪子さんが次のように話しているように、初めて訪れる人には「できるだけ外回り」に座ってもらう配慮がなされている。「初めて来た人は、できるだけ外回りに座ってもらおう。そうすると、あんなことも、こんなこともしてる姿が見えてきますね。すると、色んな人がいていいんだっていうメッセージが、もうそこへ飛んでいってるわけですね。そっから始まってい

くんです」[160801]。初めて訪れた人、つまりその時点では「外部」の人には「できるだけ外回りに座って」もらい、「内部」の人々の姿を見てもらうことで「色んな人がいていいんだっていうメッセージ」が伝えられる。河田珪子さんは次のようにも話している。「今度、迎える側は全ての人が、その人が居てもいいよというメッセージを出していくという。表情とか振る舞いで。みんな、どの人が来ても『よう来たね、ここにゆっくりしてね、居てもいいんですよ、好きなように過ごしてね』っていうメッセージを、みんなして出していく」[160801]。「色んな人がいていいんだっていうメッセージ」を受け取った人は、今度は「『よう来たね、ここにゆっくりしてね、居てもいいんですよ、好きなように過ごしてね』っていうメッセージ」を伝える側の「内部」の人になっていく。ただし、「実家の茶の間・紫竹」では「矩〔のり〕を越えない距離感」[160801] が大切にされることで、一人ひとりに重くのしかかる共同体をつくらないようにする配慮がなされていることを見落としてはならない。

「親と子の談話室・とぽす」の白根良子さんが、「やっぱり利用者がチョイスできるような、自分で選べるような場所がたくさんあって、『今日はこっち』、『明日はこっち』っていうね、そういうのもあっていいと思うんだよね。人はいつも同じ気持ちではいないんだから」[050422] と話していることも重要である。居場所は所属する場所ではなく、一人ひとりが複数の居場所に自由に出入りしてもよい。ある居場所において他者から信頼される経験をした人が、ほかの居場所に出入りして、そこでほかの他者を信頼する側になる。このように、他者をまず信頼する構えをもつ人々の広がりによって、結果として「無数の共同体がネットワークでつながって」いく状態が実現される可能性がある。けれども、居場所は小規模であるがゆえ、この範囲にはおのずと限界がある。それゆえ、内田樹が指摘するように「『疚しさ』を感じるべき」ということになる。

新型コロナウイルス感染症の拡大によって垣間見えた状況から、さまざまな要求を受けとめ多機能化していく場所であること、他者への信頼を回復することにつながるセミパブリックというかたちで開かれた場所であることの可能性をみてきた。これらの視点は居場所をどう成立させるかを越えて、新型コロナウイルス感染症を経験した社会において広く求められる。

2 5つの居場所との関わり

　筆者は居場所に対して、実践に携わると同時に、外部から調査するという立場でも関わってきた。本書で紹介する5つの場所との関わりはそれぞれ異なるため、ここでは5つの場所との出合いと関わりを紹介したい。

　「親と子の談話室・とぽす」は白根良子・喜代志さん夫妻によって、子ども同志で喫茶店に入ることが校則で禁止されていた時代に、子どもだけでも入れる図書コーナー付きの喫茶店として開かれた場所である。「親と子の談話室・とぽす」を初めて訪問したのは2003年3月31日。当時、子どもの居場所をテーマとする研究の一環として、書籍やウェブサイトなどで全国の子どもの居場所を調べていた。この作業を進める中で、ウェブサイトで紹介されているのを見つけたことが訪問のきっかけである。「親と子の談話室・とぽす」では通りの桜並木との関係が大切にされ、桜並木を見渡せる大きな窓がもうけられたのを後に知ることになるが、初めて訪れた日は偶然、桜並木の木々に花が咲いていた。筆者が東京で生活していた頃には、調査とは別に訪問させていただいたこともある。白根良子さんは歌声喫茶や絵画の個展を開くなど多彩な活動をされており、「居場所ハウス」にも3度足を運んで歌声喫茶、絵手紙教室を開いてくださった。

　「下新庄さくら園」は大阪府が府営住宅に整備している「ふれあいリビング」の第一号として開かれた場所である。2005年7月4日、所属していた大阪大学大学院の建築・都市計画論領域の何人かで調査のために訪問したのがきっかけである。大学院修了後も定期的に訪問しており、特に初代運営委員長の和南治子さんには長時間にわたって話を伺った。和南さんは亡くなられ、現在は木本弘恵さんが2代目の運営委員長を継いでいる。

　「ひがしまち街角広場」は建設省（現・国土交通省）の「歩いて暮らせる街づくり事業」と、それを受けた大阪府豊中市の社会実験がきっかけとなり、千里ニュータウンの空き店舗を活用して開かれた場所である。初めて訪問したのは2004年の春だが、調査をするためではなく、大阪大学大学院の建築・都市計画論領域の教員と学生の有志が「ひがしまち街角広場」に集まった人々と立ちあげた「千里グッズの会」の活動に参加するためだった。「千里グッズの会」は「魅力ある街に

は魅力ある絵はがきがある」という考えから2002年7月に立ちあげられた任意団体で、当時、毎月の定例会が「ひがしまち街角広場」で開かれていた。この活動への参加を通して初代代表の赤井直さん、現在の3代目代表の太田博一さんらと知り合うことになった。筆者にとって「ひがしまち街角広場」は調査対象としてだけでなく、地域活動のための拠点としてもあり続けてきた。そして、「ひがしまち街角広場」から教わったことが、「居場所ハウス」での活動にもつながっていると考えている。なお、「千里グッズの会」は2012年9月から「ディスカバー千里」（千里ニュータウン研究・情報センター）と名称を変えて活動しており、筆者は現在でも活動に関わっている。

　「居場所ハウス」は東日本大震災の被災地に開かれた場所で、筆者は日々の運営に関わりながらフィールドワークを続けてきた。「居場所ハウス」のプロジェクトを提案したワシントンDCの非営利法人「Ibasho」代表の清田英巳さんらと共に、2013年3月末に初めて大船渡市末崎町（まっさきちょう）を訪問した。このとき、「居場所ハウス」のオープンに向けた準備は終盤に差し掛かっていた。この後、2013年5月からは大船渡市内で、2013年9月からは大船渡市末崎町の山岸仮設、2016年6月末からは大田仮設、2017年4月からは「居場所ハウス」近くの空き家を借りて生活している。5つの場所の中で最も深く関わった場所で、この関わりを通して、研究者を含めた専門家という外部の者は、居場所や地域にどう関わり得るのかを考えるようになった。

　「実家の茶の間・紫竹」は新潟市の最初の「地域包括ケア推進モデルハウス」として開かれた場所である。「実家の茶の間・紫竹」が開かれたのは2014年10月だが、その背景には河田珪子さんらによる30年にわたる活動の蓄積がある。2003年4月から2013年3月まで開かれていた「うちの実家」のことは、書籍やウェブサイトなどで紹介されているのをしばしば目にしていた。「実家の茶の間・紫竹」を初めて訪問したのは2016年8月1日。国際長寿センター・日本（ILC Japan）の方に同行させていただいたのがきっかけである。「実家の茶の間・紫竹」は河田さんらが30年にわたる活動を通してつくりあげた方法論にもとづいて運営されており、その方法論からは多くを教わった。同時に、その方法論にはほかの4つの場所に通じるところが多いことに驚かされ、改めて4つの場所を振り返るきっかけをいただいた。

3 本書における用語・表記

本書では次の用語、表記を用いることとする。

● 居場所

近年、フリースクール、コミュニティカフェ、地域の茶の間、まちの縁側、宅老所、パブリックシェルター、こども食堂など、既存の制度や施設の枠組みでは十分に対応されない要求に対応するための場所が同時多発的に開かれてきた。これらの場所でキーワードにされるのが居場所であることから、本章ではこれらの場所を居場所と呼んでいる。

もちろん、これらの場所を開くことが自動的に全ての人々にとっての居場所を実現することにならないのは当然である。本書でいう居場所とは、人々にとって居場所になる可能性のある場所を意識的に開こうとする試みである。

アメリカの社会学者のレイ・オルデンバーグ（2013）は第一の場所である家（家庭）、第二の場所である職場（労働環境）に続く第三の場所を「サードプレイス」という概念で捉えている。「サードプレイス」とは「家庭と仕事の領域を超えた個々人の、定期的で自発的でインフォーマルな、お楽しみの集いのために場を提供する、お楽しみの集いのために場を提供する、さまざまな公共の場所の総称」とされており、本書で取りあげる居場所は「サードプレイス」に近い。

なお、本書では物理的な側面に焦点を当てる場合には、空間という表現を用いることとする。

● 主（あるじ）

主（あるじ）は明確な理念と自らの責任において場所をしつらえ、人々に関わっていく存在である。そして、状況に応じて人々の関係を媒介し、既存の制度や施設に縛られることなく柔軟に人々の要求に対応していく存在である。

筆者が参加する研究グループ（日本建築学会環境行動研究小委員会）では、次のように居場所を捉えるための重要なポイントとして主（あるじ）に注目してきた。本書における定義は、これらの議論を受けたものである。

行政からの委託や第三者の依頼ではなく、設立者が自身の職業や経験という個人的理由から社会的な要請や需要を感じとり、交流の場を設立している。これらはその場の主〔あるじ〕となる設立者の意志が、設立や運営に強く影響していることの表れである。さらに、時には話し相手であり時には居合せるだけである主〔あるじ〕の存在が、その場の物理的な側面にもつながり、人を惹きつける要因となっている。（辻真菜美・洪有美・小松尚, 2005）

　〔街角の居場所の〕運営に関して特に注目したいのは、多くの場合、その人抜きではその場を語れない－その場所の主（あるじ）というべき人物が存在することである。（鈴木毅, 2007）

　「主」とはその場所に（いつも）居て、その場所を大切に思い、その場所（の運営）において何らかの役割を担っている人であり、その場所とセットでしか語り得ない人である。（田中康裕, 2010a）

　「主」である彼女ら／彼らは、地域での生活を通して抱くようになった「こんな場所があったらいいのにな」という思いをきっかけとして「まちの居場所」を開き、確固たるポリシーによってそこをしつらえ、運営している。やって来た人々に対しては常に目を配り、一緒になっておしゃべりすることもあれば、遠くから見守っていることもある。やって来た人々同士の関係を媒介することもある。（田中康裕, 2010a）

　多くの「まちの居場所」は、キーパーソンによる個人的な思いによって開設・運営されている。それは、ここがこんな場所であってほしい、訪れるひとがこのように過ごせる場所にしたい、という思いである。そのためキーパーソンは、その場所をよりよい場所にしていくことを目指して、責任をもって自ら維持・運営している。そこにいるひとが居心地よく過ごせるように、環境のしつらえやレイアウトに対して自ら手を加え、訪れるひとに声をかけたり会話したりしながら関わりを構築し、彼らから要望があればできる範囲で対応していく。

「まちの居場所」はパブリックな場でありながらも、その場に責任をもつ個人によって維持・管理されているため、既存の制度や組織に拘束されることなく、そのひとの裁量によって柔軟で風通しのよい運営が可能となっている。そのため、そこを訪れるひとにとってキーパーソンは、いつでもそこにいて顔を見ることのできる存在であり、この場所を取り仕切る「あるじ」として共通に了解され、何かあったときに気軽に相談したり、要求を伝えたりすることのできる存在となっている。(橘弘志, 2019)

　本書で紹介する5つの場所の主（あるじ）とは、まず開設と運営において中心的な役割を担ってきた人物、具体的には、「親と子の談話室・とぽす」の白根良子さん、「下新庄さくら園」初代運営委員長の和南治子さん、「ひがしまち街角広場」初代代表の赤井直さん、「実家の茶の間・紫竹」の運営を担う任意団体「実家の茶の間」代表の河田珪子さんである。

　ただし、「下新庄さくら園」の運営委員長、「ひがしまち街角広場」の代表が変わっていること、地域外からの提案がきっかけとなり開かれた「居場所ハウス」がその後、地域の人々によって運営されていることからわかるように、主（あるじ）の役割を担う人物は変わっていく。また、「ひがしまち街角広場」3代目代表の太田博一さんが、「たとえば、お客さんとスタッフとはあんまり差別せずに、『あなたはお客さん、私はスタッフとならないようにしよう』ということとか、赤井さんが自然にそう決めていったわけですね。みんなも、そうしようということで」[160613]と話すように、代表、運営委員長、理事長、店長など、場所の代表者としての肩書をもつ人物以外の人々によっても主（あるじ）の役割は担われる。

　このように本書では、主（あるじ）を、代表、運営委員長、理事長、店長など、場所の代表者としての肩書と切り離して捉えている。逆に言えば、場所の代表としての肩書きをもつ人物が常に主（あるじ）になるわけでないということである。

■ スタッフ・当番

　居場所の運営を成立させるためには来訪者への対応、飲食物の提供という目に見えやすい役割だけでなく、清掃、事務、会計、チラシの作成、プログラムの準備やサポート、視察や研修への対応、大工仕事による建物のメンテナンス、食材や

備品の買い出し、地域の会合への出席など多くの役割が必要になる。本書ではこれらの役割を担い、居場所の運営を成立させている人々を総称してスタッフと呼ぶ。スタッフには無償のボランティアも含まれる。

スタッフの中で、特定の日・時間帯の運営を担当することがあらかじめ割りあてられている人を当番と呼ぶ。当番は担当が割りあてられた日・時間帯には居場所に滞在し、来訪者への対応、飲食物の提供、鍵の開け閉めなどを行う。

ただし、本書で紹介する5つの場所では、個人経営の喫茶店である「親と子の談話室・とぽす」を含め、来訪者による運営に対するさまざまな協力がなされており、スタッフとそれ以外の人との関係は緩やかである。

社会福祉学者の倉持香苗（2014）が指摘するように、コミュニティカフェでは運営に携わる人々が「制度的な場で用いられる、あるいは専門職に対して使われる『職員』や『ワーカー』と呼ばれることは決して多くない」。これは本書で紹介する5つの場所にもあてはまり、職員、ワーカーの表現が使われることはない。

■ プログラム

来訪者に対するサービスとして、あらかじめ実施時間と内容が決められた活動をプログラムと呼ぶ。人々のプログラムへの関わりは参加というかたちをとる。たとえば、時間を決めて開かれる食事会や将棋教室はプログラムだが、人々がそれぞれ食事をしたり、将棋をして過ごす状況はプログラムではない。

■ 要求・機能

生活科学研究（生活を対象とする科学的研究）を行う佐々木嘉彦（1975）は、「生活科学がその独自性を主張するなら、生活という複雑な現象から、他の科学にみられない対象を限定し、新しい科学法則として説明することがなければならない」という問題意識から、生活的に意味があり、かつ操作可能な「人－物」関係を生活の最小単位として定義する。

　　生活とは、物（生活手段）と結びついた人間の諸行為の連関と、それが心理に及ぼす影響（たとえば、満足、不満足）の全体である。したがって、それは人－物－人、物－人－物の全体の連鎖のなかで人間が生きていくことである。この

「人－物」関係が生活で、それは行為として現象する。

　この定義は、いいかえれば、生活は過程としての人間の行為の全体であり、また「人－物」（＝行為）は生活の最小単位である。すなわち生活はこの生活単位の組み立てとしてみることができる。（佐々木嘉彦, 1975）

生活の最小単位としての「人－物」関係は、人間の行為として現象する。そして人間の行為には意識的であるか否かにかかわらず、要求の充足に向かう特徴があることから、「人－物」関係は「『人の要求』と『物の機能』を媒介して人と物が結びつく関係としてとらえることができる」とされる。

　すなわち、行為は欲求充足の過程である。それは、生活主体がある目的（＝欲求）をもって対象（＝物）に働きかけ、欲求と対応する何かを自らのなかにとり込むことによって充足されることを示す。この目的（＝欲求、必要）を要求と呼び、その目的達成（＝欲求充足）において物がはたす（あるいは期待されている）役割（＝働き）を機能と呼べば、「人－物」関係は、人間の行為において、「人の要求」と「物の機能」を媒介して人と物が結びつく関係としてとらえることができる。（佐々木嘉彦, 1975）

佐々木嘉彦は「行為が安定的に持続されている場合には、要求＝機能となり、これを区別することはでき」ないとも指摘する。

　この要求、機能、またその関係は行為から抽象することによってのみとらえられる。そしてこの行為は一つであるから、要求といい機能といっても、それは行為をみるみかたを変えたものである。「人－物」関係としての行為を人からみれば要求であり、物からみれば機能である。したがって、行為が安定的に持続されている場合には、要求＝機能となり、これを区別することはできない。（佐々木嘉彦, 1975）

本書では佐々木嘉彦の定義に従って、要求と機能を捉えることとする。

● 居場所の制度化・施設化

　居場所が制度や施設のモデルとされたり、行政の施策に取り入れられたりする動きを居場所の制度化と呼ぶ。これに対して、ある居場所が時間の経過に従って、徐々に施設のようになっていくことを居場所の施設化と呼ぶ。本書が考察するのは居場所の制度化である。

　建築史・建築批評家の五十嵐太郎 (2001) は、「施設は制度の問題でもある。日本語では別々の単語だが、英語の『インスティテューション』という言葉は『制度』と『施設』の両方の意味をもつ。ある施設が成立するということは、それを支える制度が確立しているということだ。福祉施設というように、制度が機能している状況を含めて、はじめて施設という言葉は生きている。一ヶ所しか存在しえない特殊な建物は施設と呼ばない」と指摘している。建築家の山本理顕 (2004) は、「制度の忠実な反映が建築である」が、それだけでなく「建築の即物的な力を借りて、はじめて制度は成り立っているといえる」と指摘している。また、建築学者の伊藤俊介 (2007) は「学校、病院、老人ホームのような施設建築は教育、医療、福祉といった抽象的な社会制度を具体的な環境に媒介し、生活と人生に施設が不可避的に関わる世界をつくる」と指摘している。これらで指摘されているように、制度と施設はいずれも英単語の「Institution」で表され、相補的なかたちで不可分のものである。

● 居場所に関する発言の表記

　本書では特に記載しない限り、「親と子の談話室・とぽす」については開設者・運営者の白根良子さん、「下新庄さくら園」については初代運営委員長の和南治子さん、「ひがしまち街角広場」については初代代表の赤井直さん、「実家の茶の間・紫竹」については任意団体「実家の茶の間」代表の河田珪子さんの発言を表す。発言は、著者らによるインタビュー時の発言、講演会や研究会などでの発言である。発言がなされた年月日は〔　〕内に6桁の数字で表記しており、たとえば〔050901〕は2005年09月01日の発言を表す。

　読みやすさを考慮し、繰り返しや相づちなどは語り口を損なわない範囲で省略している場合がある。また、発言や引用文中の〔　〕は筆者による補足である。

注

1　居場所で講じられている感染防止対策には、マスクを着用する、来訪時に手の消毒や検温を行う、座席の距離を離したりパーティションを設置したりする、多数の人々が集まるプログラムを中止する、テーブルや椅子などを清掃・消毒する、換気するなどがある。ただし、これらの感染防止対策は、居場所に独自のものというわけではない。

2　ここで鷲田清一は家庭について述べているが、「ひとは家族を求めてきたというより、親密性を求めて家族という共存の形態を編みだした」と指摘し、次のように家族（核家族）を開くことの可能性にも言及している。「男性／女性の性役割分担にもとづく核家族という理念が逆に親密性を息苦しいものへと閉塞させはじめたのなら、あるいは育児を一方的に委託されることで〈親密さ〉が女性の恒常的なストレスへと転化しはじめているなら、たとえば共同家族などといったより緩い生活形態を考えることも必要だろう」（植田正治・鷲田清一, 2000）。

3　新型コロナウイルス感染症が拡大し始めた当初、道ですれ違う時にも互いに距離をとるという状況であった。すれ違う相手はひょっとしたら感染者ではないかとお互いに疑心暗鬼になっており、筆者もなるべく誰かとすれ違わないようにして歩いていた。ある日、筆者らが公園内の遊歩道を歩いている時、すれ違った相手から手を振って挨拶してもらう、Ｖサインをしてもらうという心温まる経験をした。手を振ってくれた相手、Ｖサインをしてくれた相手は見知らぬ人だったが、これらの相手は筆者らのことを誰か知らず、それゆえ、自らが信頼されるかどうかわからない状態で、筆者らを信頼してくれたのだと感じた。ささやかな出来事ではあるが、これによって他者を信頼するプロセスを開始する役割を担ってくれたのである。ここでの議論の背景には、筆者のこのような経験もある。

4　平田オリザ（1998）は空間を、家の茶の間のような「プライベートな空間」、「セミパブリックな空間」、道路や広場といった「パブリックな空間」の3つに分類し、「パブリックな空間」では「ただ人々はその場所を通り過ぎるだけだから、会話自体が成り立ちにくくなる」と指摘している。この指摘を受ければ、「パブリックな空間」では、眼の前にいる他者との関わり自体が成り立ちにくいということになる。これは、たとえば満員電車の状況を思い浮かべると納得できることである。ただし、先に紹介したように、すれ違う時に手を振ったり、Ｖサインしたりするという意識的な振る舞いによって、道という「パブリックな空間」でもこのような経験がもたらされる関わりが生まれる場合もある。

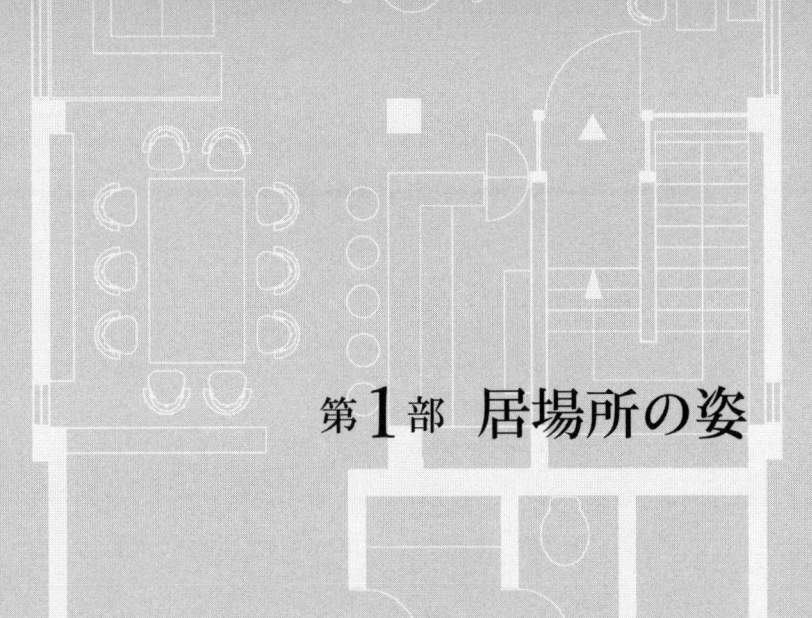

第1部　居場所の姿

第1章　5つの居場所

■ コミュニティカフェの全国調査

　本書で紹介する5つの場所はいずれも居住、宿泊の機能はもたず、カフェ、茶の間、食堂を中心とする場所となっている（表1-1）。このようなかたちで運営されている場所は、居場所の中でコミュニティカフェに最も近い。コミュニティカフェは「人と人がつながることを大事にする、行くとほっとできる場所」（WAC, 2007）、「飲食を共にすることを基本に、誰もがいつでも気軽に立ち寄り、自由に過ごすことができる場所」（倉持香苗, 2014）、「売り上げや利益を第一の目的にしない、地域の住民の人たちが気軽に立ち寄ってお茶を飲んだり、おしゃべりを楽しむことができる居場所」（浅川澄一, 2015）と紹介される場所である。本章では2011年に行われた全国のコミュニティカフェを対象とする次の2つの調査を手がかりとして、5つの場所の特徴を概観する。

　一つは大分大学福祉科学研究センター（2011）により2011年1～2月に行われた調査である。調査対象は長寿社会文化協会（WAC）が事務局を務めるコミュニティカフェ全国連絡会が把握する全国のコミュニティカフェで、アンケート調査の有効配布数は478か所、有効回収数は166か所、有効回収率34.7％である。

　もう一つは社会福祉学者の倉持香苗（2014）により2011年11月に行われた調査である。調査対象は、上で紹介した「飲食を共にすることを基本に、誰もがいつでも気軽に立ち寄り、自由に過ごすことができる場所」という定義にもとづいてリストアップされた全国のコミュニティカフェで[1]、アンケート調査の有効配布数は625か所、有効回収数は337か所、有効回収率53.9％である。

■ オープンの時期

　大分大学福祉科学研究センター（2011）では、166か所のコミュニティカフェの9割以上が2000年以降に開かれていることが明らかにされている。倉持香苗

表1-1 5つの場所の概要

	親と子の談話室・とぽす	下新庄さくら園	ひがしまち街角広場	居場所ハウス	実家の茶の間・紫竹
オープン	1987年4月	2000年5月	2001年9月	2013年6月	2014年10月
きっかけ	地域の子どもを取り巻く状況に対する個人の思い	大阪府の「ふれあいリビング」整備事業	建設省の「歩いて暮らせるまちづくり事業」と豊中市の社会実験	東日本大震災後の米国の非営利法人「Ibahso」の呼びかけ	新潟市の「地域包括ケア推進モデルハウス」
運営日（定休日）	月～金（土・日は定休日）	月～金（土・日は定休日）	月～土（第4土、日は定休日）	月・火・水・金・土・日（木は定休日）	月・水
運営時間	11時～18時頃（火は13時まで）	10時半～16時	11時～16時	10時～16時	10時～16時
飲物	○	○	○	○	○
食事	○	○（軽食）	×	○	○
各種教室・講座	○	×	×	○	×
運営主体	個人	下新庄さくら園運営委員会（任意団体）	ひがしまち街角広場運営委員会（任意団体）	居場所創造プロジェクト（NPO法人）	実家の茶の間（任意団体と新潟市の協働事業）
1日の当番	1人	2人	2人	2～3人	4人
ボランティア	×	○	○	○	○
パート	×	×	×	○	×
空間	自宅敷地内に新築	府営住宅敷地内に新築	近隣センターの空き店舗を活用	古民家を移築・再生	空き家を活用
面積	約65㎡	約77㎡	移転前約30㎡移転後約75㎡	約115㎡	約290㎡
建物・土地	個人の自己所有	大阪府から無償で賃貸	有償で賃貸	建物はNPO法人が所有、土地は有償で賃貸	有償で賃貸（賃貸料は新潟市が負担）
地域	東京都江戸川区西一之江	大阪府大阪市東淀川区下新庄（府営下新庄鉄筋住宅）	大阪府豊中市新千里東町（千里ニュータウン）	岩手県大船渡市末崎町	新潟県新潟市東区紫竹

※運営時間外でもプログラムが行われたり、団体などへの貸出が行われたりしている場所もある。
※「下新庄さくら園」が開かれた下新庄鉄筋住宅は、大阪市に移管され、市営下新庄4丁目住宅になっている。
※「居場所ハウス」では2～3人の当番とは別に館長（1人）、管理人（1人）、事務局（2人）がおり、日常的・定期的に顔を出している。
※「実家の茶の間・紫竹」の当番の4人は「居場所担当」の2人と「食事担当」の2人を合わせた人数である。
※運営日と時間は、新型コロナウイルス感染症が拡大する前の情報である。

（2014）では337か所のコミュニティカフェについて、1960年代後半から開設されている場所もあるが、2000年頃から増加傾向にあることが明らかにされている[2]。2つの調査からは、コミュニティカフェは2000年以降に増えていると考え

ることができる。

「親と子の談話室・とぽす」が開かれたのは1987年4月であり、全国のコミュニティカフェの中でも非常に早い時期に開かれている。2000年5月に開かれた「下新庄さくら園」、2001年9月に開かれた「ひがしまち街角広場」は、各地にコミュニティカフェが開かれ始めた頃に開かれている。

● 運営

運営日数について、大分大学福祉科学研究センター（2011）では95.1％が定期的に運営していること、月に16日以上運営している場所が74.9％、このうち月に26日以上運営している場所が16.0％であること、倉持香苗（2014）では毎日運営している場所が18.7％、週に4〜6日運営している場所が58.8％であることが明らかにされている。

5つの場所は全て定期的に運営されており、運営日数は「ひがしまち街角広場」と「居場所ハウス」が週6日、「親と子の談話室・とぽす」と「下新庄さくら園」が週5日、「実家の茶の間・紫竹」が週2日である。

大分大学福祉科学研究センター（2011）では提供されているものについて、90.2％が飲物の提供、73.6％が食事の提供、69.9％が各種教室・講座の開催を行っていることが明らかにされている。倉持香苗（2014）では飲食物の提供の状況について、「低価格の食事を提供している」が45.0％で最も多く、「飲食物の持ち込みを許可している」が27.5％、「飲み物のみ提供している」が24.2％であること、また、割合は少ないが「近くの飲食店からデリバリーしている」が2.4％、「飲食物の提供はしていない」が2.7％であることが明らかにされており（複数回答）、この結果から「コミュニティカフェは飲食物の提供を目的として経営する飲食店とは異なる場所であると考えられる」、「営利を目的とせず、情報の交換や利用客（者）同士の関係を構築するコミュニティカフェの特徴であると考えられる」と指摘されている。

5つの場所ではいずれも飲物が提供されており、「ひがしまち街角広場」を除く4つの場所では食事が提供されている。「ひがしまち街角広場」では食事は提供されていないが、食事の持ち込みは自由である。

飲食以外については、「親と子の談話室・とぽす」、「居場所ハウ」では各種教

室・講座を含めたプログラムが定期的に開かれている。「下新庄さくら園」、「ひがしまち街角広場」、「実家の茶の間・紫竹」ではプログラムはほとんど行われていない。

● 運営体制

オープンのきっかけについて、大分大学福祉科学研究センター（2011）では自治体が設置した場所は4.3％と少ないながらも存在するが、自治体が運営している場所はないことが明らかにされている。

5つの場所の中で「下新庄さくら園」、「ひがしまち街角広場」、「実家の茶の間・紫竹」は自治体からの働きかけによって開かれている。「下新庄さくら園」は下新庄鉄筋住宅が大阪府による「ふれあいリビング」のモデル団地に選定されたことがきっかけで開かれた。「ひがしまち街角広場」は新千里東町が建設省（現・国土交通省）の「歩いて暮らせる街づくり事業」のモデルプロジェクト地区に選定されたことと、それを受けた豊中市の社会実験がきっかけとなり開かれた。「実家の茶の間・紫竹」は新潟市の最初の「地域包括ケア推進モデルハウス」として開かれた。モデルという表現がみられるように、3つの場所は行政からの働きかけを受け、モデルとして開かれている。

運営主体については、大分大学福祉科学研究センター（2011）ではNPO法人が37.7％、個人が29.6％、任意団体が20.1％であること、倉持香苗（2014）ではNPO法人が37.4％、個人が27.3％、任意団体が14.2％であることが明らかにされており、2つの調査の結果はおおよそ一致している。

5つの場所の中では「居場所ハウス」がNPO法人、「親と子の談話室・とぽす」が個人、「下新庄さくら園」、「ひがしまち街角広場」が任意団体として運営されている。「実家の茶の間・紫竹」は任意団体と自治体の協働事業として運営されている。日々の運営を担うのは任意団体「実家の茶の間」のメンバーだが、協働事業として新潟市も運営に関わっている。自治体が運営している場所はないという大分大学福祉科学研究センター（2011）の結果によれば、自治体が運営に関与していることが「実家の茶の間・紫竹」の特徴だと言える。

大分大学福祉科学研究センター（2011）では営業時のスタッフの人数について、2人が30.6％、3人が24.4％、1人が14.4％であることなどが明らかにされてい

る。スタッフの延べ人数については、常勤がいる場所では2人以下が71.1％と最も多いこと、ボランティアで運営している場所では10人以上が38.4％、2人以下が30.2％であることなどが明らかにされている[3]。倉持香苗（2014）では有償スタッフの人数が調査されており、1～2名が25.5％で最も多く、6名以上が24.3％、3～5名が23.4％、0名（有償スタッフはいない）が21.4％であることが明らかにされている。

　5つの場所の当番は、大分大学福祉科学研究センター（2011）が明らかにしている営業時のスタッフの人数と概ね一致している。「実家の茶の間・紫竹」の4人の当番は、茶の間で来訪者と話をしたり、茶の間に目を配ったりする「居場所担当」の2人、厨房での昼食の準備・片付けを行う「食事担当」の2人を合わせた人数である。「下新庄さくら園」では初代運営委員長の和南さん、2代目の運営委員長の木本さん、「ひがしまち街角広場」では初代代表の赤井さん、「実家の茶の間・紫竹」では河田さん、事務局のスタッフは当番とは別に可能な限り運営日には顔を出している。「居場所ハウス」では当番以外にも館長1人、管理人1人、事務局2人がおり、日常的・定期的に顔を出している。

　スタッフの種類は「下新庄さくら園」、「ひがしまち街角広場」、「実家の茶の間・紫竹」は全員がボランティアである。「居場所ハウス」は、当初はボランティアで運営することが計画されていたが、十分なボランティアが集まらなかったためパートが雇用されることになった。また、日常的・定期的に顔を出す館長、事務局、管理人は有償のスタッフである。「親と子の談話室・とぽす」ではパートが雇用されていた時期もあるが、開設者の白根さん自身が30年以上の運営を担い続けている。

● 空間

　大分大学福祉科学研究センター（2011）では建物の直前用途について空き家が34.4％、店舗が33.8％、住宅が18.2％であること、面積について半数以上が20坪（約66㎡）以下と小規模な場所が多いこと、空間構成について飲食スペースを中心に展示スペース、販売スペースが基本的な空間構成となっていることが明らかにされている。倉持香苗（2014）では運営場所について、店舗が52.2％と最も多く、住宅が17.2％（自宅以外10.4％、自宅6.8％）、公的施設（公民館・集会所・学

校など）が9.5％、福祉施設が6.8％であることが明らかにされている。2つの調査結果の数字は異なるが、空き店舗、空き家といった既存ストックを活用している場所が多いことがわかる。

　5つの場所の中では「ひがしまち街角広場」、「実家の茶の間・紫竹」が既存ストックを活用している場所である。「ひがしまち街角広場」は千里ニュータウンの近隣センターの空き店舗が活用されている。2006年春に店舗の契約期間が切れた際には、近隣センターで運営しないと意味がないと考えられ、同じ近隣センターのほかの空き店舗に移転して運営が継続されることになった。「実家の茶の間・紫竹」は築約50年の空き家が活用されている。

　「親と子の談話室・とぽす」、「下新庄さくら園」、「居場所ハウス」の建物は新築されている。「親と子の談話室・とぽす」の建物は白根さん夫妻の自宅がある土地に、夫の喜代志さんが経営する工場の食堂という位置づけで新築されている。「下新庄さくら園」は府営下新庄鉄筋住宅の敷地内に、既存の集会所とは別に新築されている。「下新庄さくら園」のオープン後、府営下新庄鉄筋住宅は高層の住棟に建て替えられたが、建て替えにあたっては「下新庄さくら園」を残すように住棟配置が計画された。「居場所ハウス」の建物は築約60年の古民家が移築・再生されている。

　面積は、空き家を活用している「実家の茶の間・紫竹」が約290㎡、古民家を移築・再生した「居場所ハウス」が約115㎡と大きい。一方、移転前の「ひがしまち街角広場」は約30㎡と小さかったため、表の屋根のある通路部分にもテーブルを置いて、内外の空間が一体的に利用されていた。

　建物の所有状況については、大分大学福祉科学研究センター（2011）では有償賃貸が61.0％、自己所有が27.7％、無償賃貸が6.3％であること、倉持香苗（2014）では有償賃貸が66.5％、自己所有が19.9％、無償賃貸が11.6％であることが明らかにされている。2つの調査からは、有償賃貸が最も多いことがわかる。

　5つの場所では、「ひがしまち街角広場」、「実家の茶の間・紫竹」は有償で賃貸、「親と子の談話室・とぽす」は自己所有、「居場所ハウス」は建物が自己所有、土地が有償で賃貸、「下新庄さくら園」が無償で賃貸となっている。

　大分大学福祉科学研究センター（2011）では立地が調査されており、住宅街が45.4％、商店街が31.9％、農山村が4.9％、郊外の幹線道路沿いが4.3％である

ことなどが明らかにされている。この分類に従えば、「居場所ハウス」は農山村であり、他の4つの場所は住宅街になる[4]。

5つの場所では、いずれも対象者が行政区によって限定されていないため、あくまでも目安に過ぎないが、運営している行政区の人口は約4,000〜14,000人、世帯数は約1,500〜8,000世帯である（表1-2）。1世帯当たりの人員は「居場所ハウス」のある大船渡市末崎町が約2.64人と最も多く、「下新庄さくら園」のある大阪市東淀川区下新庄が約1.74人と最も少ない。

■ 運営費

大分大学福祉科学研究センター（2011）では採算状況が調査されており、黒字の場所が6.4％、収支がバランスしている場所が50.0％、赤字の場所が43.6％であること、補助金を除けば67.8％が赤字であることが明らかにされている。倉持香苗（2014）では主な収入が調査されており、最も多いのが「喫茶・飲食の売上」の48.7％である一方、次に多いのが「補助金・助成金」の20.2％であること、そして、「補助金などを受けなくては運営が継続できない」場所が47.9％、「補助金などを受けずに運営できる」場所が52.1％であることが明らかにされている。2つの調査結果から、コミュニティカフェでは運営資金の獲得が大きな課題になっ

表1-2 5つの場所が運営する行政区の人口・世帯数

	親と子の談話室・とぽす	下新庄さくら園	ひがしまち街角広場	居場所ハウス	実家の茶の間・紫竹
行政区	西一之江（東京都江戸川区）	下新庄（大阪府大阪市東淀川区）	新千里町（大阪府豊中市）	末崎町（岩手県大船渡市）	紫竹（新潟県新潟市東区）
人口	9,728	14,123	9,519	4,048	5,674 (6,463)
世帯数	4,406	8,137	4,572	1,532	2,714 (3,109)
1世帯当たりの人員	2.21	1.74	2.08	2.64	2.07 (2.08)
備考	・2020年1月1日現在の人口・世帯数 ・西一之江1丁目〜4丁目の合計	・2019年9月30日現在の人口・世帯数 ・下新庄1丁目〜6丁目の合計	・2020年1月1日現在の人口・世帯数 ・新千里東町1丁目〜3丁目の合計	・2019年12月31日現在の人口・世帯数	・2019年12月31日現在の人口・世帯数 ・東区紫竹2丁目〜7丁目の合計。（ ）内は中央区紫竹1丁目を加えた人口・世帯数

※いずれの場所においても対象者が行政区によって限定されているわけではない。
※人口・世帯数は住民基本台帳人口より。

ている状況が伺える。

　こうした状況において、5つの場所ではどのように運営資金が獲得されているのか。以下では主な収入と費用の負担方法をみることとする（表1-3）。

　「親と子の談話室・とぽす」の建物は白根さん夫妻の自宅がある土地に新築されており、建設費は夫の喜代志さんの会社によって負担されている。主な収入は飲物と食事の売上げと、絵手紙教室などのプログラムの参加費である。これらの収入で光熱水費、飲物の食材費を負担している。白根さん夫妻や家族も「親と子の談話室・とぽす」で食事をすることがあるため、食事に関する食材費は、家族の食費として白根さん夫妻が個人として負担している。運営資金は決して十分ではないが、補助金を受けると活動の縛りや報告の義務が生じるため、白根さんの意志により補助金を受けずに運営され続けている。

　「下新庄さくら園」は大阪府の「ふれあいリビング」として開かれており、建物の建設費、エアコンの設置費用は大阪府が負担している。家具、食器、カーテンなどの備品は府営下新庄鉄筋住宅の自治会、および、周辺の町会からの寄付によって賄われた。オープン後の運営については、光熱水費、食材費など必要な費用は全て喫茶の売上げと会場使用料により賄われている。月に2度の「社協アワー」は、社会福祉協議会からの補助を受けて行われている。

　「ひがしまち街角広場」は豊中市の社会実験として開かれており、オープン時の空き店舗の改修、清掃の費用は豊中市が負担している。半年間の社会実験の間は豊中市からの補助金を受けて運営されていたが、社会実験終了後に住民による「自主運営」が始まってからは飲物の売上げ、夕方以降と定休日の会場使用料で家賃を含む全ての費用が負担されている。もしも来訪者がやって来ず運営資金が不足することになれば、それは「ひがしまち街角広場」が地域に必要とされていないことを意味する。地域に必要とされていない場所を補助金を受けてまで継続する必要はない。このような考えから、「自主運営」が始まってから補助金は一切受けずに運営されている。

　「居場所ハウス」はアメリカの「ハネウェル社」から基金を受けて開かれた。「ハネウェル社」からの基金は古民家の移築・再生にかかる費用、オープン当初に必要な備品の購入、そして、オープン後何度かのメンテナンス費にあてられた。オープン後の主な収入はカフェ、食堂、朝市の売上げ、プログラムの参加費、会

場使用料、椿の種の殻むきの受託、会員の年会費などだが、これらの収入ではスタッフの人件費などを賄えない。そこでオープン以来、被災地支援などに関する補助金を受けてきた。

「実家の茶の間・紫竹」は、任意団体「実家の茶の間」と新潟市との協働事業として運営されており、両者が負担する費用が明確にわけられている。開設準備費に加えて、オープン後の家賃、光熱水費という空間を維持するための費用は新潟市が、食材費、当番の交通費など運営にかかる費用は任意団体「実家の茶の間」が負担している。任意団体「実家の茶の間」の収入は300円の参加費、300円の食事代、バザーの売上げ、賛助会員（夢買人）の年会費などである。茶の間には参加費の使い方が掲示されたり、賛助会員（夢買人）の年会費は駐車場代にあてることが決められたりと費用の使い方が明確にされ、このことをみなで共有することが意識されている。

5つの場所の主な収入と費用の負担方法から、次の2点を考えることができる。

一つは、地域外から働きかけた主体が負担する費用についてである。「下新庄さくら園」は大阪府の「ふれあいリビング」の整備事業、「ひがしまち街角広場」は豊中市の社会実験、「居場所ハウス」は東日本大震災後の海外からの働きかけ、「実家の茶の間・紫竹」は新潟市の「地域包括ケア推進モデルハウス」というように、4つの場所は地域外からの働きかけをきっかけとして開かれている。いずれの場所でも地域外から働きかけた主体が建物の建設、空き店舗や空き家の改修をはじめとする開設準備費を負担している。また、地域外から働きかけた主体が負担する項目と期限が明確にされている。「下新庄さくら園」では、大阪府はオープン後の運営には補助を出していない。「ひがしまち街角広場」では、豊中市は社会実験終了後の運営には補助を出していない。「居場所ハウス」では、「ハネウェル社」の基金はオープン後の日々の運営にかかる費用への補助ではない。「実家の茶の間・紫竹」では、新潟市は開設準備費に加えて、建物の家賃、光熱水費というハードとしての空間を維持するための費用のみを負担している。

地域外から働きかけた主体が負担するのが初期段階への補助、ハードとしての空間を維持するための補助に限定されることは、初期段階の運営の成立を保障しながら、住民が日々の運営を創意工夫できる余地を確保することにつながっていると考えることができる。

表1-3 5つの場所の収入・支出

		親と子の談話室・とぽす	下新庄さくら園	ひがしまち街角広場	居場所ハウス	実家の茶の間・紫竹
収入	主な収入（補助金・寄付金を除く）	飲物代、食事代、プログラム参加費	飲物代、食事代	飲物代、会場使用料	飲物代、食事代、朝市売上げ、プログラム参加費、会場使用料、椿の殻むきの受託、NPO法人年会費（正会員・賛助会員）	参加費、食事代、バザー売上げ、年会費（紫竹以外の人）、賛助会員会費
収入	補助金に対する基本的な考え方	補助金をもらうと自由に運営できないため、補助金は一切もらわない	開設時の建物建設費用は行政が負担、月に2回の「社協アワー」は社会福祉協議会からの補助を受けて実施	補助金で運営費を補填しなければならない状態は、地域に必要とされていないことを意味するため、補助金をもらってまで運営を継続する必要はない	補助金に依存しない運営を目指すが、自立までの期間は補助金を活用する	運営資金の不足を補助金で解決するのではなく、人の力や物をもらうことを通した参加の機会と捉える／開設準備費、家賃、光熱水費のハード面での維持費は行政が負担
支出	建物の建設・改修、備品購入など	個人で負担（建物の新築）	行政が負担（建物の新築）、自治会、周辺の町内会から補助（備品の購入）	行政が負担（空き店舗の改修）	米国企業からの災害支援基金（古民家の移築・再生、備品の購入）、行政からの補助（備品の購入）	行政が負担（古民家の改修、備品の購入）
支出	建物・土地	個人で負担	行政が負担（行政から無償で賃貸）	○（家賃を負担）	△（土地の賃借料を負担）	家賃は行政が負担 ※駐車場代は賛助会員会費より支出
支出	光熱水費	○	○	○	△	行政が負担
支出	飲物の食材費	○	○	○	△	○
支出	食事の食材費	個人で負担	○	×（食事は提供していない）	△	○
支出	人件費	×（無し）	×（ボランティアのため不要）	×（ボランティアのため不要）	△	○（当番の交通費）

※支出欄の「○」は補助金を除く運営を通した収入で負担されていることを表す。
※「親と子の談話室・とぽす」は白根さん夫妻の自宅がある敷地に建設されており、白根さん夫妻や、白根さんの家族も「親と子の談話室・とぽす」で食事をする。そのため、食事の食材は自分たちの食費として、白根さん夫妻が個人的に負担している。
※「居場所ハウス」の「△」は、運営を通した収入と補助金の両方を用いて負担していることを表す。

　もう一つは、運営費を確保するやり方は、運営している地域と密接に関わっていることである。これは「ひがしまち街角広場」と「居場所ハウス」の違いによ

く現れている。「ひがしまち街角広場」では食事を提供していないため調理設備は必要ない。プログラムを提供していないため種々の備品も必要ない。ボランティアで運営しているため人件費も必要ない。「ひがしまち街角広場」の運営のあり方は、目的とする「みんなが何となくふらっと集まって喋れる、ゆっくり過ごせる場所」[050901] を、費用をかけずに実現することだと捉えることができる。食事が提供されていない代わりに、食事の持ち込みは自由だが、これはスーパーマーケットなどの商店が集まる近隣センターで運営しているために行いやすい。一方、「居場所ハウス」では周囲に食事や買物のできる店舗がほとんどない地域の状況をふまえて朝市、食堂、買物送迎などの活動が展開されてきた。ただし、活動の幅を広げることは設備や備品、スタッフが必要になることを意味する。つまり、「居場所ハウス」の運営のあり方は、地域に不足しているものを、費用をかけて補おうとするものだと言える。両者の運営のあり方は対象的だが、周囲に店舗や施設が多数ある地域で運営されている「ひがしまち街角広場」と、周囲に店舗や施設がほとんどない地域で運営されている「居場所ハウス」というように、いずれも地域の状況を反映したものである。

■ 5つの居場所の特徴

　全国のコミュニティカフェ調査を手がかりとして、5つの場所の特徴をみてきた。それぞれの場所の特徴を整理すると次のようになる。

　「親と子の談話室・とぽす」は1987年4月と非常に早い時期に開かれており、オープンから30年以上にわたって、白根さん夫妻により個人経営の喫茶店として運営されてきた。建物は、白根さん夫妻の自宅敷地内に新築されている。

　「下新庄さくら園」は2000年5月、「ひがしまち街角広場」は2001年9月とほぼ同じ時期にオープンしている。コミュニティカフェが各地に同時多発的に開かれるようになるのが2000年以降であるため、いずれの場所も早い時期に開かれた場所だと言える。大阪府による「ふれあいリビング」の整備事業、建設省（現・国土交通省）の「歩いて暮らせる街づくり事業」と豊中市の社会実験というように、いずれの場所も行政の働きかけがきっかけで開かれ、住民がオープン後の運営を担っている。運営のあり方は平均的なコミュニティカフェに近いが、「下新庄さくら園」は新築された建物に開かれていること、「ひがしまち街角広場」

は移転していることが特徴である。

　「居場所ハウス」は東日本大震災後に、海外からの提案をきっかけとして開かれていること、築約60年の古民家をそのまま利用するのではなく、古民家の部材を用いた移築・再生であること、カフェ、食堂に加えて、朝市、買物送迎などさまざまな活動が展開されてきたことが特徴である。

　「実家の茶の間・紫竹」は新潟市の「地域包括ケア推進モデルハウス」として開かれ、任意団体「実家の茶の間」と新潟市の協働事業として開かれている。日々の運営を主に担うのは任意団体「実家の茶の間」だが、協働事業というかたちで自治体もオープン後の運営に関与していることが特徴である。古民家を活用した約290㎡と非常に規模の大きな空間になっていることも特徴である。

注
1　倉持香苗（2014）は出版物などの文献に紹介されている場所、何らかのネットワークやプロジェクトによる一覧表で紹介されている場所、インターネットによる「コミュニティカフェ」「カフェ」「ワーカーズコレクティブ」「コミュニティレストラン」「居場所」「たまり場」「茶の間」「サロン」「ひろば」「広場」をキーワードとする検索でヒットした場所などにもとづきコミュニティカフェのリストを作成している。
2　2000年頃から増加傾向にあることは、倉持香苗（2014）に掲載のグラフ「コミュニティカフェ開設の推移」を筆者が読み取ったものである。
3　本書ではスタッフと当番を区別しているが、大分大学福祉科学研究センター（2011）における「スタッフの延べ人数」が本書でいうスタッフ、「営業時のスタッフ」が本書でいう当番に相当する。
4　「ひがしまち街角広場」は、千里ニュータウンの商店が集まる近隣センターに開かれているため、「商店街」に立地していると捉えることもできる。

第2章　親と子の談話室・とぽす

■ オープンの経緯

「親と子の談話室・とぽす」は教員の経験をもつ白根良子さんが、夫の喜代志さんのサポートを得て、50歳のときに開いた「子供だけでも入れる図書コーナー付きの喫茶店」[1]で（表2-1）、住宅の中に町工場が点在する東京都江戸川区西一之江の桜並木のある通りに面して開かれている（写真2-1, 2）。「とぽす」（ΤΟΠΟΣ）の名前は、クリスチャンの白根さん夫妻が聖書の中から選んだ「とても居心地のいい、平安な場所」という意味が込められたギリシア語からとられたものである。

「親と子の談話室・とぽす」は1987年4月に開かれた。当時は校則が厳しく、学校帰りに友だち同士で道端で立ち話をすることすら禁止されていた。子どもたちは両親と学校の先生という自分にとって「利害関係のある大人」[050219]だ

表2-1 「親と子の談話室・とぽす」基本情報

オープン		1987年4月14日
住所		東京都江戸川区西一之江
運営日時	運営日時	11時～18時頃（火曜は13時まで）
	定休日	土曜、日曜
メニュー	飲物	コーヒー（450円）、紅茶（500円）
	食事	日替わりランチ（飲物付き）（900円）
主な プログラム		生と死を考える会：第4月曜日　19時～ とぽす響きの会：第3木曜日　19時～ 絵手紙教室：毎週水曜・木曜　14時～ 俳句の会：第2木曜　14時～ ヤングタイムサービス：毎週水曜　14時～ 歌と語りの夕べ：第4金曜　19時～ 「とぽす」とその仲間展：毎年1回 教育／子育て／思春期／こころの病の相談：随時（予約制）
運営主体		白根さん夫妻（個人）
運営体制		白根さんが1人で運営
空間	建物	白根さん夫妻の自宅がある敷地に新築（白根さん夫妻の自己所有）
	延床面積	約65㎡

※『とぽす通信』の「『とぽすとその仲間展』第26回記念号」（2019年）などを元に作成。

けとしか接していない状況であり、白根さんは「もっと色んな仕事をもっている大人に出会わなきゃ、自分が何になりたいかわかりやしないじゃないかって思った」[050113]と振り返る。6人の子育てをしながら、地域の子どもたちの姿を眺めていた白根さんは、思春期の子どもたちにはゆっくりできる場所、さまざまな大人と接することのできる場所が必要だと感じるようになり、「そういう居場所をつくろうと、自分で勝手に思い立った」[050901]という。

　ただし、白根さんが考えたのは思春期の子どもだけを対象にする場所ではなかった。「大人の私が1人で子どもに関わるっていうことよりも、ここに来る大人たちが子どもにそれぞれの立場で関わって欲しい、その方が豊かになるんじゃないか」[050113]。思春期の子どもだけでなく、誰もが気軽に入れる場所にするために考えられたのが、喫茶店にすることであった。「大人とのコミュニケーションの場と、それから、子どもも横の同年齢の子どものつきあいじゃなくて異年齢のつきあい、しかも、日本人だけじゃないっていうかな、色んな国籍の違う人。それからこういうところだったら障害のある子も来るしね、そういう障害のある人たち、自分が現実には見たこともないような人とのおつきあい、そういうのもできるんじゃないかなと思って喫茶店っていうのにしたんですね」[050113]、「児童館とかかね、子どもの城とか、子どもの遊び場とか、フリースペースっていう言葉は一切。……、何か入ってくるのに制限されてるっていう気持ちがあるでしょ。喫茶店って言えば誰でも入れるかなって、子ども以外は。だから、子どもも入れる喫茶店っていうふうにしたんです」[050219]。

　このような考えから喫茶店として開くことに決められたが、道端で立ち話をす

写真2-1
桜並木に面して開かれている

写真2-2 店内の様子

ることすら校則で禁止されていた当時は、子ども同士で喫茶店に入ることは当然認められていなかった。白根さんは、事件が起きたら「私が全部責任もちます」[050219] と記した文書を江戸川区の教育長、近くの小中学校に提出し、学校公認の「子供だけでも入れる図書コーナー付きの喫茶店」として開かれた。

「親と子の談話室・とぽす」では子どもたちに店を開放する時間帯として水曜と土曜の午後に「ヤングタイム」がもうけられている[2]。また、子どもも出入りするため常時禁煙・禁酒である。

オープン当初から現在までずっと大切にされ続けてきたのが「年齢、性別、国籍、所属、障害の有無、宗教、文化等、人とのつきあいの中で感じる『壁』を意識的に取り払い、より良いお付き合いの場所」[3]にすることである。白根さんはこれを「新しいコミュニケーション」と表現し、定期的に発行されている『とぽす通信』の全ての号の表紙には「いま新しいコミュニケーションの心を考える」と記されている。

● 運営

運営の概要

「親と子の談話室・とぽす」は週に4〜5日、11時から18時頃まで運営されており、食事と飲物が提供されている (写真2-3)。現在は昼食のみだが、朝食や夕食が提供されていた時期もある[4]。

先に紹介したように、水曜と土曜の午後には子どもたちに店を開放する時間帯として「ヤングタイム」がもうけられた。その後、子どもたちを取りまく状況の変化などから子どもは来なくなってきたが、「ヤングタイム」の時間は今でも残されている。

プログラム

「親と子の談話室・とぽす」では、自身も個展を開く白根さんが講師となる絵手紙教室 (写真2-4)、「生と死を考える会」、「歌と語りの夕べ」、「とぽす響きの会」などのプログラムが開かれる時間帯もある。白根さんによる事前予約制の「教育／子育て／思春期／こころの病の相談」も開かれている。

江戸川区内の会場を借りた「とぽすとその仲間展」も年に1度開かれている (写

写真2-3 入口に掲示されたメニュー

写真2-4 絵手紙教室

真2-5)。「とぽすとその仲間展」には白根さん、絵手紙教室の参加者、「親と子の談話室・とぽす」を通して出会ったアーティストらが油彩画、顔彩画、写真、陶、手工芸などの作品を出展している。2004年（第11回）には42人から95点、2008年（第15回）には37人から111点、2013年（第20回）には55人から141点、2018年（第25回）には92人から186点の作品が出展されており、出展者数、出展作品数は増えている[5]。

来訪者

オープン当初は「子どもが中心で、そこに大人が周りから囲んで優しく見守るところ」[050219] であり、思春期の子どもたちは、友人や居合わせた大人と話をしたり、ノートに言葉や絵を書いたりして過ごしていた。

1995年頃から思春期の子どもたちが来なくなってきた。学校が週休2日になり[6]、土曜の分のしわ寄せが平日にいったこと、部活や塾で忙しくなったことが理由ではないか [050113] と白根さんは話す。その頃、来るようになったのが不登校の子どもたちである。不登校がまだ十分に理解されていなかった当時、親は子どもを「近所の手前、鞄背負って出さざるを得ない」状況であり、「学校に行かずに『とぽす』に来て、『学校に行ったよ』って言って帰る子」[050113] もいたという。ジャーナリストの増田ユリヤ（1999）は不登校をテーマとする著書『「新」学校百景』で「親と子の談話室・とぽす」を取りあげ、「子どもの居場所を作ってあげようと始めた"とぽす"だったが、ここ一〜二年お客さんの中に目立ってきたのが"学校に行かない子ども"そして"不登校の子どもをもつ親"たちである」と記している。

その後、江戸川区で障害者の支援を行っている人の紹介で、少しずつ心の病を抱える人が訪れるようになり、1997年には「精神の病をもつ人たちとのコミュニケーションを通じて、その病を理解し、その病に苦しむ人を支え、自らも支えられて共に生きること」[7]をめざす「とぽす響きの会」が立ちあげられた。白根さんは「とぽす響きの会」について次のように話す。「この間〔講演会に〕行った時に、統合失調症の薬の飲み方、どんな薬があるかをやるんですよ。〔講演会には〕統合失調症の人も来てるんですね。最後にその先生がおっしゃったのは、『一番の薬ってのは希望をもつこと、それから地域の人たちがその病を理解してくれること、これが一番の薬だ』って言うんです。『とぽす』は、ここに来る利用者さんの流れの中で自然にそういう場所になっちゃったんです。まず、それ〔精神病〕を体験してない人が当事者に出会って、精神病って何なんだろうってわかるところから、その当事者が住みやすい街になっていくんだなって思ってたからやってたんですけど。……。だから、やってる人たちって先、先、先って何かこう時代の風みたいなもの感じてやってるんですよね」[050219]。心の病を抱える当事者と出会い、心の病を理解することの必要性が社会で広く言われるようになる前から、「親と子の談話室・とぽす」では「とぽす響きの会」が始められていたのである。

　しかし、近年では「とぽす響きの会」の参加者も減ってきたという。「ここ5年ぐらい、精神の患者さんたちと、身体障害の方と、知的障害の方が一つの福祉の中に入って、彼らにサービスをしましょうっていう政策が進められてる。だから精神の患者さんの所に知的障害の方が来たり、知的障害の方の所に精神を患ってる方が行ったりして。そのようなデイサービスや共同作業所が増えてきたんですね。だから精神の患者さんたちもそういう所に行けるようになった。そうすると、

写真2-5「とぽすとその仲間展」

写真2-6 学校帰りに水を飲みに立ち寄る子ども

昼間はそこに行って疲れちゃうから、夜の『とぽす響きの会』に来なくなりましたね」[160310]⁸。参加者は減ったが「とぽす響きの会」は続けられている。白根さんはその理由を次のように話す。「私と一対一で話をするのが好きな人がいるんです。『誰々さん来ますか？』って電話があるんですね。『今日は誰も来ません』って言うと『じゃあ、僕行きます』って。だから『〔とぽす響きの会は〕一人でも、二人でもいつもやりますよ』って言ってる。それは続けてますね。三人になったり、二人になったり、誰も来ない時もあります。来る人にとっては、自分が行かなくても、ここでやってることが心強いんです。『ああいう場所があるんだなって、今日は行けないけど』って。だからやめられません」[160310]。

　30年以上の運営を通して来訪者は変化しており、近年では中高年の女性が来訪者の中心になっている。ただし、学校帰りの子どもたちが水を飲みに立ち寄ったり（写真2-6）、子どもの頃来ていた人が、大人になって再訪したりすることもある。

　来訪者が変化してきたことを、白根さんは次のように肯定的に捉えている。「利害関係抜きで、ここで出会った大人の人たちとしゃべれるとか。『一緒に飲もうよ』、『カラオケ行こうよ』って言っても、だいたい行くのは職場関係だから。ここはそういう関係がないからいいっていうことで来るっていう、そういう場所にもなってきてます。だから、最初子どものためと思ったけど、やっぱりその枠を跳び越えて、色んな人のためかなって思ってます」[050219]。利害関係のない人々との関わりがもてる場所になっていることは、「親と子の談話室・とぽす」がオープン当初から担ってきた役割である。

　白根さんは、一人でやって来る来訪者について次のように話す。「お客さんがたくさんいると入って来ない人がいるんですよ。……。大勢だと、さっきは『とぽす』らしくなかったねとか言って、そっと誰もいない時に入って来る方が多い。……。だから、ここは誰にも教えたくない場所なんだっていうのが『とぽす』らしいかなと思います。みなさんは『とぽす』を一人でゆっくりしたいという居場所として位置づけてらっしゃいます」[050901]、「教えたくない場所なんです、ここは。……。何かこう一人だけでとか、私としゃべるとか。あとはもう、ほんとに一人だけで本を読みたい。友だちとぺらぺらしゃべるところは、ほかにいくらでもあるって言うんですよ。だけど、一人で何か考え事をしたい、

そういう場所はないって言うんです」[050219]、「どんなところでも大勢来なきゃいけないってわけじゃないし、やっぱり利用者がチョイスできるような、自分で選べるような場所がたくさんあって、『今日はこっち』、『明日はこっち』っていうね、そういうのもあっていいと思うんだよね。人はいつも同じ気持ちではいないんだから」[050422]。友だち同士で話をできる場所はいくらでもある。けれども、一人でゆっくりできる場所はない。白根さんは、「親と子の談話室・とぽす」が一人でゆっくりできる場所として選択肢の一つになっていればよいと考えている。

　白根さんは次のようにも話す。「ここなんかは、来ない隠れファンっていうのがいるんですよ。電気がついてるだけで安心するっていうね」[050422]、「休む時があるでしょ。そうすると電話がかかってくるんですよ。『あそこの前通ったのに休みだった』ってね。『夜もあそこ通ったら電気がついてなかった、どうしたの？』って。本人は来るかって言えば来ないんですよ。でも、ここがあるっていうことがすごい安心なんだって」[050219]。「親と子の談話室・とぽす」が存在していること自体に、安心を感じる人もいるということである。

運営体制

　オープンにあたって、白根さん夫妻は教会支部の協力を得て運営する可能性も検討したが、最終的には個人で運営することが決められた。その理由を白根喜代志さんは次のように話す。「いつも同じメンバーが教会支部の組織をつくってるわけではないですから、……、ここがあるために教会が不協和音なったらおかしいわけですよね。そういうことがあって個人で始めたんですね。そういう意味では何の報告義務もないし、誰にも気兼ねしないでいいし。その代わり我々みたいに個人だとできることは限られるし、資金もそんなあるわけではないし。組織とか行政とかがやれば大きなことやれますし。……。みんなが集まらなければできないこともあるし、みんなが集まっちゃうとできないこともあるし、色んなとこがあってもいいのかなと思うんですね」[050219]。「親と子の談話室・とぽす」は「みんなが集まらなければできないこと」を個人で続けてきた場所なのである。

　オープンから現在まで、日々の運営を担い続けてきたのは白根良子さんである。

以前、パートを雇用していた時期もあるが、やって来た人が「『今日はあなたなの？』っていう顔で帰っちゃう」[050219] こともあったという。白根さんは自身について「商品はやってるその人だと思うの。その場所の商品、メインの商品はね。だから、私だと思ってるんですよね」[050219] と話す。

　白根さんは飲物や食事の提供、来訪者への対応、絵手紙教室の講師など全てを行うが、忙しい時は飲物や食事を運ぶのを手伝ってくれたり、ほかの来訪者に配慮してくれたりする来訪者もいる。「あんまり完成されてるよりは、ちょっと未完成であって、ちょっとお手伝いしたいなって思うようなところがあったりして、それが何かいいのかもしれないね」[060906]、「私としゃべりたいって来たんだけど、私がこっちにつかまっててしゃべれない時は、その気配を感じてしゃべってくれるお客さんもいるんですよ。……、自分が何となくこう誘導してくれて、気配を感じてしゃべって場をもたせてくれるみたいなね。そういうお客さんがいますね」[050422]。長年訪れているという女性は、絵手紙教室が行われていたら遠慮して隅の方に座ったり、出直したりすると話す。「そんなのやってたって、やってなくたってね、来る人は関係ないの。あそこで〔絵手紙を〕描いてるなと思えば、こっちの隅で飲んだり、あっちの隅で飲んだりね。やってれば、飲みに来た方が遠慮してあっち行って飲んだり、こっちで飲んだりしてんだから」[050422]、「『また来るね』って帰っていって、また後から来なおすんだから」[050422]。

　白根さんは「親と子の談話室・とぽす」について「自分の仕事の場としてつくりました」（白根良子, 2011）と記している。白根さんは、中学校で音楽の教員を勤めた後、神学校に入学し直した経歴をもつ。自身の子育ての経験がオープンのきっかけになったことは先に述べた通りだが、「自分の子どもの成長やら、周りの子どもたちの環境を眺めました時に、私が教員のときにもっていた、『教員という立場を取り払った自分として子どもたちと向き合いたい』という気持ちをもう一度もちまして、この談話室をつくったわけです」[050901] というように、教員時代の経験も大きなきっかけになっていると白根さんは話す。

　白根さんは「親と子の談話室・とぽす」オープン後も、PTAでコーラスを教えたり、学校評議員を務めたりするなど、学校との関わりをもってきた。

空間

　「親と子の談話室・とぽす」は白根さん夫妻の自宅がある土地に新築された建物の2階に開かれている。当時、この土地には白根喜代志さんの工場があった。建物の建設費用は工場を経営する白根喜代志さんの会社が負担し、工場の食堂という位置づけで建設されている。

　空間は白根さんの考えが大きく反映されたものになっている（図2-1）。白根さんは子育てを通して抱くようになった思いを、知り合いの建築士に話をしたという。「お互いが人格を認め合うこと、そして国籍や生まれつきの障害、それから男女の差とか、国籍の違いとか、そういうものを全て取り払った、とても自由なコミュニケーションがしたいなということ、とてもゆったりとした場所であること、そんなことを、私の知り合いの建築士に話をしたのです」[050901]、「まず子どもと大人、年齢の差ですよね。それから男と女、性の差です。それから日本人とか外国人とか、国籍の差。それから障害があるとか障害がないとか、そういう人とのおつきあいの中で障害を感じるだろうなと思うものを全部取り払った場所がつくりたいって言ったんです。そのときに、もう一つ、桜並木があるのだから〔この場所に〕つくりたいのだから、桜並木がきれいに見えるような建物。桜並木の方からこう見た時に、……、『あっ、あそこにちょっと変わった素敵な建物

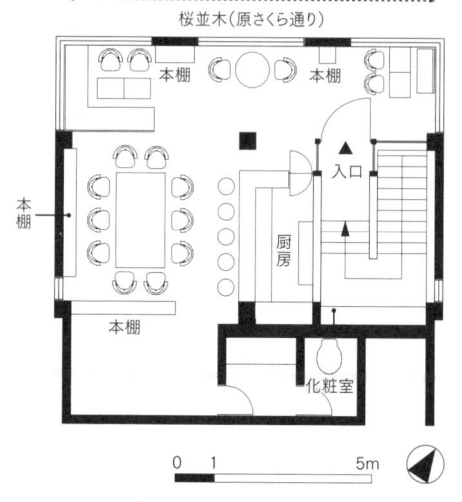

図2-1 「親と子の談話室・とぽす」の平面

があるな』と思える建物」[150831]。このような白根さんの思いを聞いた知り合いが図面を描いたことが、オープンに向けた大きな一歩になったのである。「そしたら私がまだやるかやらないか決めていないうちにですね、設計図を描いてまいりました。……。私の夢のような話を『あぁそうだね、そういう場所があったらばいいね、いいね、いいね』と、私の気持ちを汲み取ってくださいまして、設計図を描いて来たのです。私と夫は『もう設計図ができてきちゃったよ。これじゃやらなきゃいけないかな』っていう気持ちになっちゃったというのが事実なんですね [050901]。

　厨房を中心に置いて全体を見渡せるようにすること（写真2-7）、大きさや高さ、形の違うテーブルを置いて「ここもいい、あそこもいい、今度来たらあそこに座ろう」と思ってもらえるようにすること（写真2-8）。いずれも、白根さんの思いを聞いた知り合いが提案したものである。「厨房にいる私が中心になって、みんなを温かく見守って。私もあんまり口は出したくない、『いらっしゃいませ』ぐらいにしてゆったり過ごしてもらえる。厨房があって、そこからこう見渡せるような」[050831]、「今日はちょっとみんなとしゃべりたいから、本を読みたいからっていえば広い所とかね。だから、全部テーブルは高さも違うんです。丸いテーブルもあれば、長いテーブルもあれば、四角いのもあれば、ちょっと低いこのぐらいのテーブルもある」[050831]、「『ここ選んで損したな』って思うような場所じゃなく、『ここもいい、あそこもいい、今度来たらあそこに座ろう』っていうような、そういうふうにしましょう」[050831]。設計者からこのような提案があったという。

写真2-7 空間の中心となる厨房

写真2-8 さまざまなテーブルが
　　　　置かれた空間

「桜並木があるのだから〔この場所に〕つくりたいのだから」[150831]と話されているように、「親と子の談話室・とぽす」にとって通りの桜並木は大きな意味をもっている。「私、桜の花が好きで、父親も好きなんですね。……。学校の教員になった時に、……、私が最初に受けもった子どもが『先生、桜が咲く頃になると私は死にたくなる』って言った。その言葉がやっぱり桜の木を見てて甦ったんですよね。それで、6人の子育ての中で、やっぱり思春期にはゆったりとした場所で、自分をゆっくりと誰にも束縛されずに見つめられる場所が欲しいんじゃないかなと思ったんですね。だからその生徒の言葉を思い起こさせたのも桜だった。桜がなかったらね、たぶんこの場所はできてなかった。これはたぶんだと思いますよ」[050113]。桜並木が見渡せる大きな窓は、こうした白根さんの思いを受けたものである（写真2-9, 10）。

運営費

　建物は白根さん夫妻の自宅がある土地に新築されたものであり、建設費は白根喜代志さんの会社によって負担されている。

　オープン後の主な収入は飲物と食事の売上げ、絵手紙教室などの集まりの参加費である。参加費には飲物や食事の代金が含まれており、たとえば、絵手紙教室は飲物代と材料代を含めた1,000円、「シネマ・クラブの会」、「歌と語りの夕べ」は飲物と食事代を含めた1,000円が参加費になっている。これらの収入は光熱水費、飲物の食材費にあてられている。食事に関する食材費は、白根さん夫妻や家族も食事をすることがあるため、家族の食費として白根さん夫妻が個人として負担している。

写真2-9 桜並木が見渡せる大きな窓

写真2-10 桜並木が見渡せる大きな窓

運営資金は十分でないが、補助金を受けることは一度も考えられたことがない。「確かにお金をたくさんいただければ、その分、来ていただく方たちにもっともっといいサービスができるかなと思うんだけど。……。だけど、『これはいけない、あれはいけない』とかね、『こうしろ、ああしろ』って言われたらね、やったあれがないなって、夢も何もなくなっちゃうなって」[050219]、「そういうお金っていうのはやっぱり、ちゃんと報告をしないといけないですよね、何に使ったっていうことに対してね。……。〔私はきちんと報告を〕やれる人じゃないんですよ。だから、それを考えただけで気持ちが重くなって」[160310]。補助金を受けると活動の縛りや報告の義務が生じるため、白根さんの意志によって補助金を受けず、個人経営の喫茶店として運営され続けている。

「とぽす響きの会」を独立させ、NPO法人を設立する話が出されたこともあったが、「何かそんなことやったらすぐ決まらないなと思ったの。やりたいことをぱっとね。だからそれはやめて」[160310]という考えから、NPO法人が設立されることはなかった。

ただし、個人経営の喫茶店として運営することは、行政やほかの機関と全く関わらずに運営することを意味しない。オープン時には教育委員会や学校と交渉し、学校公認の「子供だけでも入れる図書コーナー付きの喫茶店」として開かれたが、その後も白根さんは近くの小・中学校には、校長先生が代わる度に「親と子の談話室・とぽす」を紹介する資料を持参している。また、保健所との連携により、心の病を抱えた人に対して「こういうとこ行ったらいいよ、ああいうとこ行ったらいいよ」[050219]と、利用できるサービスを紹介する窓口としての役割も担っている。

● 大切にされていること
　　見張られ感がなくゆっくりしてられるが、困った時には傍にいてくれる

「親と子の談話室・とぽす」では居合わせた来訪者同士の会話が始まることもある。来訪者同士の会話が始まるのは、単に世間話や噂話をしているのではなく、自分の意見を挟みたくなるからではないか。白根喜代志さんは次のように話す。「いわゆる世間話的な、もちろん社会の世間のこと話するんだけど、それが単に噂話とか、あの人がこうだとか、ああだとかっていうものじゃないもんねぇ。

・・・・・・。たとえば、いわゆる芸能ゴシップ的な話をしてても、それについての意見をみんなが言い出すじゃないですか。・・・・・・。たぶん、みんなそれぞれ意見を言うんだよね。ただゴシップを流してるんじゃなくて、意見言い出すから。そうすると、それに意見挟みたくなるんだね、やっぱり自分の意見言ってみたくなるんだね」[070724]。長年訪れている女性も次のように話す。「一般の井戸端会議は一切出たことない」[050422]、「自分の心のもっていき方をどうしたらいいかとか、そういうことをみんなに話してるうちに、みんなが色んな意見を言ってくれるじゃない。『私はこうした』とか、『僕はこうした』とか、『そんなの大したこっちゃないよ』とかさ。真剣に考えてくれる人もいればさ。そうすると色んな意見があるから、じゃあ自分はどれをとったら楽かなって聞く場ではあるけど。人の話っていうと、したことないね。こういうことで悩んでて、じゃあそれをどうしたらいいだろうって、みんなで一生懸命になって悩んだり、喜んだりするけれども」[050422]。

「親と子の談話室・とぽす」は「自分の心のもっていき方」や悩みに対して、居合わせた人々から意見をもらえる場所になっている。ただし、「ここで語ったことなどは、人の噂話などは外に行って絶対にしないことにしましょうって、これだけは決めてあるんですね」[160310]と白根さんが話すように、会話の内容を噂話として広げないことが配慮されている。噂話として広がらないことが共有されているからこそ、「安心して話せる」場所になっているのである。「色んな人が体験をして生きていくわけじゃない。そういう体験を、苦しいことを語れる、ここに来て語る。そういう器っていうかな、そういう器のある人もいないとダメだね、聞いてくれる。だから私だけじゃないと思うんです。だから色んなこと、嫌なことも話すけど、それが噂話にならないような場所。家のような場所って言ったらいいかな。・・・・・・、やっぱり家の人って、家の恥を話さないよね、よそ行ってね。だから安心して話せるじゃない」[160310]。

会話の内容を噂話として広げることはしないが、その一方で、白根さんは会話の内容に応じて「ここの約束事っていうのをよく知ってる」人を紹介することもある。「ここで私なんか時々、『この人はこういう体験をしてるから、この体験をこの人と一緒に共有して、話してもらえればいいかなぁ』なんて思って、もちろん人を見ますけどね、ちょっと振る時があるんですよ。私よりもそっちの人の方

■「バブル崩壊のちょっと前あたりには、結構そういう〔単身赴任などの男性の〕お客さまもいて、『夜〔夕食〕つくってくださいね』なんていう方もいらしたんですね。すると、そのおしゃべりがすごい下ネタが多い。こういうとこに来たら、そういう話をしなければならないというね。……。両端にいる人たち、こっちにいる人たちも、全然乗らないんですよ。しゃべっているうちにね、自分は何をやってるんだって本心に立ち返るわけ。決してそういうことをしゃべりたい人ではないんです。だけどそういうことをしゃべることによって時間をやり過ごすというか、そういうことしかしてこなかった人。で、誰も『うんうん』って言ってくれないから、何かこう黙っちゃうのよね。……。誰にも声をかけられないんだけど、自分がここにいていいんだよっていう場所ってあるじゃない。お客さん同士、カウンターの中同士で言葉を交わさなくても、そういう喫茶店はいいなって私は思うんだけど、それはやっぱりしつらえですよね、落ち着くっていうね。……。ある時その男性はね、『ここはそういう話が通じないところなんですね』って言うんですよ。通じないっていうのは、本人がそう思ったからそう言ったんだろうけど、『何となくそういう話が浮いちゃいますね』って言うんですね。『そう感じますか?』って言ったら、『自分が何か話してて、虚しくなっちゃったんですよ』って言うんですね。『じゃあ無理してしゃべらなくていいじゃないですか』って言ったんだけど。それでずっと来ててくださったんですけどね。そしたら、ほんとにすごい真面目な人だったんです。だから、そんなふうに自分の家を一旦出れば、自分というものに鎧をかぶせなくちゃ存在できないような場所が周りにいっぱいありすぎるのかなと思うのね。会社にしてもそうだしね。」［050422］

発言2-1 来訪者のエピソード

が体験が豊富だから、その人と話して解決した、みたいなね。……。そのときにやっぱり振られた方が、ここの約束事っていうのをよく知ってるかどうかで、私は振るんですけどね。それで何とか解決しましたとかね。あとは私自身がすごくアンテナをこう張って、ここへ来た時に、『この人に相談したらどうかな?』っていう、そういうアンテナ作りもやってないとダメですよね」［160310］。情報を広く発信するのではなく、人を見て情報を共有するというかたちで、人々の媒介となることが意識されている。

　「親と子の談話室・とぽす」では会話が大切にされているが、決して無理に会話をしたり、プログラムに参加したりすることが求められることはない（発言2-1、写真2-11）。このような場所にするためにさまざまな配慮がなされている。

　本を置くことはそのための配慮である（写真2-12, 13）。これは、自分自身が一人で喫茶店に入るのが好きでなかった白根さんの経験にもとづいている。「喫茶店で自分の本開いて読んでる時、『いつまでこの人読んでるの?』なんて思われ

ちゃうと嫌だなって思うじゃない。だけど、ここに本があれば、『ここの本を読んでもいいんだよ』って言えば、自分の本でも読んでいいのかなって思う発想になるじゃない」[050422]。大きさや高さ、形の違うテーブル（写真2-14）、通りの桜が見渡せる大きな窓もそのための配慮である（田中康裕ほか, 2009）。

「親と子の談話室・とぽす」における人々の関係を、白根さんは次のように話す。「たとえば家族なんてそうでしょ。何かあった時に、『ヘルプ』って言った時にはぱっと飛び出せるっていうか。だけどもいつもいつも『大丈夫、大丈夫、大丈夫？』って聞いてたら、それこそあれよね。お互いにそれぞれが自分のところに座ってて、誰からも見張られ感がなく、ゆっくりしてられるっていう。だけども、『何か困った時があったよね』って言った時には傍にいてくれるっていう、そういう空間って必要だなぁと思ってね」[050219]、「孤立しないでいられる空間。だけど他人から介入されないで、安心していられる空間。そっちにぽつんと一人で座っていても、みんながいるから安心だ。だけど、こっちにいるみんなは自分を侵害しないよっていう場所」[060906]。白根喜代志さんも次のように話す。「全

写真2-11 一人で過ごす人

写真2-12 店内には多くの本が並ぶ

写真2-13 階段にも本棚がつくられている

写真2-14 さまざまなテーブルが置かれた空間

体が一つなんだけども、たとえば、そのテーブルとこっちのテーブルと、そっちはそっちで話してても、入って来ると〔全体が〕一つに見えるんだけども、全然別個の一つでわけられてるっていう、その感じだってよく言われましたね」[070724]。

　「誰からも見張られ感がなく、ゆっくりしてられる」、「他人から介入されないで、安心していられる空間」、「みんなは自分を侵害しない」というように、訪れた人々はそれぞれのテーブルで話をしたり、お茶を飲んだり、本を読んだり、外の景色を眺めながらゆっくり過ごしている。その様子は「全然別個の一つでわけられてる」ように見える。けれども、「『何か困った時があったよね』って言った時には傍にいてくれる」、「孤立しないでいられる空間」、「みんながいるから安心」というようにそれぞれのテーブルは決して孤立しているわけではなく、「全体が一つ」のようにも見える。

　「たとえばここでお話してると、〔ほかのテーブルの人は〕大きな声でしゃべったりはしないですね。ちょっと何か大切なお話をしてるみたいという気配を感じると、向こうもそれにあわせて静かになってくれる、何かそういうところがあるのね」[050422]。このような状況を白根さんは「空気がまわる」[050422]と表現する。

新しいコミュニケーション

　「親と子の談話室・とぽす」では白根さんが「新しいコミュニケーション」と表現する「年齢、性別、国籍、所属、障害の有無、宗教、文化等、人とのつきあいの中で感じる『壁』を意識的に取り払い、より良いお付き合いの場所」[9]にすることがオープン当初からめざされてきた。「親と子の談話室・とぽす」における人々の関係を、白根さんは「ここ家族っていう感じかな。そうなっちゃうんだよね、みんなね。近くに勤めている方でも、昼を食べに来てくださる方はお花をもって来てくれたりね。私が絵描いてるからって、自分の家の花を届けてくれたりね」[050422]というように家族に喩えている。

　「親と子の談話室・とぽす」において白根さんは大きな存在だが、白根さんは来訪者に対して先生や医者としてではなく「何でもない普通の街に住むおばさん」として関わることを意識している。「ここへ来た子どもたちに、何をやらせると

か、私が本を読んであげるとか、そういう教育的な配慮は全く抜きにして、ただ居るだけでいいよっていうね、そういう場所にしたかったから、きれいな場所にしたいと思ったんです」［050113］、「私は医者でもないし、保健師でもないし、何でもない普通の街に住むおばさんなんですけど、そういう人の方がかえってね、子どもも安心だし、精神の病を病む人も安心みたいですね。何話してもいい、みたいな」［050901］。こうした立場を、白根さんは「無彩色な立場」と表現する。「壁」を取り払った関わりには、白根さん自身も含まれるのである。

「作品展も、タイトルと名前だけを表示し、所属などにこだわらず、見る人の心だけで作品に触れるようにしています」（白根良子, 2001）というように展示会に出展される作品に所属が記されることはない。これは、所属という「壁」を取り払うための配慮である。

心の病を抱える人にも、ほかの人と区別せず500円のコーヒー代を払ってもらうことも、「壁」を取り払うための配慮である。「『ごめんね、うちのコーヒー代高いんだけど、あなたたちは安くすると差別になると思うからね、500円貯まったら来てね』って言うの。そしたら『はい、わかりました』って言って来るんですよ」［160310］、「差別になると思うから、『500円集めたら来てね』って言う。それがやっぱり生活支援っていうか体験になるんだね。ここだけじゃなくて、どこか行きたい、映画を観たい、何かしたいって自分の生活の中でお金を貯めておくことが、私たちにはやさしいことだけど、彼らには難しい。その難しいところを少しずつやっていく。私に言われてそれもやる。そういうのが、何かいいのかなと」［160310］。「親と子の談話室・とぽす」でコーヒーを飲もうと考えて、お金の使い方を考えたり貯金したりすることも、心の病を抱える人々にとって生活の体験になると考えられているのである。

白根さんは次のように話す。「人によって変わらせられていくんですね。……。そこを協力じゃないけど、ここでは『お客さん』って私は呼んでるんですけど、お客さんによって自分も変わっていくんですね。いいことばっかりではなくて、やっぱり大変なこともなんかも起こる。その大変なことも人によって起こされるんですよ。そういう時に色んなことを学ぶんですよね、みんなでね。普通の喫茶店ではお客さんっていっても、何て言うか、つながりってないじゃない」［060906］、「大人っていうと、子どもから見たらすごく強いですよね。だか

ら、やっぱり大人が子どもの目線まで下がってこないとだめだなって。だからこ
こでお互いに、学ぶっていうよりも、体験すること。他人の子どもを通して、親
が『あぁ、子どもと接する時にはこうしたらいいか』とか、『子ども子どもと言う
けれども、子どもって結構大人なんだ』とかね。そんなことを、まず大人が子ど
もから学んでいって、そして自分の家庭で実践していく」[060906]。みなで「色
んなことを学ぶ」、「大人が子どもから学んで」いく、そして、白根さん自身も「人
によって変わらせられていく」。「親と子の談話室・とぽす」では、教える／教え
られる、支援する／支援されるという固定的な関係ではなく、互いに学び合い、
変化していく関係が生まれている。

　白根さんは飯台を例にあげて、ビジョンがはっきりしていれば場所の使われ方
は多様であっていいと話す。「どういう場所つくりたいかって、まずビジョンが
はっきりしてれば、使われ方は丸い飯台みたいでいいかな。飯台、丸いお膳的な
使い方でいいかなって。そこが勉強する場所になったり、本読む場所になったり、
ご飯を食べる場所になったり。ある時は赤ちゃんのベッドになったりね、お風呂
から出した時に。何でもいい」[060906]、「その目的が、最初は芽だったんだけ
ど、それが少しずつ伸びていって、枝をはって、実がなっていくみたいな。
……。私は、子どもと大人のコミュニケーションの場所であるということ。子
どもと大人っていうのは年齢の差もある。それに付随して、差別とかそんなもの
を感じるものを全てとっぱらいちゃいたいっていうね、そこまでいってここをつ
くったので。それを新しいコミュニケーションと私は名づけたんだけど、それし
か言葉としてはね、表現できなかったので。『いま新しいコミュニケーション〔の
心〕を考える』んだから、まだ考え続けてるんですよ。その中に、心の病の人との
コミュニケーション、知的障害の人とのコミュニケーションも生まれてきたし」
[060906] [10]。「親と子の談話室・とぽす」では「新しいコミュニケーション」とい
うビジョンが掲げられてきた。当初、このビジョンは「子どもと大人のコミュニ
ケーション」として実現していたが、運営を通して「心の病の人とのコミュニ
ケーション、知的障害者の人のコミュニケーション」というように、新たな人々
との「新しいコミュニケーション」も生まれてきたのである。

● 生み出されたこと

「親と子の談話室・とぽす」で行われているプログラムは、30年以上の運営を通して変化してきた（表2-2）。いずれも訪れた人々との出会いによって立ちあげられたものである。「年ごとにやりたいことは増えていった。それはここに来るお客様たちが、私に気づきを与えるのね。『こんなこともやってみたらどうだろう』みたいに来る方を通して。だから『響きの会』はそうですね。それから『生と死を考える会』もそうだし、『絵手紙の会』もそうなんですよ」[160310]、「『響きの会』も、『絵手紙教室』も、『花の絵展』も、『とぽす仲間展』も何も構想はなかったんです。出会ったお客様から、『こんなことが、こういうのがあったらいいな』っていう。何て言うかヒントではないんだね、『私がやりたい』っていう、その人の出会いによって『やりたい』っていう気持ちが湧いて、一人で企画してやってるのね」[070724]。

「生と死を考える会」は、来訪者からの提案を受けて1990年から始められた集まりである。「ここに来てたお客様が『始めよう』って言って始めた会なんですね。たまたまアルフォンス・デーケンさんっていう方の会に出られて[11]、非常に興味をもって。『あっちまで行くの大変だから、ここでやろうよ』って言って始めたのがきっかけで」[160310]。

1994年から始められた「とぽすとその仲間展」は、「親と子の談話室・とぽす」を訪れた一人の青年との出会いをきっかけとして始められた。「一人の自閉症の青年がお店に来た時、粘土でつくった彼の作品を見ました時にとても感動しまして、この作品をみなに見せたいと思ったのが最初のきっかけです」[050901]と白根さんは話す。

絵手紙教室は1995年から始められた。「私が友だちの絵手紙を買って並べたら、みんなが『いいね、いいね』って言ってくれて。『それじゃあ。絵手紙教室を開きましょう』って言って、その絵手紙のお友だちを講師にして、2〜3回やったんだね」[160310]。2〜3回の絵手紙教室が開かれた後、参加した人から続けたいとの希望があったが、講師を招くと謝礼が必要になる。そこで、「ここで私が教えれば、お茶代ぐらいいただければいいんだっていうことで、私もパステル描いてるし、自分もちょっと勉強してね。で、私が教える」[070724]というかたちで、白根さん自身が講師となり継続されることになった。

表2-2 「親と子の談話室・とぽす」のプログラムの変遷

年	1990	2000	2004	2008	2012	2018	2019
とぽすコーラス	第1・3月曜	第1・3月曜					
聖書を読む会	第2火曜	金曜	金曜	金曜			
生と死を考える会	第2土曜	第4月曜	第4月曜	第4月曜	第4月曜	第4月曜	第4月曜
とぽす読書会	第4月曜						
ヤングタイムサービス	水・土曜	水・土曜	水・土曜	水・土曜	水曜	水曜	水曜
英会話教室		火曜					
絵手紙教室		水・木曜	水・木曜	水・木曜	水・木曜	水・木曜	水・木曜
とぽす響きの会		第3木曜	第3木曜	第3木曜	第3木曜	第3木曜	第3木曜
語り合いの集い			第1月曜				
教育・子育て・思春期の相談		随時（予約制）					
教育・子育て・思春期・こころの病の相談			随時（予約制）	随時（予約制）	随時（予約制）	随時（予約制）	随時（予約制）
「とぽす」花の絵展			5月	5月			
「とぽす」とその仲間展			9月	9月	年1回	5月	5月
クリスマスの集い			12月	12月			
俳句の会					第2木曜	第2木曜	
シネマ・クラブの会					第1土曜	第1土曜	
歌と語りの夕べ					第4金曜	第4金曜	第4金曜

※『とぽす通信』をもとに作成。

　「とぽす響きの会」は心の病を抱える人が訪れるようになったことがきっかけとなり、「精神の病をもつ人たちとのコミュニケーションを通じて、その病を理解し、その病に苦しむ人を支え、自らも支えられて共に生きること」[12]を目的として始められた集まりである。白根さんが「親と子の談話室・とぽす」に来ていた心の病を抱える人々に「どんなふうな支えられ方が気持ちいいの？」と聞いたところ、「一緒に温泉に行きたい」、「一緒に話をしてもらいたい」、「僕の話を親身になって聞いてくれる人がいればいい」などの返事があったという。「『それって、誰でも人ならやることじゃない？』、『そういう人が周りにいないの？』って聞いたの。そしたら、病気じゃない人の中にはいないんだって。『ああそうか、病気じゃない人とそういうことがしたいんだな』って」[070724]、「そのときにみんなと話したことで、私たちが何気なくやってることが、精神の患者さんたちにはすごい高いハードルなんだなと思ったの。だから、そういう病気を体験してない人

を私が意図的に集めてね、『来てよ、来てよ、来てよ』って声をあげてここに集まって、精神の患者さんたちの気持ちを、最初は聞いてあげてよねっていう会から始まった」[070724]。「とぽす響きの会」は1997年4月に第1回目が開かれた。その後、毎月定期的に集まりが開かれており、年に1〜2度は講師や演奏者としてさまざまな人々を招いた「大会」として開かれている。

　2009年から「歌と語りの夕べ」、2012年から「シネマ・クラブの会」が始められているように、近年でも新たな活動が立ちあげられている。さらに、白根さんはこれから立ちあげたい活動も思い描いており、「障害をもってる方たちのアートを世に出す仕組み、しかもそれが売れるアートになる。そして彼らにそれを還元する。そういう場をつくりたいなっていうのが夢ですね」[160310]と話す。

　繰り返しになるが、いずれのプログラムも当初は計画されておらず、やって来た人々との出会いがきっかけとなり生まれたものである。白根さんはこれを次のように表現する。「ここは喫茶店なので人との出会いがその流れをつくっていっているんですよ。人との出会いがつくっていってるので、『ちょっと待って』とは絶対私は言えない。『そういう要求ならそれもやりましょうね』っていうかたちで、だんだん渦巻きが広くなっちゃうっていうかな。もちろん、中心は子どもっていうことは常に頭にあるんですけど。……。だから人がここを動かしていって、変容させていって。しかも悪く変容させていくんじゃなくて、いいように変えていってくれてると思ってます」[050219]。

　30年以上の運営を通して来訪者は変化し、プログラムも変化してきた。しかし、内装や家具は当初から変えられていない。「もう最初から同じ。それが私のひとつのやっぱりね、永久にじゃないけど、変わらない、壁も何も全部変えない、それが私のやり方のなかのひとつだったんですよね」[050422]、「変わらない場所があり、そしていつ行っても同じような空気が流れている、そういう場所をつくろうと思って建てたんです」[050219]、「木は古くなれば古くなるほど姿がきれいになってくるし、味が出てくるから。壁紙だったら汚れるし、それに剥がしてまたやらなきゃいけないし、そんなお金がないからって言ったんですよ。だから、ずっといつも変わらないっていうのがいいんじゃないでしょうかね」[050113]。「親と子の談話室・とぽす」に子どもの頃遊びに来ていた人が、大人になって子どもを連れてやって来ることがある。そういう時、「『うわぁ昔と同じ

ね、おばさん』、それ言われるのが快感なんですよ。そういう場所って今ないじゃないですか」[050422]と白根さんは話す。

　30年以上の運営を続けることができた理由を、白根さんは次のように話す。「人とのつながりがほんとに大切だな、ありがたいたなと思えるから、私は続けてこれたと思う」[160310]、「お金だけが問題ではなくて、やっぱりそこに来る人とのつながりがいかに美しいか、自分にとって宝物かっていうことかな」[160310]、「ずっと長く続いている人たちって、みんな何か気持ちがどっかでつながってるというかね、価値観が同じであったり、人に対する思いが同じであったり、優しいですよね」[160310]。

　白根さんは80代になっているが、これからも自分が可能なかたちで運営を続けることを考えている。いずれ自分で運営できなくなる日はくるが、ビジョンさえ受け継いでもらえるなら、運営のあり方は今と同じでなくてもいいと白根さんは話す。「自分が自由に発言できる、意識的に障害を取り払ってコミュニケーションをする場っていう、そのスタンスだけが変わらなければいいなと思いますね。〔私が〕ご飯がつくれなくなったら、ご飯は出さなくてもいいしね。お茶ぐらいは飲めるような場所っていうかたちでもいいしね。だから人と人が出会う場所、そのために、これだけは守って欲しいというね、それだけは守れればいいかなと思ってる」[160310]、「私が『とぽす』をやったっていうことは、こういうことなのか」みたいなものを、私がいなくなっちゃっても、開けば『とぽす』の思い出がよみがえってくるとか、何かそんなものをね、残したいなと思ってますね、最後にはね」[050113]。そして、自身の後継者について次のように話す。「私がもう働けなくなったら、誰か出てくるんじゃないかなぁと思うね。うちの子ども6人いますから。女の子5人、誰かやれるかなと思う」[160310]。

　何年か前には「親と子の談話室・とぽす」に来ていた人が両親から受け継いだ土地を使って高齢者が立ち寄れる場所を開いた、白根さんの親類が自宅をサロンとして開放した出来事があったという。白根さんの周りでは「親と子の談話室・とぽす」を参考にした場所が生まれている。

● 住み開き

　白根さんは自身の家族について、「今に至るまで、またこれからもずっと、『と

ぽす』の活動に参加し、協力してくれることと思います。何もない時は、それぞればらばらに過ごしていても、誰かがヘルプサインを出すと、さっと集まる"ひらかれた心たち"（白根良子, 2001）と記している。これは、「親と子の談話室・とぽす」で大切にされている「空気がまわる」[050422]という関わりにも通じている。「たとえば家族なんてそうでしょ。何かあった時に、『ヘルプ』って言った時にはぱっと飛び出せるっていうか。だけどもいつもいつも『大丈夫、大丈夫、大丈夫？』って聞いてたら、それこそあれよね。お互いにそれぞれが自分のところに座ってて、誰からも見張られ感がなく、ゆっくりしてられるっていう。だけども、『何か困った時があったよね』って言った時には傍にいてくれるっていう、そういう空間って必要だなぁと思ってね」[050219]。

　白根さんにとっての家族のかたちは、ある場所に閉ざされたものではなく、たとえ違う場所で暮らしていても困った時には傍にいる、集まるという開かれたものである。

　「住み開き」を提唱する日常編集家のアサダワタル（2012）は、「住み開き」をしている人々について「お金に還元されない役割としての自らの社会活動を展開し、他者と他者を繋ぎなおしている人たちもたくさん存在する。そういった人たちが語り合う場は、もてなす側／もてなされる側といった関係性を超えて、フラットなコミュニケーションの回路が生まれる空間となって、現に存在しているのだ」と述べている。そして、「住み開き」の共通点を次のように説明している。「無理せず自分のできる範囲で自分の好きなことをきっかけにちょっとだけ開いていること。これは公共施設や商売のためのお店ではなかなかできないことだ。また同時に昭和初期の地域コミュニティにあるような開きっぱなしというのともちょっと違う。とにかく『私』があらゆる条件の核になる。しかしただのエゴではない。個人宅をちょっとだけ開くことで小さなコミュニティが生まれ、自分の仕事や趣味の活動が他者へと自然にかつ確実に共有されていくのだ。そこでは無論、金の縁ではなく、血縁でもなく、もはや地縁でも会社の縁でもない、それらが有機的に絡み合う『第三の縁』が結ばれるのだ」。

　アサダワタルによる「住み開き」の説明は、白根さん夫妻が30年以上にわたって「親と子の談話室・とぽす」で続けてきたことと大きく重なっている。「親と子の談話室・とぽす」は白根さん夫妻の住宅自体を開いているわけではないが、「住

み開き」の言葉が生まれるはるか以前から、「住み開き」に通じることを先駆的に行ってきた場所だと捉えることができる。「私は『とぽす』を家族のためにつくったのではなく、自分の仕事の場としてつくりました。しかし、ひらかれた家族であったからつくれたのだと思います」(白根良子, 2001)。

「親と子の談話室・とぽす」の試みは住まいとは何か、家族とは何かという問い直しにまでつながっていく。

注
1　リーフレット「親と子の談話室『とぽす』(ΤΟΠΟΣ)」に記載されている表現。
2　『とぽす通信』の「VOL.2」(1987年5月)には当時の「ヤングタイム」として「フレッシュジュース(とぽす特製おやつつき)」、「三色アイスクリーム」がそれぞれ150円で提供されていたことが記載されている。『とぽす通信』は白根さんが定期的に発行し、「親と子の談話室・とぽす」や展示会の会場などで配布されている小冊子である。小冊子に『とぽす通信』の表記はないが、白根さん自身が『とぽす通信』と呼んでいるため、本書でも『とぽす通信』と表記している。
3　『とぽす通信』の『『とぽすとその仲間展』第18回記念号」(2011年)より。
4　新型コロナウイルス感染症の感染が拡大した時期も「親と子の談話室・とぽす」は、絵手紙教室が開かれている水・木曜を中心に運営が継続されている。運営を休止すると、行く場所がなくなる人が出てくると考えられたからである。
5　出展されている作品数は『とぽす通信』の「第11回『とぽす』とその仲間展号」(2004年)、「『とぽすとその仲間展』第15回記念号」(2008年)、「『とぽすとその仲間展』第20回記念号」(2013年)、「『とぽすとその仲間展』第25回記念号」(2018年)より。もう一つの展示会である「とぽす花の絵展」は2009年を最後に開かれなくなったが、「とぽす花の絵展」に出展していた人の中には「とぽすとその仲間展」に出展するようになった人もいる。「とぽすとその仲間展」の出展者の大半は個人だが、白根さんが「親と子の談話室・とぽす」以外で開いている絵手紙教室の参加者がグループで出展することもある。また近年の「とぽすとその仲間展」では白根さん夫妻の知人で、東日本大震災の被災地で支援活動を続ける「震災復興支援センターオリーブ」の千؛؛仁胤さんらによる「語り場」が開かれたり、「震災復興支援センターオリーブ」が支援してきた人々の作品が出展されたりしている。「震災復興支援センターオリーブ」は演奏会や歌声喫茶の開催、物資の支援などを通して「居場所ハウス」とも関わりがある。
6　1992年9月から月1回の土曜(第2土曜)、1995年4月から月2回の土曜(第2・4土曜)が休校になっている。さらに、2002年4月からは完全学校週5日制(週休2日制)が実施されている。文部科学省「学校週5日制に関するこれまでの経緯」のページより。
7　『とぽす通信』の『『とぽす響きの会』第60回記念号」(2002年)より。
8　心の病を抱える人を対象とするデイサービスや共同作業所は増えてきたが、このような場所に行けず引きこもってしまう人がいることを白根さんは懸念している。
9　『とぽす通信』の『『とぽすとその仲間展』第18回記念号」(2011年)より。
10　「いま新しいコミュニケーション〔の心〕を考える」という発言は、『とぽす通信』の全ての号の表紙に記されている言葉に触れたものである
11　1932年、ドイツ生まれ。哲学者。上智大学で「死の哲学」などの講義を担当。上智大学名誉教授、「東京・生と死を考える会」、「生と死を考える会全国協議会」名誉会長。2020年9月死去。
12　『とぽす通信』の『『とぽす響きの会』第60回記念号」(2002年)より。

第3章 下新庄さくら園

■ オープンの経緯

「下新庄さくら園」は2000年5月15日、大阪府による「ふれあいリビング」の第一号として、府営下新庄鉄筋住宅に開かれた（表3-1）。下新庄鉄筋住宅は高層の住棟に建て替えられ、その後、大阪市への移管により市営下新庄4丁目住宅になるというように環境は大きく変化したが、「下新庄さくら園」はオープンから約20年にわたりボランティアでの運営が続けられている（写真3-1）。

大阪府では、阪神大震災の震災復興住宅で取り組まれたコレクティブハウジング（協同居住型集合住宅）などを参考にしながら、府営住宅に住む高齢者が、どうすれば住み慣れた住宅で長く住み続けることができるかが検討されてきた。こうした検討を通して生まれたのが「ふれあいリビング」である[1]。

「ふれあいリビング」は「高齢者の生活圏、徒歩圏で、『普段からのふれあい』の活動があれば、高齢でも元気で、お互い元気かどうか確認できて、何かあったら

表3-1 「下新庄さくら園」基本情報

オープン		2000年5月15日
住所		大阪府大阪市東淀川区下新庄
運営日時	運営日時	10時半〜16時
	定休日	土曜、日曜
メニュー	飲物	コーヒー、紅茶、ジュース（100円）、ハーブティー（150円）
	食事	トースト（100円）、ゆで玉子（30円）
主なプログラム		抹茶の日（社協アワー）：第2木曜日　13〜16時 ぜんざいの日（社協アワー）：第3木曜日　13〜16時 下新庄地域高齢者食事サービス：第3月曜日
運営主体		下新庄さくら園運営委員会（任意団体）
運営体制		約15人が2人ずつボランティアで当番を担当
建物	建物	府営住宅敷地内に新築（無償で賃貸）
	面積	約77㎡
備考		※以前の運営時間は月曜〜土曜の9時〜16時 ※府営下新庄鉄筋住宅は高層の住棟に建て替えられ、その後、大阪市に移管され、現在は市営下新庄4丁目住宅となっている

写真3-1 日常の様子

写真3-2 下新庄鉄筋住宅と
「下新庄さくら園」(右側)

助け合うこともできるのではないか」という考えから、「前もって予約して、かぎ
を借りて、使う時だけ開けるという使い方がどうしても多い」集会所とは異なり、
「気軽に立ち寄ることができる協同生活の場」(植茶恭子・広沢真佐子, 2001) とし
てもうけられる場所で、喫茶 (ふれあい喫茶) を中心とする場所として運営されて
いる。

　1999年1月12日、下新庄鉄筋住宅が「ふれあいリビング」の候補地としてヒ
アリングを受けた。下新庄鉄筋住宅は、1958年に入居が始まった252戸からな
る団地である (写真3-2)。自治会活動が活発だったことから候補地としてヒアリ
ングを受けることになり、ヒアリングをふまえて「ふれあいリビング」の第一号
を開くモデル団地として選ばれた。

　1999年10月9日、第1回建設準備会が開かれた。この後、大阪府、コーディ
ネーター、住民らが月に1〜3回集まり、自分たちの団地で何ができるのか、ど
んな建物にするのか、どう運営していくのかを話し合いながら「ふれあいリビン
グ」オープンに向けた準備が進められていった (表3-2)。

　「ふれあいリビング」ではコミュニティをゼロから築くのではなく「既存のコ
ミュニティを発展させること」が考えられている (植茶恭子・広沢真佐子, 2001)。
当初、大阪府は「下新庄さくら園」を下新庄鉄筋住宅の自治会活動を発展させた
ものにすること、そして、自治会長が運営委員長になることを想定していた。け
れども、任期によって交代する自治会長が運営委員長を兼任するのでは運営を継
続できないと考えられ、「ふれあいリビング」の準備作業に当初から関わってい
た和南さんが運営委員長に就任することになった。和南さんは「当番制でやって

るような自治会の会長を上にもってきたんでは、毎回違う考えの人が来て、運営なんか絶対できない」[060602] と話す。

　当初、準備作業には下新庄鉄筋住宅の住民だけが参加していたが、オープンまでの話し合いにおいて、「『ふれあい』で毎日やっていって色んな出費、運営費とか考えていったら、とてもこの団地の中ではやれないんじゃないか」[050704] という意見が出され、2001年1月20日に開かれた第1回運営委員会からは、下新庄地域の社会福祉協議会の会長と副会長、連合新興町会長（地域の3役）が参加し、下新庄鉄筋住宅の自治会とは別に任意団体として運営委員会が設立されることになった。

　オープン時に作成されたリーフレットに、「下新庄地域の方がだれでも使える場所です。高齢者の方はもちろん、若者も、子供も、この場所を活用してふれあいのあるコミュニティを育てていきたいものです」と記されている通り、「下新庄

表3-2 「下新庄さくら園」オープンまでの経緯

年	月	日	出来事
1999	1	12	「ふれあいリビング」の候補地としてヒアリングを受ける
1999	3	4	団地の新旧代議員64人が集まって説明会
1999	3	14	20歳以上全員アンケートの〆切（有効回収率　93.9%）。8割の賛同を得る
1999	9	21	大阪府による事業実施についての説明会。大阪府の補正予算が通って事業がスタート
1999	10	5	「ふれあいリビングニュース」第1号発行
1999	10	9	第1回建設準備会。役員の決定。設置場所について検討
1999	10	16	隣接棟の住民への説明会
1999	10	28	第2回建設準備会。内部の設計について意見を出し合う
1999	11	11	プラン検討会（ワークショップ）。図面を囲んで、活動のアイディアを出し合い、設計の内容を固める
1999	12	9	第3回建設準備会。運営や活動の相談を始める
2000	1	20	第1回運営委員会。この回からメンバーを拡大し、地域から社協の会長・副会長、連合振興町会長が参加
2000	2	9	工事着工
2000	2	24	第2回運営委員会。オープン後の活動や運営について相談。地域から名称を募集することになる
2000	3	30	第3回運営委員会。工事中の建物内部を見学。名称を「下新庄さくら園」と決定
2000	4	7	大阪府から自治会へかぎ渡し
2000	4	15	第1回準備委員会。出来上がった建物の内部を見学。オープニングセレモニーのもち方を相談
2000	4	27	第2回準備委員会。完成した建物を初めて使って、祝賀会の準備と役割分担を相談
2000	5	14	新築開園祝賀会
2000	5	15	ふれあい喫茶「下新庄さくら園」オープン

※オープン時に作成されたリーフレットを元に作成。

さくら園」は下新庄鉄筋住宅の住民のためだけでなく、「地域の財産」[050704]とするために、「地域ぐるみ」[050704] で開かれた場所である。和南さんは「私らの信念だけど、地域の財産としてかたちをつくっていくっていうのが。私らがそれをまずやらないけんっていうことに」[050704] と話す。

● 運営

運営の概要

「下新庄さくら園」は月〜金曜の10時半から16時まで（以前は月〜土曜の9時から16時まで）運営されており、コーヒー、紅茶、ジュースなどの飲物が100〜150円、トーストが100円、ゆで玉子が30円で提供されている。コーヒーは講習を受けたボランティアの当番が、ドリップでいれている。

喫茶の場所として運営されているが、「飲まなくっても別にね、かまへんわと思うんだけど。だから、『飲まないよ』言う人も、『用のないよ』って来ても、別に構わない」[051027] というように、必ず飲物を注文する必要はない。

100円で飲物を提供することで周囲の喫茶店の営業の妨げにならないよう、「下新庄さくら園」の道路側の壁面には喫茶という文字は書かれていない。また、表の掲示板には100円という値段が書かれていない（写真3-3, 4）。「喫茶店は経営が大変だし言うので、表の看板もご存知でしょうけど、『さくら園』としか書いてないんです。あれも私らで、自分らの実費で出したんですけど、『さくら園喫茶』っていうのは書いてないんですね」[050704]、「『さくら園』っていう名前が

写真3-3 「さくら園」とのみ記載された
　　　　道路側の壁面

写真3-4 表の掲示板に値段は書かれていない

お年寄りの施設の感じしてるみたい。特殊な人しか入れないと。だから、あそこに『喫茶・さくら園』と書けばいいんですけど、〔喫茶店が〕あるので、最初それをものすごい意識したんで。お客さんによったら『100円コーヒーをうたったら？』って言ってくれるんですけど、それうたうことは地域のね、やっぱり営業しながら生活してらっしゃる、そこに〔喫茶店が〕あるからすごく気を遣って、それは全くしないで。そういう意識でやってるんですけどね。だから、あまり目立つようなことをしないっていう」［051021］、「『モーニングみたいなんして欲しい』って言うんですけど、やっぱり近所でモーニングセットやってるでしょ。だからうたわれないんですわ」［050704］。「地域の財産」［050704］にするためにこのような配慮がなされている。

■ プログラム

　オープンから約半年後の2000年11月から社会福祉協議会との連携による「社協アワー」が始められており、現在では毎月第2木曜日の「抹茶の日」、毎月第3木曜日の「ぜんざいの日」として定着している[2]。以前は下新庄鉄筋住宅の集会所で行われていた下新庄地域活動協議会による下新庄地域高齢者食事サービス（ふれあい型高齢者食事サービス）が毎月第3月曜日に開かれている[3]。小物づくりの「メダカグループ」が毎月第2月曜日に活動していた時期もある。これらを除けば、ほとんどの時間帯にはプログラムは行われておらず、喫茶を中心とする場所として運営されている。

　来訪者

　来訪者は高齢者が中心である。1日に40〜60人が訪れていた時期もあるが、現在では半分くらいになっているという［170215］。月に2回の「社協アワー」の日は来訪者が多く、約100人が訪れる。

　オープンから約1年半後に行われた調査によれば、1日の来訪者は約45人であること、下新庄鉄筋住宅の住民は約4割であること、「60歳代70歳代の利用が大半である」こと、女性が男性の約2.7倍であることが明らかにされている（上田竜也ほか, 2002）[4]。オープンから約5年半後に行われた調査では、来訪者の6割が女性であること、6割が下新庄鉄筋住宅の住民であること、9割が週に2回以上来訪

していることが明らかにされている。また、来訪者の中には午前と午後の2回来訪する人、2～3時間過ごして帰る人がいることも明らかにされている（麻野翔太ほか, 2006）。これらの調査結果からは、下新庄鉄筋住宅の住民でない人々も「下新庄さくら園」を訪れていることが伺える。

「ここはお話するところ、一緒にね、黙って食べる人は少ないねぇ」[051027]と和南さんが話すように、来訪者はほかの来訪者や当番と話をして過ごすことが多い。

運営体制

「下新庄さくら園」の運営主体として、下新庄鉄筋住宅の自治会とは別に、運営委員会が任意団体として立ちあげられた。

オープン後の運営を担ってきたのは、和南さんをはじめとする15人ほどのボランティアのスタッフで、1日に2～3人ほどが当番を担当している。スタッフの中心は下新庄鉄筋住宅に住む高齢の女性だが、周辺地域の住民もいる。和南さん、そして、会計や厨房などを担当する木本さんは時間の許す限り毎日顔を出している。

和和南さんはさまざまな活動に携わってきた人物である。下新庄鉄筋住宅では自治会長を務めたり、小物づくりの「メダカグループ」や読書会を立ちあげたりしてきた。下新庄鉄筋住宅以外ではPTAや社会福祉協議会などに携わってきた。民謡の指導者でもある。「PTAなんかで色んなことしてお世話さしてもらったんで、だから『和南さん来たよ』って、『連れて来たよ』っていうね、その仲間がいっぱい下地つくってくれはって」[050704]、「私のPTAのときのお友だちが、〔当番として〕外から入ってもらってるわけね」[050704]。「地域のつながりをずっともってた」という「土台」[051028]が「下新庄さくら園」の運営につながっているのである。

和南さん、木本さんを中心に運営されてきたが、次のようにスタッフには情報を共有することが意識されている。「ボランティアさんも、全然売り上げも知らないではね。やはり参与してるっていう、自分たちの『さくら園』だという気持ちをもっていただかないと協力もしていただけないし。だから小さいことでもお知らせしておくという、これは一番肝心ですのでね。副代表とか、偉いさんだけ

が知ってるでは困るっていうことはね、基本的に大事にしていかないかんと思ってます」[051021]。

　和南さんは亡くなられ、現在は木本さんが2代目の運営委員長となっている。木本さんは下新庄鉄筋住宅の自治会、PTA、民謡の指導など和南さんと長年にわたって活動を共にしてきた人物である。約20年にわたる運営を通してスタッフ、来訪者の中には亡くなった人も多く、スタッフも高齢化しているが、若い人は共働きで時間に余裕がないためスタッフの確保が課題になっていると木本さんは話す。こうした状況もあり、オープン当初より運営日時は短縮されているが、現在でも週5日の運営が続けられている。

空間

　「下新庄さくら園」の建物は既存の集会所とは別に新築されている。建物の敷地は「地域の財産」[050704]として下新庄鉄筋住宅の住民以外の人でも立ち寄りやすくするために、下新庄鉄筋住宅の敷地の端が選ばれた。「もう自動車が満杯でね、こう潰すことできないぐらいだったんで、〔下新庄さくら園を〕ここに建てるつもりはなかった。〔下新庄鉄筋住宅の〕一番奥の方にしようと思ってたんですけれど、地域のものとして残そう、地域のものとしての活動しようと思ったら、やっぱり表に出さないかんいうことで、私らの考えでこちらにもってきてもらって。で、車の移動もしてもらって、こちらに置くことになって」[050704]。

　「下新庄さくら園」内には喫茶コーナー、だんらんコーナー、厨房がもうけられた (図3-1)。当初、大阪府は「一体どうしたらいつでも開けておいて、誰でも気兼ねなく出入りできるのだろうということを考えると、ふれあい喫茶がいいのではないか」(植茶恭子・広沢真佐子、2001) という考えから、喫茶を中心とする場所にすることを想定していたが、オープンまでの話し合いで「100円コーヒー」の売上げだけでは運営費を賄うのは難しいという意見が住民から出された。そこで喫茶コーナーに加えて、「食事会や趣味のサークル活動のほか、研修や会議、展示会など多目的」に利用できるだんらんコーナー、「食事サービスのほか、料理教室やイベント時の料理、おかしづくり、グループでの食事づくりなど」に利用できる厨房がもうけられ (写真3-5)[5]、だんらんコーナーと厨房をグループで借りてもらうことによる会場使用料で運営費を賄うことが計画された。

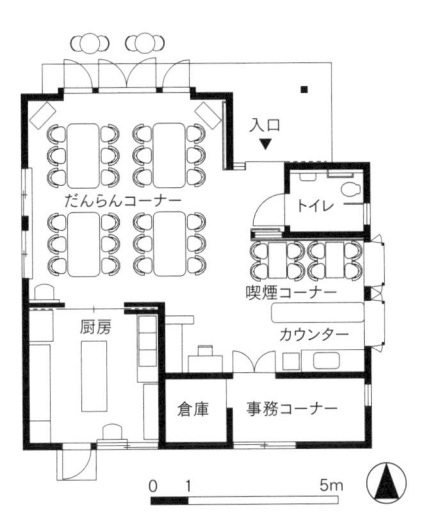

図3-1 「下新庄さくら園」の平面

　和南さんはオープンまでの経緯を次のように振り返る。「ほんとに第一号だから、〔大阪府は〕『ふれあい喫茶』を主にしてもって来てくれはったんです。『ふれあい喫茶』いうのがキャッチフレーズみたいで。で、もってきたんですけど、喫茶がそこにもあるし、喫茶っていうのはすごく恐かったんです」[051021]、「12万ぐらいの出費がね、……、電気代とかいる言うから、100円コーヒーをやって、どんだけやれるかがまず大変なんで。ほんとは喫茶じゃなくってここを貸す、ここで色んなことをして、そして運営も助けていこうというのが私らの考えでしたので、……、お食事の厨房を大きくしてもらったんですわ」[050704]、「『喫茶』を狭くして、どっちかって言ったら、ここは『だんらん』っていうので利用してもらおうっていうのが私らの願いでしたのよ」[050704]。

　下新庄鉄筋住宅には集会所が2つあり、以前からカラオケや民謡などの活動が行われてきた。だんらんコーナー、厨房の利用方法として想定されていた食事会、趣味のサークル、研修や会議などは集会所で行われていたものである。「下新庄さくら園」の開設にコーディネーターとして関わっていた広沢真佐子は「下新庄鉄筋住宅〔下新庄さくら園〕の場合は、もともと給食サービスを月1回、団地の集会所の小さなキッチンでなんとか工夫しながら30食ぐらいつくっていたということもあり、ぜひきちんとした台所がほしいということで、ちゃんとした厨房を

つけております」と述べている（植茶恭子・広沢真佐子, 2001）。

　こうした経緯でオープンしたが、計画していた以上に喫茶が好評だったという。「蓋開けてみたら、厨房使うより、喫茶がすごく受けがよかったんですわ」［050704］、「蓋開けてみたら、喫茶〔コーナー〕の方が満員だから全部こっち〔だんらんコーナー〕へ入り込んでしまって。……。だから、『だんらん室』ができなくなって」［050704］。和南さんがこう話すように、だんらんコーナーも喫茶のために利用されるようになったのである（写真3-6, 7, 8）。

　「下新庄さくら園」のオープン後、中層の10棟（252戸）からなる新庄鉄筋住宅は、高層の2棟（252戸）へと建て替えられることになった。和南さんらは「こんなとこ潰して建て直して、一時休むようなことするんだったら、とても続かない」［050704］と考え、建て替えの話が出されると、大阪府の担当者に「下新庄さくら園」の意義を説明し、運営の継続を要望している。和南さんらの要望を受け、建て替えにあたっては「下新庄さくら園」を残すように住棟配置が計画され、「下新庄さくら園」の前は広場として整備されることになった（図3-2, 写真3-9、10）。

写真3-5 厨房

写真3-6 喫茶コーナー

写真3-7 喫茶コーナー

写真3-8 だんらんコーナー

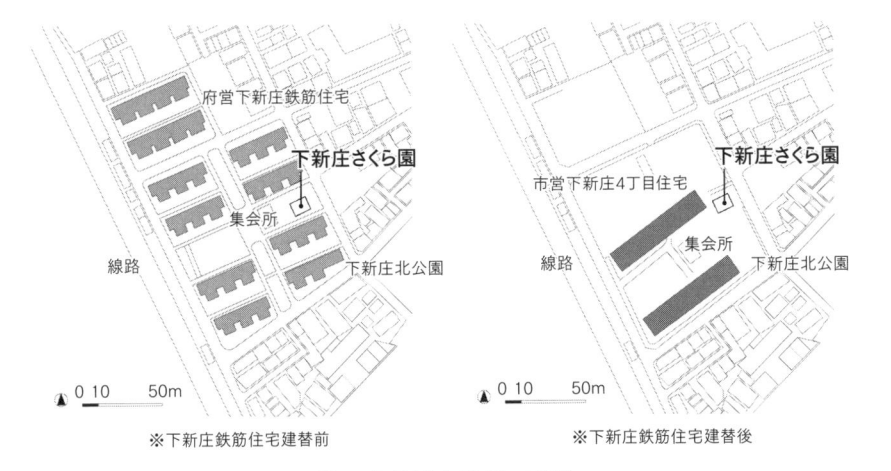

図3-2 「下新庄さくら園」の配置

※下新庄鉄筋住宅建替前　　　　　　　　※下新庄鉄筋住宅建替後

写真3-9 高層に建て替えられた住棟と「下新庄さくら園」

写真3-10 「下新庄さくら園」前は広場として整備

運営費

　「下新庄さくら園」では建物の建設、エアコンの設置にかかる費用は大阪府によって負担された。建物前のレンガ敷きのテラス、桜の木の植樹という屋外の整備にかかる費用(写真3-11, 12)、そして、家具、食器、カーテンなどは、下新庄鉄筋住宅の自治会と下新庄地域の15の町会からの寄付によって賄われた。テーブルなどの家具、カーテン、食器は和南さんらが買いに行ったり、知人に手配したりして揃えられたものである。オープン後の光熱水費、食材費などは、喫茶の売上げと会場使用料により賄われている。月に2度の「社協アワー」は社会福祉協議会からの補助を受けて行われている。

広沢真佐子は「下新庄さくら園」オープン直後の収支について、「収入について
ですが、月平均16〜17万円ぐらいの売り上げがあるということです。その内訳
は、ふれあい喫茶の収入と会場をいろんな形で使っていただく場合の使用料収入
です。支出の方は、喫茶の材料とか、消耗品、光熱費などです。水道光熱費は1ヶ
月3万円ぐらい、1ヶ月の支出は合計12万円くらいです。平均しますと採算が取
れておりまして、月々4万〜5万円くらいは残っていくという計算ができます。
みんなボランティアでサービスをされていますし、残ると言ってもいろんな備品
類も団地の方でそろえられているわけですから、破損時の補充等のために積み立
てていくことになります」という状況を紹介したうえで、「基本的には、利用者負
担による自立経営ができる見通しが立った」(植茶恭子・広沢真佐子, 2001) と述べ
ている。

　このようなかたちで費用を負担することは、他の「ふれあいリビング」にもあ
てはまる。建物の建設費や、集会所の改修費は大阪府が負担し、家具、食器など
の備品購入やオープン後の運営にかかる光熱水費、食材費などは「ふれあいリビ
ング」の運営者側が負担することになっている。

● **大切にされていること**

気楽に居られる場所

　「下新庄さくら園」では「来られたら何時間でもゆっくりおしゃべりできるいう
雰囲気をつくる」[050704] ことが意識されている。「長時間おる方でも、気遣っ
て、『もう帰らないかん』っていうことは絶対ないようにしてます。気楽におるよ
うに。……、お店におると、いつまでもしゃべってたら何かじんと来るでしょ。

写真3-11 整備されたテラス

写真3-12 「下新庄さくら園」の前に植樹された桜

それがここないんです。最初からそういう雰囲気づくりね、『ゆっくりしてて
ね』って、『いいよ』って、『ゆっくりしてよ』って」[051027]。

　コーヒーをいれたり、食器を洗ったりするため、当番は喫茶コーナーで過ごし
ていることが多い。そのため、和南さんは、喫茶コーナーは「一人でいる人がボ
ランティアさんとしゃべる場所にして欲しい」[051027]、「もう馴れてお友だち
ができたら、こっち〔だんらんコーナー〕の方へ来て欲しい」[051027] というよう
に、来訪者に応じた喫茶コーナーとだんらんコーナーの使い分けを考えている。
ただし、「今それがちょっと一番できないことだけどねぇ」[051027] と和南さん
が話すように、常連の人が喫茶コーナーに固まることもあるという (写真3-13)。
そのため、喫茶コーナーに座れず、だんらんコーナーで孤立してしまう人が出て
くることもある。

　和南さんは全体の様子が伺える向きに座り、孤立している人や気分を悪くして
帰る人がいないか常に意識している。「こう対話する時、私はこっち側座るのは、
こうやって見てるの、様子をね。帰るお客さんがちょっと怒ってはるなとか、機
嫌悪いなとかね、わかるとこへいつもこうやって座って。だから、キョロキョロ
してるんだけど。人間と人間の中っていうのは楽しいけど、やはり細かい心遣い
もどっかでしとかないと、長く続けるいうのはね」[051021] [6]。

　会話に入れず孤立している人を見かけた時は、自らが話し相手になったり、当
番に話し相手になってもらったり、ほかの来訪者に声かけしたりすると和南さん
は話す。「完全に入れないなと思った時は、私がしゃべってあげたりね。ボラン
ティアさんに目配せしてね、ちょっと私が出る時は。目ちょっとこうしたら、ボ
ランティアさんがすっと来たりね」[051027]、「私が『ここおいで』って言って前
に座ってあげるわけ、そういう人が来た時は。そうしないと、一人ぼっちになっ
てしまうでしょ。同じ団地の人なんか特にね、外れたら寂しいみたい。たまに、
私、口添えする時あるのよ。『あの人寂しいから、呼んであげて、ちょっと声かけ
てあげて、笑ってるだけでもいいよ』って。そしたらしてくれるのよ、みんなが
してくれるの」[051027]。また、「『あんたもそうやなぁ、あんたもそうやった
なぁ』とか、『あんたもあれやなぁ、奥さんも来るなぁ、こっちは奥さんおらんね
んて』とか言って」[051027]、一人の人同士が会話を始めるきっかけをつくるこ
とも配慮されている。そして、「仲間に入ったらね、ぱっと逃げる、私、立つんで

すわ」[051027]というように、会話に加わった後、自分は席を立つ配慮もなされている。

「帰りのお客さんは大切に」[050704]することも配慮されている。だんらんコーナーに座って向かい合って話をすると「対話みたいに」かたくなるため、表まで見送った際に立ち話をすることもあるという。「しゃべってあげてないなと思ったら、帰りに出て、『ありがとうございました』って言うと、帰りにふとしゃべってくれはんねん。ここ〔だんらんコーナー〕へ来て、こうして座ってしゃべると、何か対話みたいになるでしょう。……。ちょっとかたくね。……。だから、帰りにふっと送って行って。『今日は初めてですの、来てくださったんですの、また来て下さいね』って言うたら、ちょっとしゃべるんですわ、2、3分」[060602]。

和南さんは次のようにも話す。「面白くないから帰った言ったら、ほんまに悲しい、それだけは悲しい、嫌。それ避けようとするけど、全部が全部できないでしょ。あっという間に、なった時あんねん、私がおらん時に、ちょっとおらん間にぱっとなるときあるでしょ」[051027]。このような場合には「『どうしたの？来なくなったの？　おいで』、『待ってるよ』、『お顔みたいからね』」[051027]と書いた手紙を郵便受けに入れに行くこともあるという。

「下新庄さくら園」では会話をすることが大切にされているが、その一方で、「一人で触らないで欲しいなぁ、その人にはね、それでいいと思うし」[060602]、「一人で来られる方は、そっとして欲しい人もあるからねぇ。……。だから、何回も来られてる人で、ちょっとされる方はもうその方がいいんじゃないかなと思ってね、そっとしとくんですけど」[060602]というように、会話をすることが

写真3-13喫茶コーナーに集まる人々

写真3-14 一人で過ごす人

無理に強いられているわけではなく、さまざまな関わりが許容されている（写真3-14）。

　和南さんは来訪者に対してさまざまな配慮をしているが、来訪者に対応する自らの姿をスタッフに見てもらい、学ぶ機会にして欲しいと話している。「お店慣れてないもんねぇ、素人の奥さんばっかりやからねぇ、『いらしゃいませ、ありがとうございます』がやっとやもんねぇ、言えるのが。‥‥‥。だけど私が、『いらっしゃいませ』とか、『ありがとうございます』とか声をかけながらいってたら、みんなも言うようになるわけね。見て悟れっていうかなぁ、私はそういう考え方」[050704]。

　　等々（とうとう）、対々（たいたい）の関係
　和南さんは当番と来訪者との関係を次のように話す。「私は、ボランティアさんとお客さんは同じ立場だと思ってるわけね。というのは、『ふれあい』だからお金もらってませんしね、全くの奉仕でしょ。だから、ボランティアさんも『ふれあい』の仲間なんですよね。お客さんも『ふれあい』ですね。だから、私、お客さまもボランティアさんも等々（とうとう）、対々（たいたい）だと思うのね、立場上ね。ただし、お客さんに100円でも飲んでいただくっていうことは、『ありがとうございます』、『いらっしゃいませ』は言わないけない。でも、揉めた時、お客さんとトラブルあった時は、私は絶対にお客さんの方にじゃなくって、どっちが正しいかでボランティアさん守る時もあれば、‥‥‥、いいか悪いかで判断しないけないいうのは、常に」[050704]、「人間と人間のね、ひとつの基本があってこれはここまで伸びたんじゃないかなと、私自分では思ってるんです。やりながら学ぶことがいっぱいあるから。だから、お客さんもここで学んでくださるかもわからへん。でも、ボランティアさんもだいぶ学んでるはずですよねぇ。‥‥‥、私は同じ1と1だと思うのね。だから謝らなん時は、辛くても謝らないかんけど、そんなお客さん怒らない。みんな、もう同じみたい、どっちがどっちかわからない。どっちがお客さんだかわからないような感じねぇ」[051021]、「『ふれあい』いう言葉、色んなことで使われてんのね、福祉の。ここの『ふれあい』はまたちょっと違うと思うの。遊びじゃないし、‥‥‥、身体と身体の『ふれあい』じゃなくて、手をつなぐとかじゃなくって、会話を通じてふれあっていく。それと、

世話する人と世話される側とが、ひとつ、どっちも上下なしね、ほんとにお互いがふれあってますのでね。……。毎週とか月に1回とかだったらね、ここまでできないよ」[051021]、「1回や2回の『ふれあい』っていうのはたくさんありますやん、どこでも。そういう『ふれあい』と違って、私らの中ではほんとに家族みたいな『ふれあい』になってるのは、ちょっと違うと思うの、普通の『ふれあい』とは。だから家族的な問題ね。互いに心配し合ったり、思わずかわいいって、愛おしいっていうんかな」[051027]。「等々（とうとう）、対々（たいたい）」で「上下なし」と表現されているように当番と来訪者の関係は緩やかなものであり、当番と来訪者が話をする光景もみられる[7]。通常の喫茶店であれば飲物を注文した人を待たせてはならないが、「下新庄さくら園」では慌てて飲物を出すのではなく、「お客さんにゆっくりしてもらいましょ。〔出すのが〕遅れたらごめんね、〔お客さんが〕3人以上来たらパニックよっていうような感じ」[060602] でやっているという。

　和南さんが「下新庄さくら園」に関わるにあたって大切にしているモットーは「よきにはからえ」、「2人、大将はいらん」である。「『よきにはからえ』っていうのが私のひとつのモットーだと。それぞれが自分の役でよきにはからってやりなさい、あとはこっちが責任持ちますいうのが私の主旨やから、そういうやり方でやってるから。……。喫茶のコーヒーも、私なんぼでも応援できるんですわ。でも、〔私が〕行くと、私も言う方だから、……、私の言い方とこっち〔の言い方〕が違うっていうことは迷うことでしょ。だから『2人、大将はいらん』いうのも私のモットーなんですわ」[050704]。「あそこ〔カウンター〕からコーヒーもって来るのも、そこが限度やねん。……。練習したらできるわね。絶対しないけど。『あ～』いうて騒ぐ、そこで。みな助けてくれて、取りに来てくれる。だからしないということ、『あの人はできない』と思われてもいいからしない。……。だから、分割して、きちっと線を守るっていうことは大事なこと違うかなぁ。何でもかんでも自分がやってるいうことは、最後は潰れてしまう」[051027]。「よきにはからえ」とは、「それぞれが自分の役で」やってもらったうえで最終的な責任は運営委員長である自分が取ること、「2人、大将はいらん」とはそれぞれが別々のことを伝えると混乱するので、自分はあえて口を挟まないこと。いずれも、自分一人で運営するのではなく、みなで運営していくことを考えてのことである。

和南さんは「してあげてると思ったらだめ」とも話す。「してあげてるから私は偉いじゃなくって、『喜んでくれて、うれしいなぁ』と喜びもらわないとできない」［051027］、「私ここでも言ってる、感謝と思いやりがなかったら人間だめですよ。……。だから私、いっつもそれを基本にしとかないとねぇ。だから喜びは、してあげると思ったらだめよ。……。自分が何かもらうっていう考え方ね」［051021］、「今、何にでも『ふれあい』付けますでしょ。だけど、ほんとの『ふれあい』ってここだと思う。……。何かこう行事して、ちょっと1時間とか、年に1回とか2回ふれあう場所ももちろん『ふれあい』ですけど、そこの『ふれあい』とまた全然違うと思う。だから、私らでも今でも『ふれあい』の感激、何て言うの、『小さな秋見つけた』いうのかな、『やっ』っていうのたくさんもらいます、私」［050704］。

● 生み出されたこと

　「下新庄さくら園」は毎日運営するという考えから、当初は週6日、現在は週5日運営されている。和南さんは、毎日運営することについて次のように話す[8]。「集会所があるのに必要ないもん。集会所だけでいいと思う。……。それだから〔毎日運営するから〕魅力もあったし、だからやろうとしたし。だから何かちょっと違うと思うの、私らのやってるの」［051027］。

　運営時間内であれば、いつでも当番や来訪者など誰かがおり、予約することなく自由に出入りできる。このような日常の喫茶の場所として定着したことで、「下新庄さくら園」は新たな機能を担うようになってきた。和南さんが「駆け込み寺」［050704］、「何でも屋さん」［050704］、木本さんが「よろず屋」［050704］と表現する機能である。

　「『ふれあい』の場所でありながらね、団地の中の拠点、色んなこと言ってくる場所、それから駆け込み寺みたいに緊急の場所にもなってます」［050704］、「『ここができて安心だ』って、『何かがあったら言えるし、やっぱり安心です』言うて」［050704］。たとえば、認知症の人の住戸で、ガス湯沸かし器の警報が鳴りっぱなしになっているという連絡を受け、慌てて現場に駆けつけたこともあったという。この出来事があった数日後（2002年5月21日）、和南さんは運営日誌でこの出来事に触れ、「又1つこの場所が、緊急連絡（処置）をする仕事を改にしなければな

らないと思う」と記している。怪我をしたが車がないため病院に行けないという連絡を受け、救急車を呼んだこともあった。使われなくなった車椅子を預かり、必要とする人への貸し出しも行われている。

「ケースワーカーが入り、役所がちゃんと入って、だったら、もう私らの仕事でないでしょ。そこまでくる間が、やっぱりここへ。……、駆け込み寺のかたちもやってる、毎日やってる」[051021]、「〔ケースワーカーや役所が〕入るまでのことを私らが、……、ここでも自然とやってしまってるんです、たくさん」[051021]、「ネットワーク委員だとか、福祉何とか、役所がたくさんつくりますけどね、つくらなくてもね、ほんとにこういうとこで、みんなできるんですわ、役なしでいっぱいできるんですわ」[050704]。和南さんがこう話すように、「下新庄さくら園」は既存の制度によるサポートが始まる前の段階で、人々の暮らしをサポートする場所になってきた。

和南さんは「下新庄さくら園」の運営を次のように振り返る。「模索しながらやってるなかで、だんだんだんだん膨れてきて、『これもできるじゃない』、『こんなこともできたね』、『こんなこともできるじゃないか』いうのが、もうすごくこんなに広がってきた、……、全然自分が考えてない、ここまで」[051027]、「やりながら『ふれあい』をしてる。『ふれあい』をした、やっぱり『ふれあい』になってるなと、やりながら。『ふれあい』をしようとしたんじゃなくって」[060602]、「だから、それもひとつの『ふれあい』をやりながらしていってる、幅がどんどん広がってる感じで。それはいいことだなと思って。こっちから何かしなくてもね、受けながら受けながらやっていったらね、なんぼでもあると思うよ」[051027]、「あんまり前へ前へ心配しないで、会うた時会うた時の事件で処理していく」[051027]。「下新庄さくら園」の運営はその都度の対応の積み重ねの結果として、当初の計画を越えて膨れあがってきたということである。

「下新庄さくら園」は、大阪府の「ふれあいリビング」の整備事業にも大きな影響を与えている。2018年度末時点で、43の府営住宅に「ふれあいリビング」が開かれている（大阪府, 2019）。43の「ふれあいリビング」のうち、「下新庄さくら園」を含め2000〜2001年にかけて開かれた最初の3か所は集会所と別に建物が新築された「モデルタイプ」である。一方、2005年以降に開かれた残り40か所の「ふれあいリビング」は集会所を改修して開かれた「改修タイプ」である。

「ふれあいリビング」の運営は、それぞれの府営住宅や周辺地域の状況にあわせた独自のものとなっているが（松原茂樹ほか，2009）、運営の中心となるのは喫茶である[9]。これは第一号の「下新庄さくら園」で喫茶が好評だったことを受けたものである。

「下新庄さくら園」の翌年にオープンした「モデルタイプ」の「五領けやき館」（府営高槻五領住宅）と「ふれあいリビング花水木」（府営金岡東第4住宅）では、平面プランが喫茶を中心とするもの変更されている（図3-3、写真3-15）。この経緯を広沢真佐子は「下新庄鉄筋〔下新庄さくら園〕では厨房をつくったことと、ふれあい喫茶がうまくいくかわからなかったこともあり、ふれあい喫茶専用のちゃんとした設備をつけなかったのですが、下新庄鉄筋でやってみてふれあい喫茶がうまくいくことがわかりましたので、1年後につくったここ高槻五領〔五領けやき館〕と次にみる金岡東第4〔花水木〕では、ふれあい喫茶のカウンターや台所をきっちりつくって、ふれあい喫茶をやりやすい仕様にしております」（植茶恭子・広沢真佐子，2001）と説明している。

喫茶を運営の中心にすることは「改修タイプ」にも継承されている。「改修タイプ」の「ふれあいリビング」が開かれる際には、集会所に喫茶コーナーをもうける改修が行われる（図3-4、写真3-16, 17）。

さらに、近年、大阪府は府営住宅の建替事業にあわせて新規に集会所を建設する際、「ふれあいタイプ集会所」を基本とする整備を行っている。「ふれあいタイ

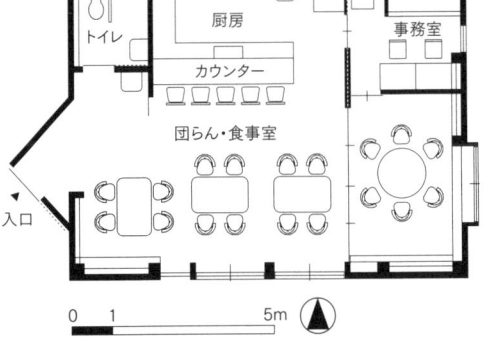

図3-3 「ふれあいリビング花水木」
（モデルタイプ）の平面

※「ふれあいリビング花水木」は2001年5月に
　府営金岡東第4住宅にオープン。

写真3-15 「五領けやき館」（モデル
　タイプ）

プ集会所」とは、将来住民らが「ふれあいリビング」のような活動を計画した時に対応できるように、湯沸室と集会所が一体化された喫茶コーナーがあらかじめもうけられた集会所である。

「下新庄さくら園」で喫茶が好評だったという経験は、喫茶を「ふれあいリビング」の中心に位置づけ、さらに、建替事業における新規の集会所整備にも影響を与えるかたちで大阪府の制度や施設に取り込まれていったのである。

● 団地の歴史の継承

大阪府は当初、「下新庄さくら園」を下新庄鉄筋住宅の自治会活動を発展させ

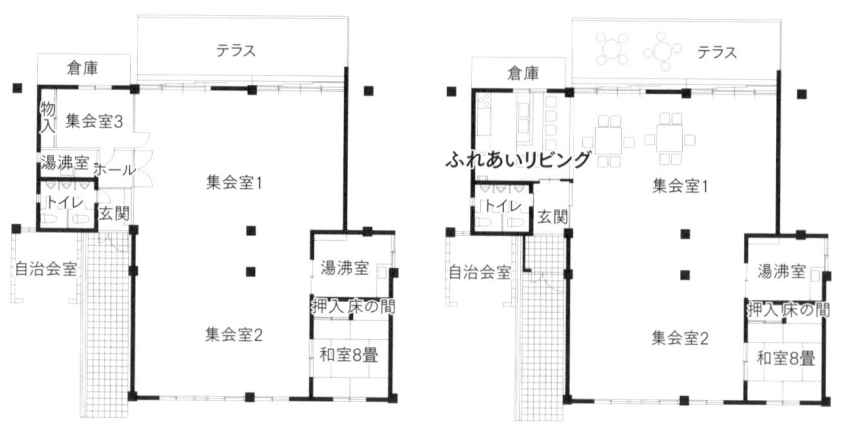

※「梅の郷」は2005年3月13日に府営交野梅が枝住宅にオープン。集会室3、湯沸室、ホールが「ふれあいリビング」として改修されている。

図3-4 「梅の郷」（改修タイプ）の平面（左：改修前／右：改修後）

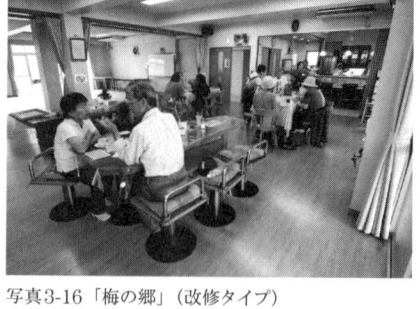

写真3-16 「梅の郷」（改修タイプ）

写真3-17 「幸の風」（改修タイプ）

ること、そして、自治会長が運営委員長になることを想定していた。しかし、オープンまでの住民を交えた話し合いにおいて、下新庄鉄筋住宅内だけで運営するのが難しいという意見が出されたため、途中から下新庄地域の社会福祉協議会の会長と副会長、連合新興町会長（地域の3役）にも加わってもらい、自治会とは別に運営委員会が立ちあげられた。そして、下新庄鉄筋住宅の敷地の端に建設されたり、周辺の喫茶店への配慮がされたりと、積極的に「地域の財産」[050704]にしていくことが考えられた。また、任期によって交代する自治会長が運営委員長を兼任するのでは運営を継続できないと考えられ、和南さんが運営委員長に就任した。このように「下新庄さくら園」は、大阪府の当初の想定を越えたかたちでオープンした。

　オープン後、大阪府からアンケートが届いたという。アンケートの項目は「下新庄さくら園」ができたことで集会の出席者が増えたか、掃除の参加者が増えたかなど、下新庄鉄筋住宅内での効果を調べるものばかりであり、「地域の財産」になることをめざす「下新庄さくら園」が実現してきたことと大きくずれた内容だった。和南さんはこのアンケートを「ポイントが全然違う」[060602]と振り返る。「下新庄さくら園」が実現してきたことは、「ふれあいリビング」を提案した大阪府の想定を越えたものになっていることが伺えるエピソードである。

　下新庄鉄筋住宅では「下新庄さくら園」が開かれるまでも、重要なことについては自治会とは別に緑化委員会、増築委員会などが立ちあげられ、「そのとき、そのとき、できる人を集めるようなかたち」[051027]で対応してきた歴史がある。また、「昔からうちのこの団地ね、うちとこだけっていうのしないんですよ」[050704]というように、たとえば、集会所を葬儀のために周辺住民に貸し出すことも行われていた。従って、「下新庄さくら園」で、自治会とは別に運営委員会が立ちあげられ、「地域の財産」にすることが考えられたのは、下新庄鉄筋住宅で長年にわたって続けられてきたやり方を踏襲したものだと捉えることができる。大阪府の制度である「ふれあいリビング」として開かれた「下新庄さくら園」は、下新庄鉄筋住宅で続けられてきたやり方を踏襲し、いわば団地の歴史に接続されるかたちで開かれたということになる。

　スタッフの高齢化に加えて、下新庄鉄筋住宅の高層住棟への建て替えと、その後の大阪市への移管というように、「下新庄さくら園」を取りまく状況は大きく

変化してきた。今後、運営のあり方は変わっていく可能性があるが、そうであっても「下新庄さくら園」が約20年の運営を通して積み重ねてきたことの価値と、後に開かれた「ふれあいリビング」に影響を与えた事実は、継承していくべき大切な歴史である。

注
1　大阪府ではコレクティブハウジングが「ふれあいハウジング」と呼ばれている。「ふれあいハウジング」には、①「シルバーハウジング型」、②「集住型」（自立型コレクティブハウジング）、③「集会所型」（ふれあいリビング）の3つがある（植茶恭子・広沢真佐子，2001）。
2　「社協アワー」は現在、「抹茶の日」、「ぜんざいの日」として定着しているが、スタートした当初の2000年12月21日、2001年7月18日の2回、「紅茶とケーキの日」が行われた。
3　地域活動協議会は、大阪市が2012年7月に策定した新しい住民自治の実現に向けた「市政改革プラン」で提案されているもので、「おおむね小学校区の地域を基本単位に、地域の実情に応じた形で、地域団体やNPO、企業など多様な団体が話し合い、地域の将来像を共有しながら、地域の活性化に向けて、地域活動や課題解決に主体的に取り組む地域運営の仕組み」である（大阪市，2012）。
4　上田竜也ほか（2002）によるアンケート調査の有効回答数は150人であり、回答者の居住地は下新庄鉄筋住宅が61人、下新庄地域（下新庄鉄筋住宅以外の町内）が43人、下新庄地域以外が38人、不明が8人となっている。
5　だんらんコーナー、厨房の説明は、オープン時に作成されたリーフレットより。
6　和南さんの発言中の「こう対話する時」というのは、筆者らとの会話のことである。
7　「下新庄さくら園」は新型コロナウイルス感染症の拡大を受け、一時運営が休止されていたが、2020年7月13日から運営が再開されている。運営再開後、月～金曜の10時半から16時という運営時間に変更はない。感染防止対策としてテーブルにパーティションが設置されているが、パーティションは住民の4～5人の男性が手作りしたものである。このことからも、「下新庄さくら園」は当番だけで運営しているのではなく、運営にはさまざまな協力がなされていることが伺える。
8　昔、下新庄鉄筋住宅では、集会所が高齢者が集まるために開放されていた時期があった。しかし、あまり人が集まらずすぐにやめたという。和南さんは人が集まらなかった理由として、会話の内容が他に漏れることが敬遠されたこと、集まった人がどう過ごすかが考えられていなかったことをあげている。「老人たちのおしゃべりするとこつくろう言って、私ら、役員やないけどみんなで相談して、そこ〔集会所〕開けたんですわ、部屋を。……。寄って来ない。来たら、ほら悪口だなんだ言い合いするからすぐ漏れるでしょ、みな恐がりはった。それと、何にもないとこ『来なさい』言ったってだめやわ。……。だから、集まらないことでねぇ、何年かな、すぐやめたわ。それもいいな思てたんよ、私は。……。だからもっと、やっぱり考えなあかんわねぇ、こう器を」［051027］。
9　「ふれあいリビング」の運営がそれぞれ独自のものになっている背景として、大阪府が提示する「ふれあいリビング活動の基本的条件」が緩やかであることがあげられる。大阪府が条件としてもうけているのは次の9項目である。①「自治会組織の一つとして位置づけ活動する・・・例えば、運営委員会の設置」、②「ボランティア（サポーター）の組織化」、③「自主自立運営を目指す」、④「活動報告をする・・・自治会・大阪府」、⑤「週2回以上、開放する（開催曜日・時間の固定）」、⑥「高齢者の見守りの拠点にする」、⑦「交流・楽しみ・助け合いの活動を行う」、⑧「団地（地域）にPRする」、⑨「ふれあいリビング運営要領の作成」。2017年7月4日の大阪府職員へのインタビュー時の配布資料「既存集会所（ふれあいリビング）整備事業について」より。

第4章　ひがしまち街角広場

● オープンの経緯

「ひがしまち街角広場」は千里ニュータウンの近隣センターの空き店舗を活用して開かれた場所で、2001年9月30日のオープンから約20年間、住民のボランティアにより運営され続けてきた（表4-1, 写真4-1, 2）。

千里ニュータウンは大阪府吹田市と豊中市にまたがる千里丘陵に開発された日本で最初の大規模ニュータウンである。1962年に吹田市域の佐竹台から入居が始まり、「ひがしまち街角広場」のある豊中市域の新千里東町には1966年から入居が始まった。

2000年8月、新千里東町が建設省（現・国土交通省）の「歩いて暮らせる街づくり事業」のモデルプロジェクト地区に選定された。選定された20地域の中で、ニュータウン（郊外住宅地）として選ばれたのは新千里東町だけであった。財団法人「生活環境問題研究所」のスタッフとして「歩いて暮らせる街づくり事業」にコーディネーターとして携わっていた山本茂と宮本京子（2001）は、まち開き

表4-1 「ひがしまち街角広場」基本情報

オープン		2001年9月30日
住所		大阪府豊中市新千里東町
運営日時	運営日時	11時～16時　夕方以降（21時半まで）と定休日は貸し切り利用可
	定休日	第4土曜、日曜
メニュー	飲物	コーヒー、紅茶、カルピスなど（100円）
	食事	食事は提供していない
主なプログラム		春の竹林清掃&地域交流会：毎年4月 周年記念行事：毎年10月
運営主体		ひがしまち街角広場運営委員会（任意団体）
運営体制		約15人が2人ずつボランティアで当番を担当
建物	建物	近隣センターの空き店舗を活用（有償で賃貸）
	面積	移転前：約30㎡、移転後：約75㎡
備考		※2006年5月に近隣センターの他の空き店舗から移転

から約40年が経過していた当時の千里ニュータウンの状況を「人口の減少と高齢化、住宅・施設の老朽化、近隣商業地区の低迷などの問題を抱え、『今やニュータウンはオールドタウンである』と言われる」こともあったと述べている。

　新千里東町も例外ではなく、人口は減少し続けていた。高齢化率は急激に上昇し、2000年時点では17.8％と全国平均を上回っていた。近隣センターには空き店舗が目立つようになっていた。近隣センターとは、アメリカの社会・教育運動家で、地域計画研究者でもあるクラレンス・ペリー（1975）の近隣住区論にもとづいて計画された千里ニュータウンにおいて、各住区の核として計画された場所である。近隣センターには住民が歩いて日常生活を送れるように、日用品を扱うお店や公衆浴場、集会所などがもうけられたが、車社会化の進展や集合住宅の住戸内への風呂場の増築という生活環境の変化に伴い、次第に空き店舗が目立つようになっていた（写真4-3, 4）。新千里東町が「歩いて暮らせる街づくり事業」の

写真4-1 近隣センターの
　　　　空き店舗を活用

写真4-2 日常の様子

写真4-3 新千里東町近隣センター

写真4-4 新千里東町（手前が近隣センター）

モデルプロジェクト地区に選定されたのは、「急激な少子・高齢化、小売店舗の撤退、施設の朽化の進行等の課題に対し、新たなまちづくりを検討する上でのモデルとなることが期待」[1]されたからである。

「歩いて暮らせる街づくり事業」では住民へのアンケート、ヒアリングと、住民が参加する3回のワークショップが行われ、住民組織代表、行政、学識経験者からなる検討委員会と懇談会が開かれた。これらをふまえて、次の「7つのまちづくり提案」がまとめられた（山本茂・宮本京子, 2001）。

① 多世代居住のための多様な住宅を（住民参加による東町のグランドデザイン／建替えによる多様な住宅の供給／分譲集合住宅の協調建替えと行政支援）

② 学校をコミュニティの場へ（自主組織によるまちづくりセンターの運営／インターネット等による地域交流）

③ 近隣センターを生活サービス・交流拠点へ（住民による空店舗への出店／自治会等によるスペース所有と運営／大学出前講座など）

④ 千里中央を生活・文化拠点へ（住民・若者のワークショップによる千里中央の魅力化計画の作成／子育て・高齢者支援機能、若者向け施設の導入）

⑤ 公園を緑の交流拠点へ（住民参加による公園利用計画と管理／自然体験プログラム――竹炭・堆肥づくり／コミュニティガーデン／竹のイベントなど）

⑥ 緑道を出会いのある交流空間に育てよう（仮設店舗・イベントによる賑わいづくり――オープンカフェ／フリーマーケット／大道芸等）

⑦ 交流とまちづくりのための場と仕組みを育てよう（市民活動支援の拠点・仕組みづくり、まちづくり研究会の立ち上げ）

これらのうち、②、③、⑥については社会実験として取り組むことが提案された。この提案を受けて、豊中市の社会実験としてオープンしたのが「ひがしまち街角広場」である。

千里ニュータウンは日本で最初の大規模ニュータウンとして専門家、研究者、行政などから注目され続けてきた街であり、多くの調査が行われてきた。新千里東町で「歩いて暮らせる街づくり事業」が行われるにあたっては、住民から行政に対して、今まで多くの調査に協力してきたが結果が何も地域に還元されてこなかった、今回はそのようなことがないようにして欲しいと伝えられている。「ひがしまち街角広場」初代代表の赤井さんは次のように話す。「『歩いて暮らせる街

づくり』の検討委員を頼まれた時に、‥‥‥、千里ニュータウンっていうのはご存じの通り、大学の先生方の色んな資料とりの場所で、街としても今まで協力はしてきたけども、‥‥‥、我々に見返りって言ったらおかしいけど、その結果、こういうものがいいですよとか、こういうものができましたとか、その結果は見えたことがないって言ってて。内容すら報告も聞いたことがないからね。今まで山ほど協力してきてるから、今さら何をするんだっていうようなことを言ったわけです」[150721]、「豊中市が、‥‥‥、『今回は何か絶対に形になるものをしますから、今回は協力してください』って言われて。それで、『歩いて暮らせる街づくり』の検討委員になったわけですね」[150721]。山本茂と宮本京子（2001）も「『今回も構想倒れに終わったら、ニュータウンのまちづくりは永遠にあり得ない――という覚悟で実現をめざすべき』という学識者からの厳しい意見もありました」と当時の状況を紹介している。「歩いて暮らせる街づくり事業」の結果として、「ひがしまち街角広場」という具体的な場所が開かれた背景には、このような状況もあった。

　「7つのまちづくり提案」が住民に紹介されたのは、2001年1月に開かれた「歩いて暮らせる街づくり事業」の「報告と意見交換の会」だが、その後、しばらく住民に対する連絡はなかった。「『歩いて暮らせる街づくり』が終わって何の音沙汰もなかったんです。『またいつもの例の調子かな』っていうふうなことしてたら、突如そこ〔空き店舗〕が工事始まった」[150721]、「私たちは場所確保なんて、もう夢のまた夢でしたから、そのまま諦めておりましたら、豊中市が本当にとっても苦労して、その一つの店舗を借りあげてくれました。借りあげてくれたところ、私たちの知らない間に中の造作ができあがって、『一体何になるんだろう？』と思ってたら、市の行政の方から話がありまして、『こういう場所を確保したから、地域で何か使わないか？』って言ってきたんです」[050901]。このように、オープンに向けた準備は、住民にとっては突然の連絡というかたちで始まった。

　2001年9月10日、自治会連絡協議会、公民分館、校区社会福祉協議会、地域防犯協会の各組織の代表者らによる発起人会が設立され、実行委員会の構成、運営方法、実行委員会への参加の呼びかけ方法などが検討された。第1回目の実行委員会が開かれたのはオープンわずか10日前の9月20日である。この実行委員会で「ひがしまち街角広場」の名称と赤井さんが代表になることが決められた。

赤井さんは、オープン時の様子を次のように振り返る。「地域交流、コミュニケーションの場所が欲しいんだから、まぁお茶ぐらい飲めるようにしましょう。お茶を飲むのはどうしたらいいか。素人ができることだから、紅茶かコーヒーぐらいしかないねぇ、日本茶も出しましょう。それぐらい、誰がどんなふうにいれるかかも何も決まっていません。今から考えたら恐ろしいようなかたちでオープンしました」[050901]。

「ニュータウンの中には、みんなが何となくふらっと集まって喋れる、ゆっくり過ごせる場所はありませんでした。そういう場所が欲しいなと思ってたんですけど、なかなかそういう場所を確保することができなかったんです」[050901]。ニュータウンとは学校、病院、集会所、店舗など種々の施設が計画的に整えられた街である。けれども、種々の施設を計画的に整えるだけでは住民が切実に求めていた「みんなが何となくふらっと集まって喋れる、ゆっくり過ごせる場所」は実現されなかった。この赤井さんの言葉は、街を計画することに対する大きな問題提起となっている。

赤井さんは、「ひがしまち街角広場」のモデルとしてお寺の庫裡（くり）をあげている[2]。「日常的に、時間の許した時に、意味もなくって言ったらおかしいですけどね、立ち寄ってゆっくりと日がな人と話ができる場所っていうのは、私はもうずっとこの街にはいると思ってたんですよね。何回も言ってる話だけれども、大昔のときだったら、街にはお寺さんがおって、お寺さんの庫裏で一日、仕事のなくなった年寄りはゆっくりそこで話をしてましたよね」[150721]、「昔はよくお寺の庫裡で、お寺の仕事、ちょっと草抜をしたりとか、お手伝いをしながら一日そこで過ごして色んなお話しをして。そこでは嫁の悪口も、家のことも言っても、そこだけで全部消えてしまう、外に漏れない。そういうストレスのはけ口っていう場所があったと思うんですけど、そういう場所がニュータウンにないから、そういう場所にもしてみたいと思って、是非欲しいと思ってた場所です」[090817]。

当初、「ひがしまち街角広場」は2001年12月末までの約3か月間だけ、社会実験として運営される計画であった。けれども、せっかく開いた場所を閉鎖するのはもったいないという住民の声に応えるかたちで、社会実験は2002年2月末まで延長され、さらに最終的に2003年3月末まで延長されることになった。そして、社会実験終了後は住民による「自主運営」として継続されることになった。社

会実験の間は豊中市から財政的な支援を受け、豊中市から業務を受託していた「生活環境問題研究所」が事務局を担当していたが、これ以降は補助金、事務局の支援を受けずに運営されている（表4-2）[3]。

● 運営

運営の概要

「ひがしまち街角広場」は、オープンから2002年1月までは週7日、その後は日曜を除く週6日運営されている。2014年5月からは、高齢化しつつあるスタッフの負担を軽減するため第4土曜も定休日とされた。運営時間はオープン当初から11時から16時までと変わりはない[4]。運営時間はボランティアで当番を担う女性の負担にならないよう、朝の家事を終えてから来て、帰宅後に夕方の家事ができることが考慮されて決められた。

「ひがしまち街角広場」ではコーヒー、紅茶などの飲物が100円の「お気持ち料」で提供されている。近隣センターのほかの店舗からの注文を受けて飲物を出前することもある。食事は提供されていないが、お弁当や購入した食事を持ち込むことは自由である。「お気持ち料」の渡し方は、当初はテーブルの上に置かれた貯金箱に自分で入れるようにされていたが、2011年からは貯金箱に入れ忘れる人がいるという理由から飲物を運んできた当番に直接渡すように変更されている。

運営時間は16時までだが、16時以降と定休日は有料での貸切利用が可能である。「『街角広場』は便利なところで、『今日の夕方これに使いたいねんけど、貸して欲しい』って飛び込んで来た人にもすぐ貸せる状況です」［050901］。このように、貸切利用に対しては柔軟に対応されている。

利用できる時間が制限されている集会所や公民館と違い、時間を気にせず夜遅くまで利用できる[5]。夜はアルコールを持ち込むこともできる。そのため、「ひがしまち街角広場」は東丘小学校の子どもの父親たちのグループである「東丘ダディーズクラブ」（2001年設立）、千里ニュータウンのお土産の作成・販売、歴史の収集・発信を行う「千里グッズの会」（2002年設立。2012年9月から「ディスカバー千里」（千里ニュータウン研究・情報センター）として活動）、住まいのサポートと街の再生についての活動を行う「千里・住まいの学校」（2004年設立。2006年

表4-2 「ひがしまち街角広場」の歩み

年	月	日	出来事
2000	8		新千里東町が建設省（現・国土交通省）の「歩いて暮らせるまちづくり」構想のモデルプロジェクトの対象地区に選定
2001	1		「歩いて暮らせるまちづくり事業」の報告と意見交換の会
	9	10	自治会連絡協議会、公民分館、校区社会福祉協議会、地域防犯協会の各組織の代表者らによる発起人会が設立
	9	20	第1回目の実行委員会。「ひがしまち街角広場」の名称、赤井直さんの代表就任が決まる
	9	30	近隣センターの空き店舗を暫定利用する豊中市の社会実験として運営スタート
2002	3	31	豊中市の社会実験としての運営を終了
	4	1	住民による「自主運営」がスタート
	4	21	第1回たけのこ堀り。以降、2005年まで毎年4月にたけのこ掘りを開く
	10	5	「ひがしまち街角広場」1周年記念行事（～10月6日）。以降、2013年まで毎年10月に周年記念行事を開く
2004	10	7	新しいカウンターを設置（カウンターは現在も利用されている）
2005	1	31	近隣センターの「スーパー・ニッショー」が閉店
	3	1	「スーパー・ニッショー」跡地に「フードショップ青葉」が開店
2006	4	23	第1回たけのこ祭り（主催：ひがしまち街角広場　共催：東丘公民分館　協力：豊中市・千里竹の会）。以降、2013年まで毎年4月にたけのこ祭りを開催
	4	28	移転先となる空き店舗の清掃、改装を始める
	5	2	近隣センター北西角での運営を終了
	5	6	移転先の店舗で運営再開
	8	30	移転前の店舗の床に描いた千里ニュータウンの地図を修復し、移転先の店舗の壁にモニュメントとして設置
	11	4	「千里・住まいの学校」との共催で「街角土曜ブランチ」をスタート
2007	6	11	「ひがしまち街角広場」2階に「千里・住まいの学校」と「太田博一建築・都市デザイン」の事務所が開設
2008	7		「赤ちゃんからのESD とよなか」が第1回目の「陶器とりかえ隊」を開く
2011	5	15	「街角広場再スタート検討会」（街角広場運営委員会）。Mさんが2代目の代表となる
2013	4	1	太田博一さんが3代目の代表となる
2014	4	20	竹林まつり（主催：ひがしまち街角広場）
	5	24	今月より毎月第4土曜日を定休日とする
	10	20	「ひがしまち街角広場」13周年記念バースデーウィーク（～10月24日）
2015	1	19	「千里グッズ」の会が「都市住宅学会賞」受賞記念感謝デーを開く（～1月23日）
2016	10	9	「ひがしまち街角広場」15周年記念行事
	10	29	UR新千里東町団地で開催された「団地パン祭り&まち歩き」（UR都市再生機構、豊中市、千里ニュータウン研究・情報センターの共催）の会場で陶器の物々交換会を開く
2017	4	23	第1回「竹林清掃&地域交流会」（主催：ひがしまち街角広場　共催：東町公民分館、千里竹の会　協力：ディスカバー千里、東丘ダディーズクラブ）。以降、毎年4月に開催
	11	23	「ひがしまち街角広場」と「ガールスカウト61団」の共催で「街角ミニバザー」開催。手芸品、洋服、陶器、日用品などのバザーを行う
2019	1	12	第1回「街角広場スキマチャレンジ」（主催：ディスカバー千里　協力：ひがしまち街角広場、いなごや酒店）。以降、2019年6月にかけて5回開催
	3	1	新千里東町の地域新聞『ひがしおか』（2019年3月1日号）に「幕を閉じる「ひがしまち街角広場」と伝えたい運営の知恵」の記事が掲載
	5	29	夜間の団体利用の時間を21時半までとする
	12	25	「ひがしまち街角広場」のスタッフ会議。新千里東町近隣センターの移転・建替に伴う「ひがしまち街角広場」閉鎖時期について話し合う

NPO法人化）、新千里東町の東丘小学校と新千里北町の北丘小学校を拠点とする少年野球チーム「千里ツインズ」の保護者の集まりなど、地域のさまざまなグループの活動場所や懇親の場所になってきた。

　貸切利用の際には、「ひがしまち街角広場」のスタッフは立ち会わない。利用したい人が事前に鍵を借りに来て、利用後は室内に備え付けの日誌に自ら利用記録を記し、会場使用料を支払い、戸締りをして帰る仕組みになっている。

表4-3 社会実験期間中に行われたプログラム

年	月	日	活動名	主催者	備考
	9	30	写真展3点	住民	
	10	26	さをり織体験・実演・作品展示・販売	関係者	
	10	29-31	アロマテラピー足つぼ体験コーナー	住民外	
	11	4	文化祭反省会	住民	公民分館サークル「マーメイド」
	11	5-7	さをり織体験・実演・作品展示・販売	関係者	かるがも広場
	11	5-7	水彩画3点	住民	
	11	9	フリーマーケット	関係者	
	11	11	街角ミニコンサート	住民	
	11	12-18	阪大建築学生9+2人展。18日は住民との意見交換会開催	住民外	大阪大学建築学科の教員・学生
	11	19	（仮称）千里井戸端ネット	関係者	
	11	19	水彩画（秋）3点展示	関係者	
	11	19	フリーマーケット	住民	
	11	19	私たちのまちの芸術作品	住民	
2001	11	24	スタッフ反省会	住民	公民分館パソコン教室
	11	24	無料ペン字クリニック	関係者	
	11	25	ネットフラワーづくり	住民	
	11	28	千里ニュータウン七変化	関係者	生活環境問題研究所
	12	2	ミニ消防フェア	住民	東丘女性防火クラブ
	12	3-7	イラスト個展	住民	
	12	7	フリーマーケット	関係者	
	12	12	写真展示	住民	
	12	14	東町調査の展示	住民	東丘小学校3年生
	12	16	合同フリーマーケット	住民	街角広場実行委員会
	12	17	とよなか・まちなみ・あれこれ	関係者	生活環境問題研究所
	12	18	陶芸作品・つたのかご展示・相談・販売	住民	
	12	20	小学生囲碁教室	住民	
	12	21	街角広場実行委員会	関係者	街角広場実行委員会
	12	24	クリスマスコンサート	住民	第八中学校音楽部
	12	26	しめ縄づくり	住民	
	12	27	地域からの年賀状展示	住民	

※生活環境問題研究所（2002）を元に作成

会場使用料は、当初は人数に関わらず500円だったが、2011年5月から「5人までは500円、6人以上は1人増えるごとにプラス100円」と変更された。会場使用料が変更されたのは、後にみるように来訪者が減少していた時期であり、運営費を少しでも確保することが考えられたものである。その後、2017年10月からは人数にかかわらず「2時間までが500円、2時間以上3時間までが800円、3時間以上4時間までが1,100円」とさらに変更された。

プログラム

社会実験の間は定期的に展示会、フリーマーケット、体験教室などのプログラムが行われていたが（表4-3）、「自主運営」が始まってからプログラムは次第に行われなくなってきた。スタッフからは社会実験の間に開かれたプログラムについて、「『毎週できないか？』との要望が非常に多かった」（街角ミニコンサート）、「思っていたよりも多くの方が立ち寄ってくれた」（フリーマーケット）というように、プログラムが好評であるという意見が出されたと同時に、「比較的女性好みのイベントであったため、男性の方は外から覗く程度で、外でコーヒーを飲んでいた」（アロマテラピー足つぼ体験コーナー）、「イベント開催者は喫茶運営を考慮しないため、スタッフの負担が大」（2001年12月20月の第6回実行委員会での中間

年	月	日	活動名	主催者	備考
	1	20	民生委員会会議	住民	
	1	21	郷土玩具展干支シリーズ	関係者	豊中市教育委員会
	1	21	街角広場実行委員会	関係者	街角広場実行委員会
	1	29	こんな年賀状つくりました・もらいました展	住民	街角広場実行委員会
	1	29	写真展示	住民	
	1	29	東丘小学校1年生お面展示	住民	東丘小学校1年生
	2	4	「東丘カーニバル」写真展示	住民	東丘小学校教員
	2	5	街角広場スタッフ会議	住民	街角広場実行委員会
2002	2	12-28	阪大建築学生の設計課題展示「東丘小学校の設計」。16日は発表会及び住民との意見交換会開催	住民外	大阪大学建築学科の教員・学生
	2	14	街角広場実行委員会	関係者	街角広場実行委員会
	2	22	出張撮影	関係者	
	2	23	（仮称）千里井戸端ネット	関係者	
	3	1	街角広場実行委員会	関係者	街角広場実行委員会
	3	10	社会福祉協議会	住民	
	3	11	近隣センター建替推進委員会	住民	
	3	26	街角広場実行委員会	関係者	街角広場実行委員会

総括としての意見) というように、プログラムが喫茶の運営に影響を与えているという意見も出されている (生活環境問題研究所, 2002)。プログラムを次第に行わなくなったことについて赤井さんは次のように話す。「企画して何かやると、そのときにお茶飲みに来る人が、お茶飲めなかったり。それで占領されてしまって。企画する方もだんだん、色んな行事がなくなっていきましたね」[150721]、「色んな行事というか、そういうことをやっても、結果的にはやっぱりみんなそのイベントよりも、ここでゆっくりただ座ってお茶飲んでしゃべって行くぐらい。そうなったら、今日はマッサージの日とか、何とかの勉強会の日とか、何とかの講習会の日っていうのは、あまり意味のないことだと思う」[090817]、「メインがだんだん、みなの希望としてお茶飲む場所っていうことになったんですね」[150721]。このようにして「ひがしまち街角広場」は住民が求める喫茶の場所として定着していった (写真4-5)。

　現在、「ひがしまち街角広場」が定期的に行っているのは4月の「竹林清掃&地域交流会」だけである (写真4-6)。以前は、10月に周年記念行事を開いていた時

写真4-5 プログラムのない場所

写真4-6 竹林清掃&地域交流会

写真4-7 周年記念行事

写真4-8 陶器とりかえ隊

期もある (写真4-7)。ほかの団体が主催するプログラムとしては、「赤ちゃんから のESDとよなか」による「陶器とりかえ隊」(写真4-8)、「千里・住まいの学校」に よる「街角土曜ブランチ」、歌声喫茶が行われていた時期もある。

来訪者

1日の平均来訪者数は、オープンから2019年4月までの期間では約35.5人だ が、約19年の運営を通して来訪者は変化している (図4-1)。豊中市の社会実験と してオープンした直後の2001年10〜11月は40〜45人と多かったが、2001年 12月からは減少し25〜30人の間を推移するようになる。2002年4月に「自主 運営」が始まってからは徐々に増加し、2005年には45人を超える月も出てくる。 後にみるように、当初から活用してきた店舗の利用契約の期限が切れたため、 2006年5月には同じ近隣センターの別の空き店舗に移転した。1日の平均来訪 者数は、移転前の2006年に入ってから減少し、これ以降10年間ほどは25〜35 人の間を推移するようになる。しかし、2017年に入ると増加し始め、2018年に は1日の平均来訪者数が50人を超える月もみられるようになる。来訪者は飲物 を飲みながらほかの来訪者や当番と話をして過ごす人が多いが、中には本や新聞

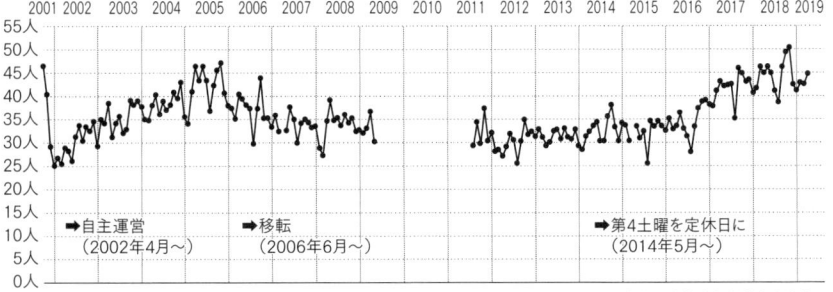

※「ひがしまち街角広場」ではコーヒー、紅茶などの飲物が100円の「お気持ち料」で提供されており、来訪者 数は1日の「お気持ち料」の合計を100で割って計算している。そのため、飲物を2杯注文した人は2人とカ ウントしている。また、飲物を注文しなかった人 (水を飲みに立ち寄る子どもなど)、夕方や運休日に会場を 利用した人は来訪者にカウントしていない。
※4月の「竹林清掃&地域交流会」、10月の周年記念行事の大きな行事の参加者や、8月の夏祭り、10〜11月 の東町キャンドルロードなど地域の行事にあわせてオープンした日の来訪者はカウントしていない。
※2009年6月〜2011年7月はデータ無し。

図4-1 来訪者数 (1日の平均) の推移

を読むなど一人で過ごす人もいる。

　来訪者の中心は地域の高齢者だが、対象が属性によって限定されているわけではない。小学生が学校帰りに「おばちゃん、お水ちょうだい」と言って水を飲みに立ち寄ったり（写真4-9）、近隣センター隣の幼稚園に子どもを預けている母親グループが集まったりすることもある（写真4-10）。

　対象者を限定しないことについて、赤井さんは次のように話す。「地域の人どなたでものコミュニティっていってつくったんです。だから高齢者に限定してるわけじゃないし、年齢層がどういう人っていうんじゃなくて、誰でもって。ここは誰でも何でもありの場所っていうかたちで、もう全部受けとめることにしてます」[050625]、「応じたっていうことがものすごい大事なんですよ。それぞれに応じたものを、その場でできるというのが。青少年とか、成人期とか、高齢者とかに応じたじゃなくて、同じ成人でも色んなレベルの人がいるでしょ。だから、どこにも応じたことがやれる場所じゃないといかんわけでしょ、こういうところっていうのは。枠にはまってない、枠からはみ出た人には対応できないって言ったらだめじゃないですか」[050805]。

　小学生が学校帰りに立ち寄ることは学校公認である。赤井さんは小学生が学校帰りに水を飲みに立ち寄ることについて次のように話す。「あそこ〔ひがしまち街角広場〕に寄ることは道草じゃないって。……、私先生にも言うんですけど、『色んなこと、人生でもそうですけど、道草いっぱいくってる方がいいんですよ』って言って。目的地にストレートで行ってぽんと帰って来るよりも、道草いっぱいしてる方が、その子の人生豊かになると。大袈裟な言い方だけど。だから『道草は大事ですよ』って。……。割にそういう理解はもらってますね、学

写真4-9 学校帰りに水を飲みに立ち寄る子どもたち

写真4-10 幼稚園に子どもを預ける母親グループ

校の方からは」[050219]。

運営体制

　運営主体は任意団体の「ひがしまち街角広場運営委員会」である。「NPOにするとその枠からはみ出すことがやりにくくなる」[110806]という考えから、NPO法人にすることが検討されたことはない。「ひがしまち街角広場運営委員会」は日々の当番を担当するボランティアのスタッフ、自治会連絡協議会、公民分館、校区福祉委員会、地域防犯協会支部の地域団体の代表者、大学教員らによって構成されている。

　日々の当番は15人ほどのスタッフが、ボランティアで2人ずつ日替わりで担当している[6]。スタッフは全員が女性で、ほとんどが新千里東町の住民である。

　オープン当初、当番の人数を確保するために自治会連絡協議会、公民分館、校区福祉委員会、地域防犯協会の既存の地域団体に、当番の担当日を割り振っていた。しかし、オープンからしばらくすると地域団体に所属していない人が入りにくいという不都合が出てきたという。「今日は福祉の日ですよとなると、福祉関係以外の人が入りづらい。防犯担当の日は、防犯関係者以外は覗いて、『今日は防犯の日や』って人が帰るようなことがありました」[050618]、「たとえば公民分館の日があったり、社協の日があったりするわけでしょ。そしたら、みなやっぱり裃（かみしも）着てるんでしょうね。自分はそうじゃないつもりでも、やっぱりそう見えるのか、気がついてしまう。団体同士の競争もあるんですよ。昨日きっちりしてはったから、うちの団体のときもちゃんとせないかんとかね。こうせないかんとか。あれ不思議、自然発生的にそうなるみたいです。何もそうしなくちゃいけませんとは言ってないんだけど、やっぱりそうなっていくのかな」[090817]。そこで、以降は地域団体とは関係なく個人としてボランティアのスタッフになるように変更されている。「ここに入るボランティアは、みな裃脱いで、肩書き脱いで、個人として入りましょうということにしました。それで、全く何の団体にも関係の無い方々のボランティアで今もずっときております」[050618]。現在のスタッフの中には、オープン当初に地域団体のメンバーとして運営に関わり、その後は個人としてスタッフを続けている人もいれば、地域団体とは無関係に個人としてスタッフになった人もいる。

当番の担当日は、室内の見えやすいところに貼られた1月ごとのカレンダーに、担当できる日の部分に名前を書くことで決められており、空白になっている日を埋めていくようにして調整されていた。現在でも当番の担当日の調整にはカレンダーが使われているが、各曜日の当番が定着していることから、カレンダーには必ずしも毎日の当番の名前が書かれているわけではない。また、カレンダー自体も奥まったところに掲示されているため、カレンダーは来訪者の目に触れにくくなっている。

　当番は給与や交通費など金銭の支給を受けない無償ボランティアである。わずかでも金銭の支給を受けるとサービスする側／される側という関係が固定されてしまう。きちんとした金額の給与を支払えるならそれでもよいが、給与を支払うとしても中途半端な金額にしかならない。それなら無償ボランティアにする方がよいと考えられてのことである。「いくらかでもお金をもらってるとなったら、⋯⋯、お金を出した方ともらってる方になりますよね。それよりも、みんなどっちもボランティア。来る方もボランティア、お手伝いしてる方もボランティアっていう感じで、いつでもお互いは何の上下の差もなく、フラットな関係でいられるっていうのがあそこは一番いい。その代わり暇な時は一緒に座ってしゃべる。忙しくなったら、お当番じゃない人がいきなり立って来て、エプロンもかけてないのに手伝いをする」[050219]。

　当番に対する決まりはないが、飲物を丁寧にいれることだけは伝えたと赤井さんは話す。「行政の手を離れましてからは、何の型にはまったものも言っておりません。スタッフにも肩肘はらないでゆったりとして、もう何の規制もしておりません。『コーヒー、紅茶をいれる時は、気持ちをいれて紅茶、コーヒをいれること、雑に扱わないでください』っていうことだけは言ってはございますけど、あとのことは何の決まりもなくやっております」[050901]、「コーヒー、紅茶、お茶をいれる時、物出す時はきっちりと心を込めてしてくださいと、いい加減にしないで心をこめていれてください。コーヒーも顔見てからいれてくださいと、いれ置きはしないでください。素人のいれたコーヒーだから、時間がたったら美味しくなくなるのは当たり前の話だから、いれ置きはしないで、一人ひとりに対応してくださいと。あとは何十年の主婦のキャリアがあるはずだから、それを信用して、よろしくお願いしますって言った」[150721]。

いくつかの言葉を紹介してきたように、「ひがしまち街角広場」の運営のあり方は赤井さんの考えによるところが大きい。赤井さんはPTA、東丘公民分館などさまざまなかたちで地域との関わりをもってきた人物である。赤井さんは「私がここへ来て30年って言うか40年近く、ずっと地域活動、色んなかたちでしてますよね、それが全部生きてきてると私は思います」[050729]と、それまでの地域との関わりの蓄積が「ひがしまち街角広場」にもつながっていると話す。赤井さんが「ひがしまち街角広場」で過ごす時間はほかのスタッフに比べると長いが、赤井さんがいる日も他のスタッフが当番を担当しており、赤井さんだけで当番を担当することはなかった。

　オープンから約10年が経過した2011年5月に代表が男性のYさんに、さらに、2013年4月に代表が太田さんに変わった。太田さんは当初から「ひがしまち街角広場」に関わっており、2007年6月に「ひがしまち街角広場」の2階に自身の建築事務所を開いている。太田さんは「ひがしまち街角広場」には日常的に顔を出しているが、自身の仕事などがあるため当番を担当することはない。

　「ひがしまち街角広場」に対しては、赤井さんがいるから運営が成立しているのではないかという意見も出されていたが、代表が交代してからすでに約10年の運営が続けられてきた。代表を務めていた当時、赤井さんは次のように話していた。「ノウハウを全部書いて帰ってそのまましようと思ったら絶対できないから、やっぱり自分流でその場所に合ったようにするのが一番いいと思う。どういうふうにしたらその場所では一番似合うかとか、とけ込めるとか。自分だったら、どういうふうに対応できるかっていうか、そういうことも考えていかないと。たとえば、よく言われるのは『あなたがいてたからこれはできたのよ』って。でも私がいなくても、ほかの人がやっても違ったかたちでできて、ずっと持続していけると思うから。その人はその人流のやり方をすればいいんだから、同じものがコピーみたいに、色々できなくていいと思うんです。それはその場の特異性があって、その人の個性があって、その人の個性によって来るような人、それが好きで来る人とか、色々あっていいから、それはその人たちが消化して上手く出す。そういうかたちがいいと思う。コピーは絶対無理だと」[050219]。

　3代目代表の太田さんは、赤井さんと自身との役割の違いについて次のように話す。「最初に立ちあげる時のエネルギーはすごいものがある。地域にちゃんと

色んなネットワークをもっていないとアイディアとして出てこない。……。今までの人間関係を上手く見ておいて、そこから人材を選んでくるとかそういう能力がある。継いでいく者はそれをどう維持していくかだから、人間関係がごちゃごちゃしてきた時にどうまとめるか。……。引っ張っていくんじゃなくて、ちょっとみんなの意見聞きながら押していくという。そこはやっぱり違う」[160613]、「最初は、新しいものに対してそんなに反対する人はいないし、自分たちの仲間でどんどん立ちあげて、広げていくという役割がある。広がってるところに反対意見が出てきた時、それをどうこちらが受けとめて調整するか、調整役ということが今、大事かなと。そういう役割かなと思ってます」[160613]。

　約20年の運営を通してスタッフも少しずつ変わっていったが、オープン当初から運営を担い続けてきたスタッフが何人もいる。太田さんは、「ひがしまち街角広場」で大切にされていることは明文化されたルールにはなっていないが、スタッフに共有されていると話す。「自然と身についてしまってるから、ルールと言われると難しいけども、個人のことをあんまり突き詰めない、問いかけないという。一人でいらっしゃる方は一人にしといてあげるとか、そういう自然なルールはありますね」[160613]、「明文化されてないけども、たとえば、お客さんとスタッフとはあんまり差別せずに、『あなたはお客さん、私はスタッフとならないようにしよう』ということとか、赤井さんが自然にそう決めていったわけですね。みんなも、そうしようということで」[160613]。大切にされていることは、明示的なルールではなく、長年にわたって「ひがしまち街角広場」の運営に関わってきた経験を通して、スタッフに共有されている[7]。

空間

　「ひがしまち街角広場」は2001年9月30日に新千里東町近隣センターの北西角の空き店舗を活用してオープンし、2006年5月6日からは同じ近隣センターのほかの空き店舗に移転して運営が継続されている（図4-2, 3）。

　2001年のオープン時には、住民も空き店舗の改修・清掃に参加している。テーブルや椅子などの家具、食器、掲示板などは家庭や公民館などからの持ち寄りによって揃えられた。「『街角広場』の場合は、もう一から十までありあわせを集めてこしらえたような場所ですから。もうそれこそ、スプーン1本、箸1本、全部持

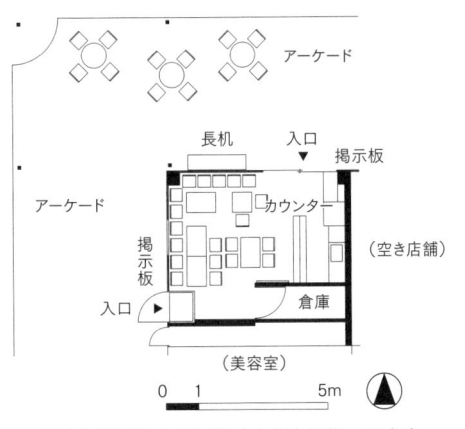

図4-2 移転前の「ひがしまち街角広場」の平面

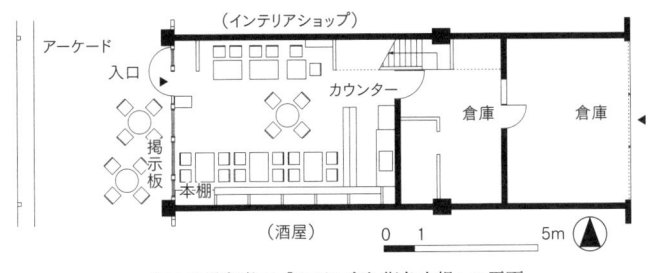

図4-3 移転後の「ひがしまち街角広場」の平面

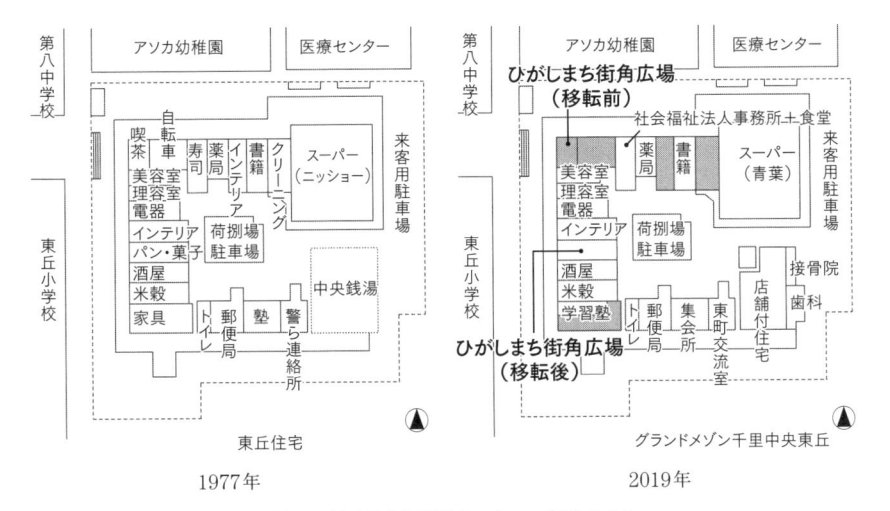

図4-4 新千里東町近隣センターの店舗の変化

ち寄りのありあわせです」[050219]、「自分たちの家で余ってる物をもって来てるから、自分の身の丈に合ったものばっかりなんですね。来るおばさんたちも自分の身の丈に合ったもの。だからそれを使い、上手く使いこなせたんだと思います」[050219]。

　空き店舗の面積は30㎡とそれほど広くなかったため、屋根の付いた通路部分にもテーブルを置くことで、店舗内外が一体的に利用されていた（写真4-11, 12）。

　2006年の春で、当初から活用してきた店舗の利用契約の期限が切れることとなった。先に述べた通り、近隣センターは住区の核になる場所である（図4-4）。「この近隣センターから外へ出たら意味のないことだと思った」[090817]、「これを続けていく限りは、私は東町の近隣センター以外の場所は考えられなかったんですね」[090817]。このような考えから、近隣センターのほかの空き店舗を借りて運営が継続されることになった。移転作業はスタッフや来訪者、「千里グッズの会」のメンバーなどにより行われた（写真4-13）。作業はゴールデンウィーク中に行われたため、移転に伴って運営が休みとされることは1日もなかった。テーブルや椅子、カウンターなどは移転前のものが使われている。移転後の面積は約75㎡と広くなったが、移転前と同様、屋根の付いた通路部分にもテーブルが置かれている（写真4-14）。移転前の店舗の床に描かれていた千里ニュータウンの地図は、モニュメントとして移転後の店舗の壁に設置されることになった。

　「ひがしまち街角広場」では小さなテーブルが利用されている。「たとえば、サークルの人が何人か集まらはったら、机3つぐらい集めてね、周りの人はそのへんに、ちょっと空いたとこにいるとか、そういうふうな色んな使い方しても誰も文句を言わない。だから、『そんだけ占領したらだめでしょ』とも言わないし、

写真4-11 移転前の「ひがしまち街角広場」

写真4-12 移転前の「ひがしまち街角広場」

そういうふうに。だから時によっては机をここへひっつけても使うしっていう、そういうこと自由にできる方がいいんでしょうね、こういうところは」[050625]、「〔外に〕ああやって出してますでしょ、……、冬寒くなったら勝手にあの一番日溜まりもっていって置いて。『そういうことしたらいけません』とはこっちも言わないから、自分たちの行きたいとこへもっていって。もうちょっとたったら、影がいいって影へもっていったりとか、それは自由に」[050625]。このように、来訪者は自由にテーブルを動かして利用している。

「大きなテーブルで周りにいるのもいいだろうと思うけども、自分一人だけのテーブルでこうやりたい時もあるかもしれない。色んなかたちがあるから、そのときどきで自由に使いこなせるようなものがいいみたいに思いますね」[050625]。赤井さんがこう話すように、小さなテーブルは一人で過ごす人にも対応することができる。一人で座っている人同士が、テーブル越しに会話している光景がみられるのも、「ひがしまち街角広場」の特徴である（写真4-15, 16）。

写真4-13 移転作業

写真4-14 表に置かれたテーブル

写真4-15 一人で過ごす人

写真4-16 テーブル越しの会話

運営費

　オープン時の空き店舗の改修、清掃の費用と、半年の社会実験の間の運営費は豊中市が負担していた。その後、住民による「自主運営」が始まった後は、豊中市からの補助は一切受けておらず、コーヒーや紅茶などの100円の「お気持ち料」と、夕方以降と定休日の会場使用料によって家賃、光熱水費など全ての費用が賄われている。

　家具や家電製品の中で、補助金を受けて購入されたのは、2014年10月に民間の団体から助成を受けて購入されたカウンターと冷蔵庫だけである。備品や食材を購入する際には、「『街角広場』で必要なものは、この商店街〔近隣センター〕で全て調達しております。この商店街〔近隣センター〕で調達できるものは全て」［050618］というように、地域とつながりをもつことが意識されており[8]、冷蔵庫も近隣センターの店舗から購入された。

　豊中市による社会実験が終わり「自主運営」を始める際には、次のような約束をしたという。「〔社会実験期間の〕半年間の蓄積はあったじゃないですか、100円って初めからもらってるから。その蓄積を基盤として自主運営に踏み切ったわけ。……、その蓄積がなくなったら、もうダメだからやめましょうと。蓄積がなくなるということは、この地域にこんなものが必要ないっていう意味でしょ。だから、補助金もらって下支えしながらしなきゃならないものじゃないだろうと」［050729］、「豊中市から初めに補助いただきましたよね。……。もし赤字になってそれで補填をしていって、貯蓄がゼロになったら、『ということはこんな場所は、この街にいらなかったのかな。それだったらやめよう』っていうふうにね。もう、綿々とそこに固執しないで。『さっぱりとやめよう』っていう約束で始めたんです」［050219］、「一生懸命エプロンかけて待機してても、誰も来てくれなかったら『街角広場』の意味がないんです。『街角広場』に誰も来なくなったら補助金もらうのではなく、そうなった時には『街角広場』は閉めようと。地域のみなに必要とされてないものは潔く閉めましょうといつでも言ってます」［070225］。地域に必要とされない場所は、補助金を受けてまで続ける必要はないと考えられてのことである。

　補助金を受けていないため営業努力の必要がない。このことを赤井さんは次のように話す。「補助金ももらってないし、営業努力をしなくていいんですよね、

『街角』は。誰も来ないことはないんですけど、今日は少ないねって言っても、ちっとも自分たちはしんどくない」[050219]。

● 大切にされていること

何となくふらっと集まって喋れる、ゆっくり過ごせる場所

「ひがしまち街角広場」は、種々の施設が整えられた千里ニュータウンに欠けていた「みんなが何となくふらっと集まって喋れる、ゆっくり過ごせる場所」[050901] を実現するために次のような配慮がなされている。

2001年9月30日のオープンから2002年1月31日までは週7日、2002年2月1日からは日曜を除く週6日運営されている。「どうして毎日かと言いますと、週に1回とか、月に何回っていうのは、誰でもいつでも行ってみようかなっと思った時に行けない、自由に出入りできない。『あぁ今日行ったら閉まってたわ』、『今日はお天気悪いから閉まってたわ』ってなったら、『行ったら開いてるかな？』と心配になったら、来てもらえないようになるから、いつでも行ったら開いてる安心感が一つの目的で毎日やっておりました」[050618]、「一番初めの話のときは週1回するとか、週2回にするとか、そういう話しかなかったんですよ。で、私が、こういう場所をするのに週1回とか、決められた何曜日の何時から何時までじゃなくて、ふと気がついた時に、いつ行っても誰かがいてるっていう、そういう場所にしないと意味がないから、できるだけ開ける日にちを多くしましょうって言ったわけ」[090817]。毎日運営しているからこそ、そこはふらっと立ち寄れる場所になるということである。

「お気持ち料」が100円であることもあり、1日に何度も訪れる人もいる。ただし、必ず100円の飲物を注文しなければならないわけではない。「気楽にふらっと寄れる場所がこの街にはないでしょって言うの。そのときにね、立話するんじゃなくて、ちょっと座って話できる。そういう場所だから、気を遣わずに、別にここへ入ったから言って100円払ってお茶飲まなくてもいい。ただ入って来て、しゃべって帰るだけでもいい。ここ入ったから必ずお茶飲んで、せないかん、そんな場所じゃないですよっていうことは言いました。……。お茶飲みたくなかったら、飲まなくてもいいじゃない。そういう地域交流の場所っていうことで始めてるんだから。役所も初めそういうふうに言いましたからね」[090817]。

ほかの来訪者や当番と話をして過ごす来訪者が多いが、会話の内容が噂話として広がらないようすることが意識されている。「ここでしゃべったことが、あちこちに聞こえたら具合が悪いような、嫌なことって、やっぱり困るじゃない。だから、お互いはこの場所だけでおさめるようにね、この場所で起こったことはこの場所でおさまるようにしていこうっていうことは言いましたね」[090817]。

　「不思議にね、ここへコーヒーいれてたらね、この狭いところだからね、どこに誰がいるとかね、どんな話の内容まではわからないけど、どういう系統の話してるって全部わかるんですよ。注文も、誰がいつしたかっていうのも全部わかるんですよ。それだけここにいる時は自分には気がついてないけど、そういう気配りはたぶんしてると思いますね」[150721]。赤井さんはこのように、「どこに誰がいる」とか「どういう系統の話してる」かが全部わかるような気配りをしていると話す。そして、「それはあの自然体で。〔こちらから声を〕かける時もあるし。……、話しかけられたくない人もいるかもしれない。ここへ来て1時間ぐらいじっと座ってる人もいるし。何か様子見ててね」[050618]というように、決して無理な関わりが求められることはない。

フラットなバリアフリーのつきあい

　「普段着で生活してる。来る人も普段着で来る。その普段着同士の付き合い、フラットなバリアフリーのつきあい、それがいいんだと思うんですね」[050219]。赤井さんがこう話すように、ボランティアのスタッフと来訪者との関係を固定しないことが大切にされている。

　スタッフについて赤井さんは次のように話す。「自分たちが楽しんで来てる。来る人とのコミュニケーションも、自分たちも楽しくやってる。だからだと思う。そこが一番大事だと思うんですね。何か今日はお仕事で、義務的に何時までいなきゃならないと思って来てたら、やっぱりその気持ちっていうのは何にでも出てくると思う」[050618]、「ボランティアに来てる人は、来てて楽しい、しんどくない、肩がこらない。自分らの自由に振る舞える。お金もらわないから座れる時は座れるし、友だち来たりできるし、そういう自由がある。お金もらったらそんなわけにいかないでしょ。……。『サービスが悪いの、いいの』って言われるでしょ。お金もらわないことで、そういうこともないし、お互いもうみんなわかっ

てるから、そのへん」[050729]、「時間があれば来訪者もスタッフと一緒のテーブルでお話をします。それと来訪者の方もご理解いただいてるのは、素人がやっておりますから、お茶の出てくるのが遅くてもどなたも文句はおっしゃいません。私が一番大事にみなに言ってますことは、『スタッフとしてエプロンかけてる者もボランティアでしょうけれども、来ていただく方もボランティアなんですよ』って言ってるんです」[070225]。

　このように話されている通り、当番と来訪者とが共に話をしている光景が頻繁にみられる (写真4-17)。来訪者の中には、忙しくなったらコーヒーを運ぶのを手伝ったり、テーブルの後片付けを手伝ったりする人もいる。写真や絵画を展示したり、竹細工を展示したりする人もいる。お土産などを差し入れる人もいる。

　2006年5月の移転作業、4月の「竹林清掃＆地域交流会」、10月の周年記念行事にも多くの人々の協力がある (写真4-18)。「知らない間に色んな人が来て手伝ってくれます。バーベキューコンロ6つぐらい出して炭火を起こしてものを置いときますと、誰かがそこを全部お世話をしていただける。気がついて終わってみれば、きれいに片付けてる。でも、ふと見たら、どこで誰がいつ何をしてくれてたか全然わからないような。たぶんそのときのスタッフなんて10名や20名じゃないと思います」[070225]、「もち場、もち場がみなあって、やり出したらその人たちの責任でもってやってもらってるから、あまり細かいことに口出しはしないけれども、それなりには責任をもってやってくれてるから、今まで大きなトラブルとか、そんなもんはなかったと思うんですよ [090817]。

　スタッフ以外の人々による協力を、赤井さんは「インスタントスタッフ」と表現する。「ゆるやかな規制っていうか、誰が入っていってもそこでは何かの仕事

写真4-17 話をして過ごす当番と来訪者

写真4-18 周年記念行事の準備に協力する人々

ができる。普通は、スタッフあったら、スタッフ以外の人手出ししたらややこしい、邪魔になるから叱られるじゃないですか、できないでしょ。ここは誰が手出ししてもね、『あぁ、じゃあそこやっといてくれる』って言って、すぐスタッフになってしまう。その日のインスタントスタッフ、即席で何でもスタッフになってもらえるっていう」[090817]。

「ひがしまち街角広場」は人々が飲物をいれたり、テーブルを片付けたり、写真や絵画を展示したり、ペンキを塗ったり、バーベキューを担当したりと、自分にできる具体的な役割を見出す余地のある場所であり、人々により少しずつ担われる役割の重ね合わせによって運営が成り立っているのである。

「だからここなんかね、未完成のままでやってるから。常に未完成やから次々と色んなアドバイスとか、そんなものが活きていくわけでしょ。完成品じゃないから、色んな人が来て、『あぁ気になるなぁ』って。……。勝手に悪いとこ見つけて、直しに来てくれるから。だから常に未完成品なんです、ここは」[090817]、「完璧な場所ができたんじゃなくて、色んなことを、自分たちで『ここはああしよう、ここをこうしよう』っていうことで。『汚れてるからこうしたらいいよ、ここにこんなものがあったらいいね』って言って、自分たちでちょっとずつでもつくりながら、できてきた場所だと思うんですね。だからある意味、自分たちの場所っていう感じで。来た人もお客さんっていう感じがないと思うんですね。だから、そこが私は『街角』のほんとに一番いいとこでね。お客様としてお迎えしたんじゃないっていうことで」[150721]。誰かに完成品として与えられたのではなく「常に未完成」な場所であること。それゆえ、「自分たちで『ここはああしよう、ここをこうしよう』」としたり、「勝手に悪いとこ見つけて、直しに来て」くれたりと、自分たちで徐々につくりあげてきた場所であること。そこでは、「お客様」として迎えられる人はいないこと。赤井さんはこれが「ひがしまち街角広場」の「一番いいとこ」だと話す。

● 生み出されたこと

「ひがしまち街角広場」の運営のあり方について、赤井さんの言葉をいくつか紹介したい。

「場所づくりしたところで、こちらの押し付けがあったらだめなんですよね。

だから、はっきり言えば来る人がつくっていく、来る人のニーズに合ったものをつくっていく」[050219]、「『街角』オープンする時に、行政はすごい心配したんですよね。何にも決まらないから。私はまず場所をオープンしましょう。オープンしてやっていく中で、色んなことのニーズが出てくるから、そのニーズに合わせて動きましょう。でないと、人の意見を聞くなんてね、リサーチしても、それではごく一部分しか出てこないわけでしょ。だから、やってみた中で色んなことがね、その場に合うものが生まれてくるはずだから、そうしましょうと言ったんだけど」[050219]、「企画書も何もない中で、今日開けば明日どうすればいいかわかる、明日すれば明後日のことがわかる、1週間すれば半月先にどうしていこうっていうことがわかる、1か月すれば1年先のことが見えてくるというふうな、やりながら軌道修正しながらやりましょうっていう、ものすごい乱暴なやり方でしたんですね。私はそれが、今、『街角広場』の大きな成功の秘訣だったと思うんです。あまり『こうあらねばならない』というかたちでしたんでは、お互いにとっても窮屈な思いをします」[050618]、「私たちの考えとしては、色んなことがあっても、どんなことにでも、一応、1回は受けとめる対応をしようって。知らん顔はね、もう門前払いは一切してないんですよね。……。門前払いを1回でもしてしまうとね、人がもう立ち寄らなくなるでしょ。……。門前払いはもうしないで、受けとめてます。受けられるものかどうかは、また別として」[050729]、「だからここなんか、何の計画性もない、やって何はともあれオープンしましょう、やってたら、『こんなことができる』、『あんなことができる』、『こんなことして欲しい』、『あんなことして欲しい』、『やってみましょうか』って言ってやってる。……、要するにボトムアップの感覚」[050618]。

　「ひがしまち街角広場」は「みんなが何となくふらっと集まって喋れる、ゆっくり過ごせる場所」[050901]にすることを目的として開かれた。当初から目的としていることは現在も変わらないが、「来る人のニーズに合ったものをつくっていく」、「やりながら軌道修正しながら」、「ボトムアップの感覚」というように、オープン後に徐々につくりあげられてきたものもある。

　「ひがしまち街角広場」を起点として、学校の情報を地域に発信することを考えたらどうかという呼びかけによって、掲示板には小中学校の学校通信が貼られることになった（写真4-19）。このほかにも、新千里東町で2か月に1度発行され

ている地域新聞『ひがしおか』、行事の案内、ポスターなど掲示板にはさまざまな
ものが貼られている。掲示物の整理が毎朝の日課だと赤井さんが話すように、決
して期限の切れた紙が貼りっぱなしになっていることはない。

　人々は掲示板を見たり、話をしたり、ほかの人の話を耳にはさんだりすること
を通して、地域のことを知ることができる。「直接誰に言ってわからないことを、
ここで大きな声で叫べば誰かが聞いてくれる。……。そういう時は大きな声で
叫んでみる。独り言みたいな顔して大きな声で言ってみる。誰かが聞いてて、ま
たそれが、それなりにちゃんといきていくっていうところがね」[050831]。この
ような役割を赤井さんは「地域の情報の交差点」[050618]と表現する。「ひがし
まち街角広場」は、当番や来訪者としていつも地域の誰かがいる場所であること
から、子どもや高齢者を一時的に預かって見守ったり、落とし物を預かったり、
東丘小学校内のコミュニティルームに出入りするためのセキュリティカードを
貸し出したりする場所にもなっている（発言4-1）。

　壁などのスペースは開放されており、住民の手による写真や川柳、竹細工など
が作品発表を兼ねて展示されている。「〔川柳サークルは〕ずっと前からあったん
ですけど、なかなか地域の方に見てもらう、発表できる場所がないということで、
月1回の例会の後には短冊に書いて、『街角広場』でずっと川柳の発表もしており
ます。コーヒー飲みに来た人が川柳読みながら、川柳批判もそこで。またそれが
一つの話題づくりになってます」[050618]。人々が日常的に出入りする場所は、
作品発表の場所としてもふさわしいのである。

　訪れた人同士が意気投合し、新たな活動を始めることがある。以前活動してい

写真4-19
表の掲示板

た「写真サークル・あじさい」は、壁に展示されていた写真を見た人が、このような写真を撮れるようになりたいと希望したことがきっかけとなり、写真を展示していた人を講師とするサークルとして立ちあげられた。

「千里竹の会」は、「ひがしまち街角広場」で公園の竹薮が荒れているという話が出たのがきっかけとなり、「ひがしまち街角広場」での話し合いを通して立ちあげられたグループで、公園内の竹林整備、間伐した竹を使った竹細工・竹炭づくりを行っている。「千里グッズの会」と「千里・住まいの学校」は、「ひがしまち街角広場」に集まった住民、専門家、大学教員・学生らによって立ちあげられたグループである。現在、いずれのグループも新千里東町の枠を越えたさまざまな活動を展開している。

■「毎日来はるんですよ。もう何にもしゃべらずにじっと座ってはるんですね。ただコーヒー飲んで、みなの話をニコニコ、ニコニコ笑いながら聞いてるおじいさんですね。そしたらある時、……、コーヒーを出した途端に、お金を出そうと思ったけど、もうそれが出せなくて。ふ〜っと横になって。慌てて椅子もって来て、並べて寝てもらって。独居老人ですからね、担当の民生委員さんがどこの人だっていうことは聞いてたからすぐ連絡して。……。それで救急車で行かれたんですよ、病院へ。それで入院してはったんです。……。ある日、えっと思ったらパジャマのまま病院から来てはるんですよ。そしたら民生委員さんから『もう無事退院されましたので、ありがとうございました』って電話かかってきてんけど、『いや、もう「街角」に今、座ってはるねん。パジャマのままで』って、『え〜、家帰らんと「街角」行きはった』言うて、民生委員さんがびっくりされたこともありますね」［150721］

■「〔新千里北町の男性は〕お外に座って、どんな夏でもホットコーヒー飲まれる。……。ニコニコ笑って、あんまり色んな人とお話にならないけども、必ず来られる。こないだその方が向こうから歩いて来られて、……、一人の女の子連れて見えたんです。そこで泣いてたから、家帰ったらお母さんがいないから、どこ行ったかお母さんわからないし。小さい子ですよ、小学校2年生ぐらいの子、泣きながら。『街角広場へ連れて来たから何とかしてください』って来てね。もうこんな涙一杯なんですよ。涙拭いて、『どうしたの?』って、お母さんが帰ったらいない。『お母さんの電話番号わかる?』って言ったら、わかるから言って、ここからそのお母さんの携帯でかけて、子どもが連絡とってね。で、お母さん帰ってくるまで40分ぐらい待ってましたけどね。その人が連れて来られたんです。だから、どっかにそんな子がおったら、ここへ連れて来たらと思って、やっぱり〔新千里〕北町の方でもそうやって連れて来られてますよ。」［050729］

発言4-1 来訪者のエピソード

住民活動の連鎖の観点から「ひがしまち街角広場」に注目するNPO政策研究所の直田春夫（2005）は、「興味深いのは、この街角広場をふだん利用している住民がつながり、新しい活動をはじめるきっかけとなっていることである。たとえば、千里ニュータウンの竹林の整備を手がける『千里竹の会』や、千里グッズの開発というねらいから絵はがきづくり（『千里ポストカード・プロジェクト』）が生まれるなど、新しい活動を生み出す『場』にもなっている。いわば、市民活動の『ネットワーキングのノード』や『インキュベーションスペース』と言えよう」と、「ひがしまち街角広場」が地域にもたらした影響を指摘している。

　地域の団体が集まりや会議に利用できる場所として、集会所や公民館がある。集会所や公民館は体制が整い、目的や内容がはっきりしている団体が利用する場所としては適している反面、メンバーを集めたり、活動の目的や内容をはっきりさせたりするなど、これから活動を立ちあげていく段階では利用しにくい。「集会所っていうのは、要するに目的がきっちりしていて、申し込んでおかないと使えないんですね」［050901］、「集会所なんかに用事がなかったら行けないですよ。申し込んでね、『何々に使う、会議があります』とか『どういう集まりがあります』って言って、その集まり以外の人が集会所へ出入りすることはまぁできない。……。きちっとした目的があって、何かをしなきゃならない、その関係者しか出入りできなくって。ただ暇やからそこへ行ってますっていうのは、ちょっと集会所にはそぐわない」［150721］。新たな活動は、必ずしも集会所や公民館における会議を通して立ちあげられるわけでなく、事前に予約せずとも気軽に集まれる場所における会話を通して生まれてくることもある。

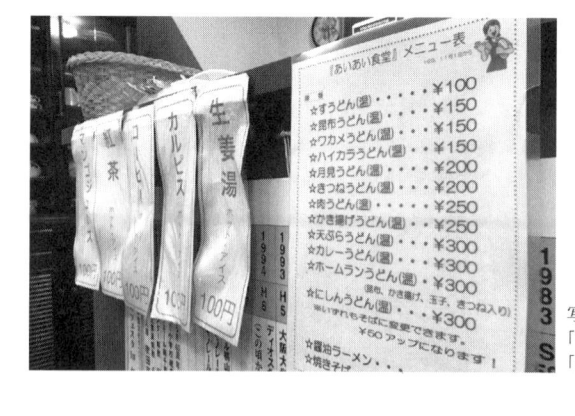

写真4-20
「ひがしまち街角広場」内に掲示された
「豊寿荘あいあい食堂」のメニュー

2015年12月、新千里東町近隣センターの空き店舗を活用して、社会福祉法人「大阪府社会福祉事業団」が運営する「豊寿荘あいあい食堂」がオープンした。「豊寿荘あいあい食堂」は食堂の運営に加えて、体操、編み物、脳トレ、健康麻雀など各種講座を開いている。「豊寿荘あいあい食堂」の講座の行き帰りに「ひがしまち街角広場」に立ち寄ったり、「豊寿荘あいあい食堂」で注文した食事を「ひがしまち街角広場」で食べたりする人もいる（写真4-20）。

　2017年から「ひがしまち街角広場」は「千里竹の会」、「ディスカバー千里」、「東丘ダディーズクラブ」と連携し、東町公園で「竹林清掃＆地域交流会」を主催しており、住民が自分たちの地域の環境を維持管理する動きも生み出している。

　「ひがしまち街角広場」は別のかたちでも影響を与えてきた。新千里東町に「ひがしまち街角広場」を参考にした場所がいくつか開かれてきたことである。

　府営新千里東住宅では2009年7月から「3・3ひろば」が始められた（写真4-21）。当時、府営新千里東住宅では建て替えに伴い住民の一時的な移転が始まっていた。「3・3ひろば」は移転中の人、一人暮らしの人を含めた住民が集まるために始められた。府営新千里東住宅の集会所で毎月第2水・第4金曜の13時から16時まで開かれており、コーヒー、紅茶などの飲物が100円で提供されている。集会所は建て替えられたが、現在も新たな集会所に場所を移して継続されている。

　千里文化センター・コラボには「子どもから高齢者まで様々な世代の交流の場となり、まちづくりにかかわる多くの文化や分野が共生する事業」を展開するために[9]、2010年4月に「コラボ交流カフェ」（コラボカフェ）と多目的スペースからなる「コラボひろば」が開かれた（田中康裕, 2010b）。「コラボ交流カフェ」は千

写真4-21 「3・3ひろば」

写真4-22 「コラボひろば」（コラボ交流カフェ）

里文化センター市民実行委員会により火曜〜土曜の週5日、10時から16時半まで運営されており、コーヒー、紅茶、ジュースなどの飲物が100〜200円で提供されている（写真4-22）[10]。

　2005年に竣工した分譲マンションの桜ヶ丘メゾンシティーには「桜ヶ丘まちかど広場」という共用施設がもうけられた。分譲マンションの建て替えに携わっていた会社の社員が「ひがしまち街角広場」を見て、建て替え後の分譲マンションにもこのような場所があればよいと考えたのがきっかけである（写真4-23）。

　「ひがしまち街角広場」が影響を与えたのは新千里東町内だけにとどまらない。佐竹台のOPH千里佐竹台内に開かれた「佐竹台サロン」、新千里西町近隣センターにある笹部書店のカフェコーナー、新千里北町の北丘小学校内に開かれた「畑のある交流サロン＠Kitamachi」など、「ひがしまち街角広場」は千里ニュータウンのほかの住区の場所の参考にもなってきた（太田博一, 2018）。また、北海道北広島団地の「北広島団地地域交流ホームふれて」、三重県名張市の桔梗が丘自治連合会による「ほっとまち茶房ききょう」、大阪府金剛団地の「わっくCafé」は、「ひがしまち街角広場」に見学に訪れた人々が開いた場所である。

● 計画された街の居場所

　2000年頃の新千里東町では人口の減少、集合住宅の建て替えが進み、近隣センターに空き店舗が目立つようになっていた。こうした時期に、「歩いて暮らせる街づくり事業」という地域外からの働きかけがきっかけとなり、自治会連絡協議会、公民分館、校区社会福祉協議会、地域防犯協会の各組織の広報誌を統合し

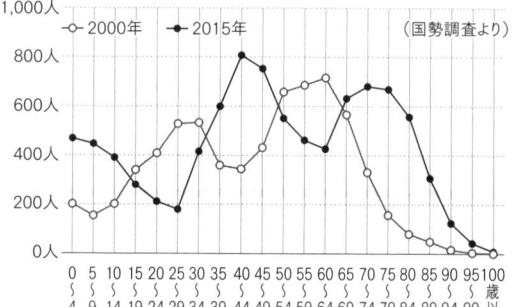

図4-5 新千里東町の年齢構成の変化

写真4-23「桜ヶ丘まちかど広場」

た地域新聞『ひがしおか』の創刊（2001年1月）、東丘小学校の空き教室を活用した東丘コミュニティールームの開設（2001年）、歩行者専用道路を住民自らが清掃する「アダプト活動」[11] の開始（2002年）という動きが生じている。これらのうち、東丘コミュニティールーム、アダプト活動は「7つのまちづくり提案」の「②学校をコミュニティの場へ」、「⑥緑道を出会いのある交流空間に育てよう」に関わるものである。ほかにも、「東丘ダディーズクラブ」の設立（2001年）、小学校の運動会と地域の運動会の合同による「東丘ふれあい運動会」の開催（2002年）[12] など、2000年頃の新千里東町ではその後につながるさまざまな出来事が生じている。2001年9月にオープンした「ひがしまち街角広場」も、こうした出来事の一つとして位置づけることができる。

　「ひがしまち街角広場」では以前からスタッフの後継者を見つけることが課題とされてきた。新千里東町は千里ニュータウン12住区の中で唯一、全ての住戸が集合住宅から構成されている。そのため半世紀前のまち開きの際にも、近年の集合住宅の建て替えの際にも、同じ世代の人々が一斉に入居する傾向があるため、住民の年齢が特定の世代に偏っている。新千里東町の高齢化率は、「ひがしまち街角広場」オープン前年の2000年時点ですでに全国平均を上回っていたが、まち開き当初に入居した第一世代の人々の中心は50～64歳であり[13]、まだ定年を迎えていない男性も多かった（図4-5）。そのため、ベッドタウンである千里ニュータウンにおける当時の地域活動の担い手の中心は専業主婦の第一世代の女性であった。この時期にオープンした「ひがしまち街角広場」のスタッフ全員が女性である一つの要因はここにある。

　「ひがしまち街角広場」のスタッフは現在も第一世代の女性が中心である。2015年時点の新千里東町の高齢化率は33.4％とさらに上昇し、第一世代の中心は70代になっている。けれども、そのすぐ下の世代の人々は極端に少ない。次に多いのは40代だが、共働きの世帯が多い、ベッドタウンである千里ニュータウン内には仕事場がほとんどないなどの理由から、この世代の多くは昼間地域にいない。こうした地域の状況は、スタッフの後継者を見つけることを困難にしている。

　スタッフの後継者を見つけることに加えて、運営場所の確保の問題がもちあがった。「ひがしまち街角広場」は「この近隣センターから外へ出たら意味のな

いことだと思った」[090817] という考えから、近隣センターでの運営が継続されてきたが、その近隣センターが再開発されることになった。近隣センターの再開発は「土地の合理的かつ健全な高度利用と都市機能の更新を図り、周辺地域と調和の取れた良好な市街地環境を形成する」[14] ことを目的に行われるものだが、再開発により運営に活用できる空き店舗がなくなってしまう。全ての住宅が集合住宅であるため、新千里東町には運営に活用できる空き家はない。新たに近隣センターに建設される地区会館（集会所）内に「ひがしまち街角広場」を継承するコミュニティカフェを開設することが議論されていた時期もあるが、その後、地域自治協議会が中心となり[15]、「ひがしまち街角広場」とは別に新たなカフェを開く計画が進められている。

　近隣センターの地権者と豊中市が中心になって進める再開発のプロセスに、テナントの「ひがしまち街角広場」が参加できる余地はなく、近隣センターの再開発をきっかけとして、2022年の夏頃に、「ひがしまち街角広場」は運営を終了する予定である。

　「ひがしまち街角広場」は地域に密接に関わりながら成立している。このことは、「ひがしまち街角広場」が抱える課題は、新千里東町がニュータウンという計画された街であることに大きく起因しているということでもある。地域を抜きにして、居場所を捉えることはできない。

注
1　「歩いて暮らせる街づくり」関係省庁連絡会議『『歩いて暮らせる街づくり』モデルプロジェクト地区の選定について」のページより
2　クラレンス・ペリー（1975）は、「地域コミュニティ・センターは一つの学校と、二つの教会、そして一つのコミュニティ建築物が集まっているところである」というように、教会を近隣住区の中心的な場所と位置づけている。大阪府によって開発された千里ニュータウンでは、政教分離の考え方から宗教施設は計画されず、その代わりに中心的な場所として計画されたのが近隣センターである。千里ニュータウンは近隣住区論にもとづいて開発されたが、宗教施設の取り扱いにも現れているように、クラレンス・ペリーの近隣住区論をそのまま適用したものではない。なお、赤井さんが近隣センターに開かれた「ひがしまち街角広場」をお寺の庫裡に例えていることは、クラレンス・ペリーが教会を近隣住区の中心的な場所を位置づけていたことに通じており興味深い。
3　社会実験の終了により、豊中市と「生活環境問題研究所」からの支援は公的に終了したが、個人的に「ひがしまち街角広場」に協力する豊中市の職員、「生活環境問題研究所」の職員はいた。筆者も参加していた「千里グッズの会」には、このように個人的に「ひがしまち街角広場」に協力する人々も参加していた。「千里グッズの会」の最初のミーティングが行われたのは「自主運営」が始まって数か月後の2002年7月である。

4 「ひがしまち街角広場」は新型コロナウイルス感染症の拡大を受け、豊中市内の公共施設などとあわせて2020年3月2日から自主的に運営が休止されたが、2020年6月1日から運営が再開されている。運営再開後は土曜も定休日とされ、月曜から金曜までの週5日の運営になっている。運営時間は11時から16時と変わりはない。

5 近隣センターの店舗の上は住宅になっており、2019年5月に、夜遅くまで「ひがしまち街角広場」に出入りして騒いでいる人がいるという苦情が寄せられた。「ひがしまち街角広場」のスタッフや利用団体との意見交換が行われ、現在、夜間の利用は21時半までとされた。

6 2人のスタッフが1日の当番を担当することがほとんどだが、3人の場合や、午前・午後で交代する場合もある

7 赤井さんは現在、千里ニュータウン内に居住していないが、新千里東町の東丘小学校内で開かれている「子ども教室」（とよなか地域子ども教室）などに関わっており、「ひがしまち街角広場」に顔を出すこともある。「子ども教室」は「子どもの安心・安全な居場所づくりを目的として、土・日や放課後に子どもたちが、地域の大人と交流しながらスポーツや文化活動を楽しく学び、さまざまな体験ができるように各小学校等で実施」されている活動である。『とよなか地域子ども教室』（2019年、第1号）より。

8 可能な限り近隣センターの店舗で購入することの背景には、「商店会を活性化さすっていう目的の一つが『街角広場』ですから」[150721] という考えがある。ただし、来訪者の減少により運営費が十分でなかった時期があったこともあり、現在は近隣センターより安く売っている店で備品、食材などが購入されることもある。

9 豊中市「千里文化センター市民実行委員会について」のページより。

10 赤井さんは千里文化センター市民実行委員会の初代実行委員長を務めていた。なお、「コラボ交流カフェ」は新型コロナウイルス感染症の拡大に伴い2020年2月26日から運営が休止されていたが、その後、再開の目処が立たないなどの理由から、2020年8月に閉鎖されることが決まった。『コラボ新聞』千里文化センター市民実行委員会, 第61号（2020年8・9月号）より。

11 新千里東町では歩行者専用道路が住区内を巡っている。近隣センター、幼稚園、小・中学校、東町公園といった主な場所は全て歩行者専用道路に面して配置されており、住民にとって日常生活に欠かせない動線となっている。「アダプト活動」はこの歩行者専用道路を清掃するものである。「アダプト」（adopt）は「養子にする」という意味で、「アダプト活動」は「道路や公園などの公共の場所をわが子のように慈しみ、愛情をもって面倒を見る＝清掃・美化する活動」のことである。豊中市では2001年度に導入され、2019年6月末現在で42団体が活動している。豊中市「アダプト活動」のページより。

12 児童数の減少により、小学校だけでは運動会が成立しなくなったことから始められた運動会。その後、集合住宅の建て替えが進み児童数が増加したことから、2009年からは小学校の運動会と地域の運動会とは再び別々に開かれるようになった。

13 まち開き当初に入居し、年齢構成のグラフで山を構成している世代を、ここでは「第一世代」と呼んでいる。

14 豊中市「新千里東町近隣センター地区市街地再開発事業に関連する都市計画の決定及び変更のお知らせ」のページより。

15 豊中市では「多様化、複雑化する地域の課題は、地域のことをよく知る住民が、地域の特性に応じて主体的に取り組み、行政がその取組みを支援することにより、より良い解決を図ることができ」るという「地域自治の考え方」を背景として、「これまでの地域団体と市の各部局の分野別の関係に加え、地域と市が協働で地域課題の解決に総合的に取り組むための関係をつくる」ために、「おおむね小学校区を範囲に、住民や地域団体が知恵や力を持ち寄って課題を解決していく寄り合いの仕組み」として地域自治組織（地域自治協議会）が立ち上げられている。豊中市「地域の自治・コミュニティ」のページより。新千里東町では、豊中市で最初となる2012年4月22日に地域自治協議会が立ち上げられた。ただし、地域自治協議会に対しては「まちの『しくみ』を支え、まちづくりを担う人材をどう育てるのかに細心の注意を払う『ひとづくり』の視点が決定的に欠けていると言わざるを得ません」（芦田英機, 2016）という指摘もなされている。

第5章

居場所ハウス

● オープンの経緯

　NPO法人「居場所創造プロジェクト」が運営する「居場所ハウス」（ハネウェル居場所ハウス）は、アメリカ・ワシントンDCの非営利法人「Ibasho」の呼びかけがきっかけとなり、2013年6月13日、東日本大震災の被災地である岩手県大船渡市末崎（まっさき）町にオープンした。オープン後の運営は、末崎町の高齢者を中心とする住民が担っている（写真5-1, 2, 表5-1）。

　大船渡市は三陸海岸南部の都市で、市の一帯は典型的なリアス式海岸となっている。末崎町は大船渡市内に10ある行政区の1つで、2019年12月末時点の人口は4,048人、世帯数は1,532世帯、2017年10月末時点の高齢化率は38.8％である。東日本大震災の大きな被害を受け、人的被害は死者32名、行方不明者29名になる。家屋の被害は全壊606戸、大規模半壊53戸、半壊58戸、一部損壊40戸になる[1]。震災後、末崎町の5か所に計313戸の仮設住宅が建設され、震災から2か月が経過した2011年5月20日頃から仮設住宅への入居が始まった。高台移転の進展に伴い仮設住宅は徐々に閉鎖されていき、2018年3月末に最後の仮設住宅が閉鎖された。

　「Ibasho」はアメリカ在住の日本人女性の清田英巳さんが2008年からボランティアで活動を初め、2011年1月に内国歳入庁から501（c）3（非営利法人）の認証を受けた団体である[2]。高齢者がお世話されるだけの存在とみなされるのでなく、何歳になっても知恵や経験をいかして自分にできる役割を担いながら地域で暮らし続けることの実現と、そのために「歳をとること」の概念を変えていくことを目的として、次の8理念を掲げて活動している（図5-1）。

　①高齢者が知恵と経験を活かすこと（Elder Wisdom）

　②あくまでも「ふつう」を実現すること（Normalcy）

　③地域の人たちがオーナーになること（Community Ownership）

④地域の文化や伝統の魅力を発見すること（Culturally Appropriate）

⑤様々な経歴・能力をもつ人たちが力を発揮できること（De-marginalization）

⑥あらゆる世代がつながりながら学び合うこと（Multi-generational）

⑦ずっと続いていくこと（Resilience）

⑧完全を求めないこと（Embracing Imperfection）

　東日本大震災から1週間も経たない2011年3月17日、清田さんがワシントンDCで行った講演で、被災地の高齢者支援の可能性について言及した。翌週、講演の参加者を介して、世界各国の被災地でのプロジェクトを行う国際NGO「オペレーションUSA」[3]が清田さんに連絡をとる。「オペレーションUSA」には東日本大震災の被災地で支援プロジェクトを行う計画があり、プロジェクトの資金はアメリカの航空宇宙関連の大企業である「ハネウェル社」の社会貢献部門「ハネウェル・ホームタウン・ソリューションズ」（Honeywell Hometown Solutions）からの「ハネウェル・ヒューマニタリアン救済基金」（Honeywell Humanitarian Relief Fund）[4]があてられることになっていた。

　2011年11月、清田さんは、プロジェクトの提案書をつくりあげる過程で、知人である大船渡市の社会福祉法人「典人会」の内出幸美さんに被災地でのプロジェクト実施の可能性について連絡をとり、大船渡市、または、陸前高田市において「Ibasho」の理念にもとづくプロジェクトを行うことになった。

　2012年1月、「Ibasho」の提案が正式に「オペレーションUSA」のプロジェクトとして認可される。これ以降、「オペレーションUSA」がプロジェクト・マネジメント、「Ibasho」が理念の共有、ワークショップの開催、「典人会」がローカ

写真5-1 古民家を移築・
　　　　再生した建物

写真5-2 日常の様子

ル・コーディネート、事務局を担当するかたちでプロジェクトが進められていく[5]。提案書の中でプロジェクトの地域は、①地域のリーダー、および、住民の協力が得られること、②地域でプロジェクトのコーディネートをしてくれる団体がいること、③津波の浸水区域ではないこと[6]、④高齢化が進んでいることの4つの基準で選定することが決められていた。

2012年2月、清田さん、「オペレーションUSA」のスタッフらがプロジェクトの候補地として大船渡市と陸前高田市の5地域を訪問。訪問の後、先にあげた4つの基準をふまえて末崎町でプロジェクトを行うことが決められた。この訪問で、清田さんらは当時の末崎地区公民館長の近藤均さんと出会う。

2012年5月から実際にプロジェクトがスタートする。2012年5月14日に最

表5-1 「居場所ハウス」基本情報

オープン		2013年6月13日
住所		岩手県大船渡市末崎町字平林
運営日時	カフェ	10時～16時（事前の予約で21時まで貸し切り利用可）
	食堂	11時半～13時半
	定休日	木曜
	朝市	第3土曜　9時～12時
	買物送迎	最終金曜　10時～12時
メニュー	飲物	コーヒー（200円）、ハーブティ（200円）、ゆずティー（200円）、ソフトクリーム（250円）など（緑茶・麦茶は無料で提供）
	食事	うどん、そば、カレーライス、焼き鳥丼、中華飯、週替わりランチなど（400～600円）（事前の予約は不要）
主なプログラム		生花教室：第1・3月曜　13時30分～15時（主催：住民有志） 歌声喫茶：第3火曜　13時30分～15時30分（主催：住民有志） 居場所健康サロン：水曜　10時～12時 ノルディック・ウォーキング：第4月曜　10時～12時 碁石サロン：第4火曜　10時～14時（主催：NPO法人「大船渡共生まちづくりの会」） 周年記念感謝祭：毎年6月 納涼盆踊り：毎年8月
運営主体	運営主体	NPO法人・居場所創造プロジェクト
	NPO法人設立	2013年3月8日
運営体制	月・火・金曜	3人のパートが2人ずつ当番を担当
	水・土・日曜	コアメンバーが1～3人ずつボランティアで当番を担当
建物	建物	陸前高田市気仙町の築60年の古民家を移築・再生（建物はNPO法人が所有、土地は有償で賃貸）
	敷地面積	966㎡
	延床面積	115.15㎡
備考		※毎週月・火・金の夕方、一般社団法人「子どものエンパワメントいわて」による「学びの部屋」（2018年4月から「学びの時間」）が開催

・高齢者が知恵と経験を活かすこと（Elder Wisdom）：
今の社会では、高齢者は周りに迷惑をかける人、面倒をみてもらう人だと思われがち。けれども、豊かな知恵や経験をもつ高齢者は、地域にとってかけがえのない財産。高齢者が頼りにされ、自信を持てるようにしよう。

・あくまでも「ふつう」を実現すること（Normalcy）：
誰かが管理し過ぎたり、がんじがらめの規則があったり、時間ごとにスケジュールが決められていたりする施設ばかりじゃ、暮らしは窮屈になる。誰にも強制されず、いつでも気軽に立ち寄れて、何となく好きなことができる、そんな「ふつう」の場所にしよう。

・地域の人たちがオーナーになること（Community Ownership）：
誰かがやってくれると受身になるのでなく、地域の人たちが良いことも、悪いことも引き受ける「当事者」になって場所をつくっていきたい。みなで知恵や力を出し合い、助け合って、地域の自慢の場所にしよう。

・地域の文化や伝統の魅力を発見すること（Culturally Appropriate）：
地域には独自の文化や伝統がある。日々の生活ではあまり意識しなくても、じっくり見つめればたくさんの魅力に気づくはず。他を真似せずに、地域ならではの魅力を発見していこう。

・様々な経歴・能力をもつ人たちが力を発揮できること（De-marginalization）：
若い人、高齢の人、障がいのある人・ない人、子育て・介護中の人、社会に馴染めないと悩む人など、地域には様々な人が暮らしている。「できないこと」ばかりの弱者と思い込んで孤立しなくていいように、それぞれが「できること」を持ち寄って、互いに支え合おう。

・あらゆる世代がつながりながら学び合うこと（Multi-generational）：
同じ世代の人と付き合うのは話も合うし、居心地がいいけれど、同じ世代で固まってるだけじゃもったいない。子どもや若者は人生の先輩である高齢者から、高齢者は新しいことに敏感ですぐ吸収していく子どもや若者からというように、世代を越えて学び合える場所にしよう。

・ずっと続いていくこと（Resilience）：
場所を続けていくには「環境」「経済」「人」の3つのつながりを考えよう。それは、暮らしに恵みを与えてくれる自然環境を破壊しないこと、必要なお金を自分たちでまかなうこと、人と人との関係を大切にすること。3つのつながりを大切にしながら、ずっと場所を続けていくこと。そこから、ささやかでもいい、地域や国境を越えたつながりを築いていこう。

・完全を求めないこと（Embracing Imperfection）：
初めから完全であることを求めずに、その時々の状況に対応しながら、じっくりと、ゆっくりとやっていけばいい。その道のりは地域によって違うはず。だから、今は不完全であることに焦らず、変われるという可能性を信じたい。時間とともに、人とともに、柔らかに歩んでいこう。

※「Ibasho」は2008年の設立時からこの理念にもとづいた活動を行っているが、現在の表現（図に記載の表現）は、2012年4月にIbasho代表の清田英巳さんと、認知症をもつ高齢者に対する介護と社会概念の変革を提唱する医師のAllen Powerさんがロックフェラー財団から補助を受けて確定させたものである。
※8理念の日本語訳は清田英巳ほか（2014）による。

図5-1 ワシントンDCの非営利法人「Ibasho」の8理念

初のワークショップが開かれて以降、2013年5月8日までの約1年間に末崎町の住民らを交えた計6回のワークショップが開かれた。高齢者が役割をもてる機会をつくることがコンセプトであったため、2012年5月14日の最初のワークショップではプロジェクトでつくろうとしている場所と既存の高齢者施設との違いについてイメージを出し合ったり、「Ibasho」の理念を共有したりすることが行われた (写真5-3)。2012年5月16日にはメニュー、7月11日には運営・建物を考えるワークショップが開かれた。

　2012年10月25日には、末崎町の住民で運営する体制をつくるために、自分にできることを紹介し合うワークショップが開かれた (写真5-4)。このワークショップには約40人が参加し、郷土料理がつくれる、大工仕事ができる、お茶碗が洗える、草取りができる、お茶を教えることができる、英語が得意などさまざまな特技や好きなことが紹介された。これと同じワークショップは2012年12月7日、2013年5月8日にも開かれた[7]。このようなプロセスを経て、2013年6月13日、「居場所ハウス」はオープンした (表5-2)。

● 運営

運営の概要

　「居場所ハウス」は木曜を除く週6日、10時から16時までカフェを運営している。11時半から13時半までは食堂を運営しており、事前の予約なしで食事ができる。メニューはうどん、そば、ラーメン、カレーライス、チャーハン、親子丼などのほかに、土曜日の週替わりランチではひっつみ汁、小豆ばっと、結婚式の披露宴で出される「おぢづき」などの郷土食がメニューとされることもある。毎

写真5-3 最初のワークショップ

写真5-4 自分にできることを紹介し合う
　　　　 ワークショップ

表5-2 「居場所ハウス」の歩み

年	月	日	出来事
2011	3	11	東日本大震災
	3	17	米国の非営利法人「Ibasho」代表の清田さんがワシントンDCで行ったレクチャーで、被災地支援に言及
	3	22	レクチャーの参加者を通して国際NGO「オペレーションUSA」が「Ibasho」にコンタクト。「オペレーションUSA」は東日本大震災の被災地でのプロジェクトを計画していた
	11		清田さんが、知人であった大船渡市の社会福祉法人「典人会」の内出さんに被災地でのプロジェクト実施の可能性を打診
2012	1	12	「Ibasho」の提案が「オペレーションUSA」のプロジェクトとして認可
	2	13	「Ibasho」の清田さん、「オペレーションUSA」のスタッフらがプロジェクトの候補地として大船渡市と陸前高田市の5地域を訪問（～2月18日）。5地域を訪問した結果、大船渡市末崎町でプロジェクトを行うこととなる
	5	14	最初のワークショップ。以降、2013年5月8日までに計6回のワークショップが開催
	9	15	NPO法人「居場所創造プロジェクト」の設立総会。運営する場所の名称が「居場所ハウス」に決定
	10	24	地鎮祭
2013	3	8	NPO法人「居場所創造プロジェクト」設立
	6	13	「居場所ハウス」オープニングセレモニー、はじまりのシンポジウム
	6	29	最初の定例会
	7	1	この日より週5日の当番をパート（女性1人）が担当
	10	1	パートの辞職に伴い、この日よりボランティアのみで運営
	11	24	最初の大きなイベント「居場所感謝祭」
2014	1	13	この日より週3日の当番をパート（女性3人）が担当
	5	23	NPO法人「居場所創造プロジェクト」の平成26年度社員総会。食事の提供や地場産品の販売など運営の核になる活動を行うことを確認。鈴木さん、紀室さんら末崎町の6人が新たに理事に就任
	6	7	大船渡町の飲食店よりキッチンカーを借りる
	7	13	「一周年記念感謝祭」。以降、毎年6月に周年記念感謝祭を開催。キッチンカーを活用して軽食を提供
	8	24	末崎町平地区の休耕地を活用した農園での作業を始める
	9	22	末崎町門之浜地区の個人宅より寄贈されたカマドを移設
	10	25	朝市を開催。以降、2013年12月までは毎月第1・3土曜日に、2014年1月から毎月第3土曜日に開催
2015	1	末	屋外にカマドの保管も兼ねたキッチンの建設を始める
	5	3	この日の「鯉のぼり祭り」にあわせて、屋外のキッチンを活用した食堂をプレオープン
	5	8	食堂の運営を始める
2016	4	16	「居場所ハウス」周囲に高台移転してきた人々を招いての交流歓迎会を開催
	7	10	山岸仮設の元住民とヨーガ・セラピーの講師による食事会が開かれる。以降、山岸仮設の元住民は年に2回ずつ同窓会を開催
	4	3	一般社団法人「子どものエンパワメントいわて」による「学びの部屋」が始まる。以降、毎週月・火・金の夜間に開催（2018年4月より「学びの時間」と名称変更）
	5	10	末崎地区サポートセンターの閉鎖に伴い、今月から「居場所健康クラブ」が「居場所ハウス」の主催として継続（5月17日から「居場所健康サロン」と名称を変更）
2019	6	28	毎月1回の大船渡市内への買物送迎を始める

月第3土曜日には朝市を開いている（写真5-5, 6）[8]。

　16時以降は有料での貸切利用が可能である。この時間帯を利用して、2017年4月からは週3日、一般社団法人「子どものエンパワメントいわて」による「学びの部屋」（2018年4月から「学びの時間」と名称変更）が始められた。「学びの部屋」は震災で学習環境を失った子どもたちが自学自習するための場所として、末崎町の大田仮設の談話室や空き住戸で続けられていたが、大田仮設の閉鎖により、「居場所ハウス」で継続されることになった活動である。

プログラム

　カフェ、食堂が運営の基本となっているが、プログラムが行われる時間帯もある。たとえば、生花や手芸、郷土食作り、健康体操などの教室が行われたり（写真5-7）、歌声喫茶や健康サロンなどの集まりが開かれたり、会議が開かれたりしている。1月のミズキ団子、3月のひな祭り、5月の鯉のぼり、7月の七夕、8月の納涼盆踊り、12月のクリスマスのように季節ごとの行事や飾りつけも行われて

写真5-5 毎月の朝市

写真5-6 朝市に出店する高齢の女性

写真5-7 手芸教室

写真5-8 ひな祭りのお茶会

いる（写真5-8）。特にひな祭りでは、住民から借りた高田人形と呼ばれる地域に伝わる貴重な人形が展示されている。季節の行事や飾りつけは、かつては地区や家庭で行われてきたが、少子高齢化や東日本大震災などの影響で行われなくなりつつある。「居場所ハウス」には季節の行事や飾りつけを継承する役割もある。

　2013年6月のオープンから2019年12月末までに開かれたプログラムを合計すると1,814回となる。プログラムは、1〜2時間程度で終わるもの、丸1日使った大きなイベントなどさまざまな種類があるが、大きく12のカテゴリーに分類することができる（表5-3）。カテゴリーごとの開催回数は「学びの部屋・子育て支援」、「健康クラブ・健康サロン」、「教室・講座」、「会議・打合せ」の順に多くなっている。オープンから2019年12月末までの期間を3か月ごとに区分すると、

表5-3 「居場所ハウス」で行われているプログラム

種類	開催回数	概　要
学びの部屋・子育て支援	409	一般社団法人「子どものエンパワメントいわて」が主催する小・中・高生を対象とする「学びの部屋」（学びの時間）、社会福祉協議会が主催する乳幼児と親を対象とする「おでかけ広場」。「学びの部屋」は2017年4月からスタート、「おでかけ広場」は2017年6月〜2018年3月まで開催
健康クラブ・健康サロン	287	毎週水曜の午前中に行われている「居場所健康クラブ」と、それを受け継いだ「居場所健康サロン」。当初、末崎地区サポートセンターの主催で開かれていたが、末崎地区サポートセンター閉鎖に伴い、2017年5月からは「居場所ハウス」の主催で継続されている
教室・講座	284	毎月開かれている生花教室、手芸教室や、料理、囲碁などの各種教室。夏休み、冬休みには子どもを対象とする物作り教室なども開かれている
会議・打合せ	186	「居場所ハウス」の総会、理事会、定例会や、ほかの団体の会議、同級会の打合せなど
体操・セラピー	128	健康体操、ノルディック・ウォーキング、ヨーガ・セラピーなど
食事会・懇親会	109	食事会、同級会や、「居場所ハウス」のスタッフの懇親会など
講演会・研修・相談会	81	「居場所ハウス」や地域を考えるためのワークショップや意見交換会、地域の歴史や健康などをテーマとする講演会、暮らしの困りごと相談会、「居場所ハウス」スタッフによる研修など
サークル・同好会	76	歌声喫茶、カラオケ同好会、大正琴の会による練習など
お祭り・交流イベント	61	「居場所ハウス」主催の周年記念感謝祭、ひな祭り、鯉のぼり祭り、納涼盆踊りや、居場所っこクラブ、「デジタル公民館まっさき」主催のキッズデー、被災地支援として開かれるイベントなど
朝市	55	2014年10月から毎月開かれている「居場所ハウス」主催の朝市
音楽会・展示会・鑑賞会	51	国内外のミュージシャンによる演奏会やライブ、落語会、絵画展など
その他	89	2019年6月から始められた買物送迎、2013年11月から毎月開かれている「おはなしころりん」主催の移動こども図書館、農園で行われた農園体験・農園ボランティアなど

※国内外の団体による視察・研修を受けることがあるが、他団体による視察・研修はカウントしていない。

プログラムの開催回数はオープン当初は3か月で40〜50回の間を推移していたが、2014年後半には3か月で50回を超えるようになり、2017年になると週3日の「学びの部屋」が始まったことで開催回数はさらに増加している（図5-2）。

　プログラムには「居場所ハウス」が主催するものと、他の団体・個人が主催するものがある。「居場所ハウス」が主催するものには周年記念感謝祭、鯉のぼり祭り、納涼盆踊りなどの大きなイベント、毎月の朝市、運営のための定例会、各種の教室などがあり、約4割が「居場所ハウス」が主催するプログラムとなっている（図5-3）。

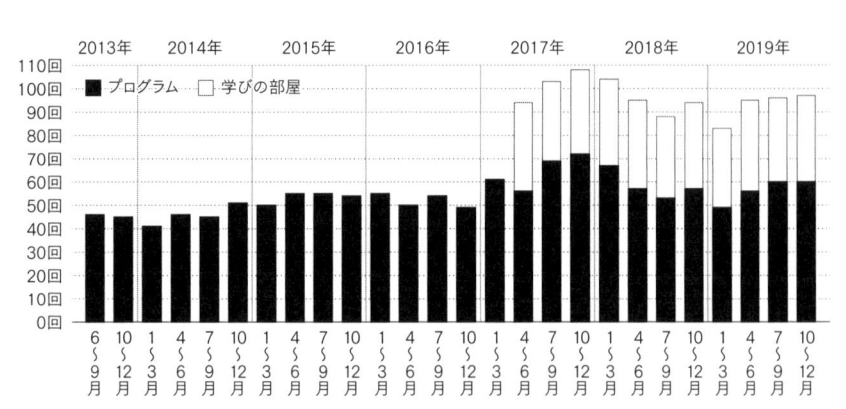

※最初の期間のみ2013年6月13日〜9月末までの約3.5か月で集計している。

図5-2 プログラムの実施回数の推移

※最初の期間のみ2013年6月13日〜9月末までの約3.5か月で集計している。

図5-3 「居場所ハウス」が主催するプログラムの割合の推移

来訪者

来訪者は地域の高齢者が中心だが、学校が休みの日や放課後には子どもが遊びに来たり、プログラムに親子が参加したりすることもある（写真5-9, 10）。オープンから2019年12月末までの延べ来訪者数は約45,620人、1日平均にすると約23.0人になる。食堂がオープンした2015年5月から2019年12月末までの食堂利用者数は延べ12,822人で、1日平均にすると約9.3人になる（図5-4）。食堂利用者数の来訪者数に対する割合は、当初は30～40％の間を推移していたが、最近では50％を超える月もあり、食堂の位置づけが大きくなりつつあることが伺える（図5-5）。

「学びの部屋」は2017年4月から2019年12月末までに計401回開かれ、毎回、2人のスタッフが子どもたちの対応をしている。参加した子どもは延べ4,299人、1回の平均は10.7人になる。参加者の約87％が中学生である。残りは小学生と高校生であり、何度か大学生も参加している。

運営体制

「居場所ハウス」の運営主体としてNPO法人「居場所創造プロジェクト」が新たに立ちあげられた。運営を継続するためには特定の個人に依存するのではなく、地域で運営体制を築く必要があるという「Ibasho」からの提案を受けたものである。2012年9月15日に「居場所創造プロジェクト」の設立総会が開かれた。この設立総会で、運営する場所を「居場所ハウス」と名づけることが決められた[9]。2019年12月末時点でNPO法人の正会員は101人であり、うち86人が末崎町の住民である。

写真5-9 遊びに来た子どもたち

写真5-10 クリスマスケーキづくりに参加する親子

設立時のNPO法人の理事には、設立に中心的な役割を担ってきた近藤さん、清田さん、内出さんの3人が就任した。その後、末崎町の住民が中心となって運営する体制を確立するため、2014年度からは末崎町の6人が新たに理事に就任している。6人の理事のうち鈴木軍平さん、紀室拓雄さんは、それまで運営を中心に担ってきたコアメンバーであり、理事の就任の少し前から鈴木さんが館長の肩書きを名乗るようになった。2016年度から副理事長の役職が新設され、鈴木さんが副理事長に就任。そして、2018年度から鈴木さんが理事長に就任している。

　理事会とは別に、日々の運営に関わるコアメンバーが近況の共有、運営で生じた課題、大きなイベントに向けた準備、環境整備や備品購入、次月の日曜の当番の担当などを話し合う定例会が開かれている（写真5-11, 12）。

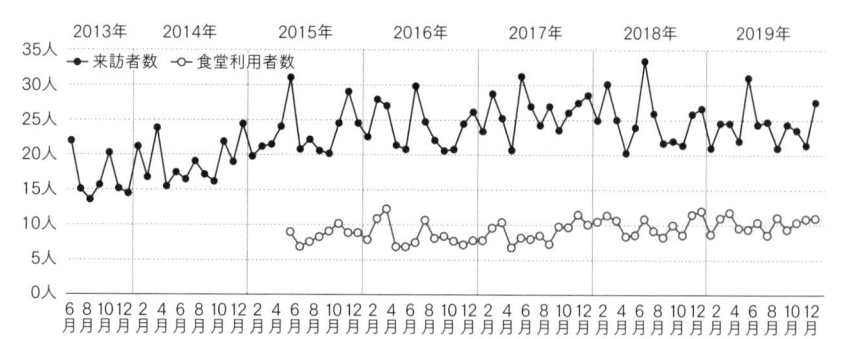

※来訪者数にはスタッフ、当番も含まれる。「学びの部屋」のスタッフ・参加者の人数は含まれない。
※2015年10月以降の毎月の朝市、毎年5月の鯉のぼり祭り、毎年6～7月の周年記念感謝祭、毎年8月の納涼盆踊りなどの大きなイベントはおおよその人数で集計している。
※食堂利用者数にはスタッフ、当番も含まれる。

図5-4 来訪者数・食堂利用者数（1日の平均）の推移

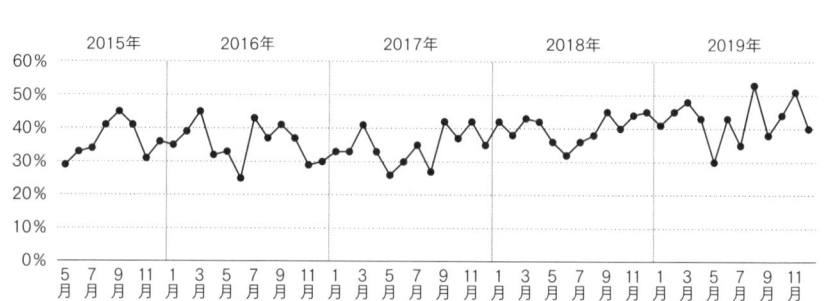

図5-5 食堂利用者数の来訪者数に対する割合の推移

定例会は次のような経緯で開かれるようになった。地域外から提案されたプロジェクトの受け入れ、NPO法人の設立手続き、オープニングセレモニーは事務局を務めていた「典人会」が担当した。しかし、「典人会」の法人としての関わりはオープニングセレモニーまでであり、オープン後の運営はコアメンバーを中心とする末崎町の住民が担うことになっていた。コアメンバーの何人かはオープン前のワークショップや会議から参加していたが、住民同士でオープン後の運営について十分に議論されていたわけではない。そのため、オープニングセレモニー翌日から誰が当番を担当するのか、どのように運営するかが決められていないなど、「典人会」が事務局を担っていた段階から住民が中心となって運営する段階への移行はスムーズにいったわけではなかった。当番を担当するボランティアがおらず、末崎地区サポートセンターの職員の手伝いを受ける日もあった[10]。

　誰が当番を担当するのか、どのように運営するのかが曖昧なまま10日ほど経過した頃、ボランティアが集まらないのでパートを雇用するのはどうかという話が出される。6月29日の理事会の後、理事とコアメンバーが参加する運営会議が開かれた。この日の運営会議では毎週木曜を定休日とすること、7月1日からパートを雇用すること、日曜は運営メンバーが週替わりでボランティアで当番を担当することが確認された。このほか運営時間、飲物の値段、団体で利用する際の手続き、運営メンバーの役割なども議論され、運営していくための最低限の決まりが定められた。7月26日の3回目の運営会議では、運営会議を毎月継続して開くことが提案された。この後、運営会議は毎月の定例会とて定着し、現在まで継続されている。

　定例会には、毎回10〜15名ほどのコアメンバーらが参加している。現在のコ

写真5-11 毎月の定例会　　　　　　　　写真5-12 定例会後のコーヒーのいれ方講習会

アメンバーは、①行事の企画、朝市の準備・運営、事務、会計、建物の備品のメンテナンス、薪（まき）割り、視察や見学への対応など運営全般を担当し、1〜4人ずつ交代で日曜の当番をボランティアで担当する運営メンバー約20人、②水・土曜の当番、日曜の食堂での調理などを担当する「おたすけ隊」5〜6人、③月・火・金曜の当番を2人ずつ担当するパート3人で構成されている[11]。運営メンバーのうち、全体の統括と視察や見学者などの対応を行う館長1人、大工仕事や薪割りなどを行う管理人1人、事務作業や会計を行う事務局2人は有償のスタッフである[12]。「おたすけ隊」は末崎地区サポートセンター（愛称「おたすけ」）で開かれていた「おたすけクラブ」の参加者有志が、「居場所ハウス」の運営に協力するために結成したボランティアグループである。メンバーの入れ替わりにより、現在は「おたすけクラブ」に参加していなかった人がほとんどになり、「おたすけ隊」の名前も次第に使われなくなりつつある。

　当番は来訪者への対応、食堂での調理、プログラムのサポート、清掃などを行う。オープン当初はボランティアだけで当番を担当する計画だったが、ボランティアが集まらなかったこともあり、パートを雇用することになった。2013年7月1日から9月30日まで1人のパートを雇用していたが、パートの辞職に伴い、2013年10月1日から再びボランティアだけで当番を担当するようになる。この時点でも十分な人数のボランティアが集まらず、特定の人に負担が集中する状況であったため、2014年1月13日からは複数人のパートを雇用することになった。このときから月・火・金曜の当番をパート、水・土・日曜の当番をボランティアが担当することが定着している。ただし、パートの都合が悪い日は運営メンバーがパートと一緒に当番を担当したり、土・日曜に大きな行事が行われる場合はパートがボランティアで協力したりと柔軟な対応がされており、パートとボランティアの両方のかたちで運営に関わる人もいる。

空間

　建物は、陸前高田市気仙町で1957年（昭和32年）に建設された古民家のフレームを移築・再生したものである（写真5-13）。古民家は、「Ibasho」、「オペレーションUSA」のメンバーらが来日した際に通訳を務めていた小澤睦子さん夫妻から寄贈された。基本設計はワークショップや会議で出された意見をふまえて、北海

道大学建築計画学研究室の教員・学生が担当した。

「居場所ハウス」の空間は大きくカフェスペース（土間）と和室にわかれており、カフェスペース（土間）にはキッチンが、和室には図書コーナー、テーブルやプリンターなどが置かれた事務コーナーがある。また、和室の外側には月見台がある（図5-6）。設計においては「多くの利用者が訪れ、かつ利用者が自ら積極的に活動」するために、①「古民家に月見台や大開口といった新しい要素を加えること」により中と外の領域の一体化を図ること、②「様々な活動に対応できるようワンルームで柱によりゆるやかにつながる空間としたうえで、テクスチャーなどの違いによりそれぞれの場所に明確な領域をもたせ」ること、③「民家の再利用という手法により、自分の家のような安心感から利用者が建築にしつらえを加えやすい」ようにすることの3点が考慮された（生越美咲ほか、2014）。

玄関に近いこと、靴を脱がなくてもよいこと、キッチンがあること、冬季には薪ストーブが置かれることなどの理由から来訪者の大半はカフェスペース（土間）で過ごす。和室は来訪者が多い時や、生花教室、歌声喫茶などのプログラムに使われている。

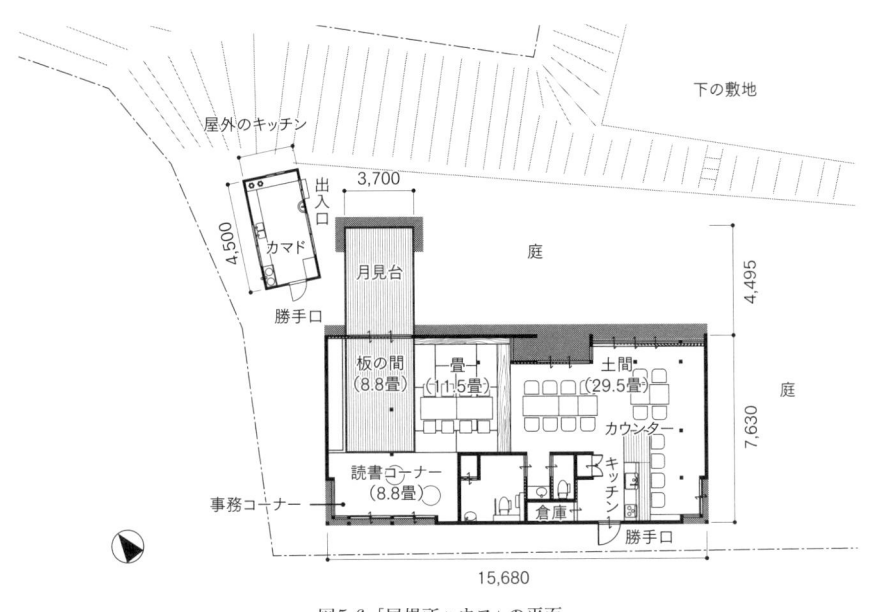

図5-6 「居場所ハウス」の平面

「居場所ハウス」の建物内のキッチンは、「利用者がサービスを受けるだけでな
く主体的に活動に関わることのできることをめざして、利用者がキッチンに入り
やすいと感じられる」ようにするために、「キッチンを土間に対し垂直に配置」さ
れている（生越美咲ほか、2014）。しかし、このような形式のキッチンでは食堂を
運営するための保健所の許可をとることはできない。キッチンカーでイベント
時に軽食が提供されていた時期もあるが、キッチンカーでは食堂を常時運営する
ための保健所の許可を得ることができなかった。そこで2015年1月末から屋外
にキッチンの建築が始められた。建設作業は、かつて建築関係の仕事をしていた
運営メンバーと、その同級生で現役の大工を中心に進められ、2015年5月から
キッチンを活用した食堂の運営が始められた（写真5-14）。昼食は建設したキッ
チンで調理し、「居場所ハウス」内に運んで食事をする。配達やテイクアウトに
も対応している。気候がよい時期には屋外にテーブルと椅子を出しており、屋外
でお茶を飲んだり、食事をしたりする人もいる。朝市や周年記念感謝祭、鯉のぼ
り祭りなどの大きなイベントは敷地内にテントを張り、屋内と屋外を一体的に利
用するかたちで開かれている。

　プロジェクトの敷地は、当初、大船渡市からの補助を受けることも視野に入れ
て末崎地区サポートセンターの建築予定地に併設する案が出されていた。末崎地
区サポートセンターは末崎中学校前に建築されることになったが、この敷地に
「居場所ハウス」を併設するには面積が不足していたため計画を変更。末崎地区
サポートセンターの敷地に併設しなければ大船渡市からの補助が出ないため、「ハ
ネウェル社」からの基金のみで建築されることとなった。「ハネウェル社」の担当
者も交えて候補となる敷地が検討された結果、災害公営住宅、防災集団移転によ

写真5-13 移築前の古民家

写真5-14 屋外へのキッチンの建設

る戸建住宅が建築される土地に近いことなどの理由で、現在の敷地が選ばれた。

運営費

「ハネウェル社」からの基金は古民家の移築・再生にかかる費用、オープン当初に必要な備品の購入、そして、オープン後何度かのメンテナンス費にあてられた。

オープン後の運営にかかる費用については、「ハネウェル社」からの補助は受けていない。主な収入はカフェ、食堂、朝市の売上げ、教室などのプログラムの参加費、会場使用料、椿の種の殻むきの受託、会員の年会費などである。しかし、これらの収入では人件費まで賄うことができないため、オープン以来、被災地支援などに関する補助金を受けている。収益の変遷をみると（図5-7）、最も収益が多かったのは2016年度であり、1,000万円を超えている。これは、補助金によるところが大きく、2016年度の収益に占める補助金の割合は約75％となっている。

ただし、総会や理事会では補助金に依存しない運営を確立する必要があると議論されてきた。そのための方法が食堂と朝市である。食堂と朝市は店舗や飲食店が周囲にない地域の状況を受けたものだが、運営費を獲得する目的もある。食堂の運営がスタートした2015年度からは事業収益の割合が徐々に増加し、2018年度は約3割となっている。近年でも収益に占める補助金の割合は大きく、補助

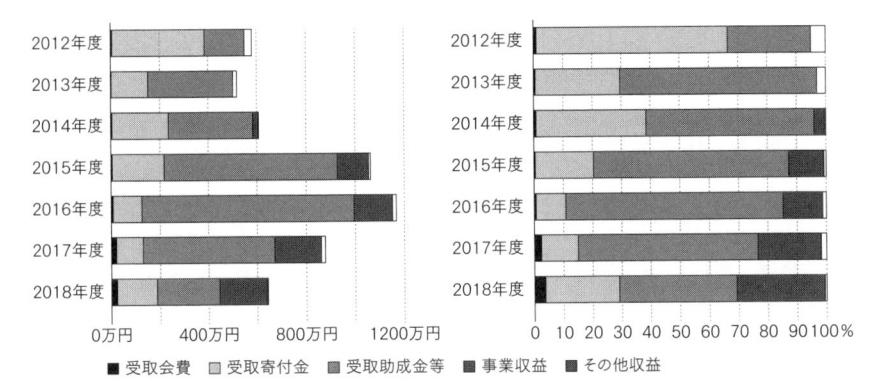

※NPO法人「居場所創造プロジェクト」の活動計算書をもとに作成（内閣府の「NPO法人ポータルサイト」に掲載）。項目はNPO法人の会計基準による。
※2012年度はNPO法人「居場所創造プロジェクト」が設立された2013年3月8日から2013年3月31日までの期間で、「居場所ハウス」オープン前である。

図5-7 「居場所ハウス」の収益の変遷（左：金額、右：割合）

金に依存しない運営が確立されたわけではないが、食堂の売上げ、椿の種の殻むきの受託など補助金以外の収益の割合が増加しつつある。

● 大切にされていること

気軽に立ち寄り好きなことができる「ふつう」の場所

公民館や集会所は、普段は鍵が閉まっており、会議や教室などの目的がある時にだけ利用する場所である。一方、「居場所ハウス」はカフェと食堂が運営の基本であり、自由に出入りでき、過ごし方が決められているわけではない。やって来た人はお茶を飲んだり、話をしたり、一人で本や雑誌を読んだりして過ごす（写真5-15）。季節の食材を使った干し柿作り、クルミの殻むきや、椿の種の殻むきが行われることもある。

先に述べた通り、建物の設計においては「様々な活動に対応できるようワンルームで柱によりゆるやかにつながる空間としたうえで、テクスチャーなどの違いによりそれぞれの場所に明確な領域をもたせ」（生越美咲ほか, 2014）ることが考えられた。オープン後、カフェスペース（土間）と和室の間の柱は撤去され、和室の板の間には畳が敷かれたが、カフェスペース（土間）にはテーブル席、カウンター席、キッチン、和室には畳スペース、図書コーナーといういくつかの領域は緩やかに残っている。約115㎡と広いこともあり、みなが同じことをして過ごすわけではない（写真5-16）。

室内全体を使って行われるプログラムはほとんどないため、プログラムが開かれている間にも人の出入りがあったり、プログラムが行われている周りで参加者以外の人が過ごしたりするなど、プログラムが行われる時間帯であってもみなが

写真5-15 一人で過ごす人

写真5-16 それぞれの領域ごとに過ごす人々

同じことをして過ごすわけではない (写真5-17)。

誰もが役割を担える場所

「Ibasho」が掲げる8理念において、最初の項目として掲げられているのが「高齢者が知恵と経験を活かすこと」である。「居場所ハウス」ではこれを実現するための明示的なルールがもうけられているわけではないが、自分にできる役割を担えるようにすることが意識されている。

仕事の経験をいかして花・植木の手入れ、大工仕事、パソコンを使ったチラシ作りや会計を担当する人、料理、農作業、薪ストーブのための薪割りを担当する人など、多くの人が運営に関わっている。郷土食作り、そば打ち、草履作り、着物の着付け、子どもを対象とする物づくりなどこれまでに開いてきた教室の講師はさまざまな特技をもつ地域の高齢者に依頼することが多い (写真5-18)。「居場所ハウス」は人々が自分にできる役割を持ち寄ることで成立しているのである。

ただし、自分にできる役割を担うことは、仕事の経験や特技をいかすという狭い意味に限定されるわけではない。昼食の時間帯、当番は屋外のキッチンで調理していることが多いため、食事を運んだり、食べ終えた食器を洗ったりする来訪者もいる (写真5-19)。ほかの来訪者にお茶を出したり、薪ストーブに薪をくべたりする来訪者もいる。自分でつくったお菓子や漬物、収穫した野菜や果物などのお裾分けをする人、薪にするための木をもって来る人もいる。自分には何もできないからと砂糖や小麦粉などをもって来る90代の女性もいた。クルミむき、椿の種の殻むきなどを担う高齢の女性は、こうした作業をすることについて、ただ座って人の顔ばかり眺めてるよりいいと話す [180330]。

写真5-17 料理教室の隣で囲碁をする人々

写真5-18 布草履の編み方を教える高齢の男性

多くの人々の関わりが生まれている背景には、当番と来訪者がサービスする側／される側という固定された関係になっていないことをあげることができる。当番は一方的にサービスを提供する店員ではない。当番と来訪者は時間があれば共にテーブルに座ってお茶を飲んだり、話をしたりしながら過ごす地域の住民同士なのである（写真5-20）。

● 生み出されたこと

「居場所ハウス」では生花教室、歌声喫茶、同級会などの教室や集まりが開かれたり、ひな祭り、鯉のぼり、七夕、盆踊り、クリスマスなどの季節の行事や飾りつけが行われたりしているが、ほとんどのプログラムはオープン時には計画されていなかった。コアメンバーで話し合ったり、来訪者からの提案を受けたりすることを通して、徐々に行われるようになったものである。

　カフェとしてオープンした運営を大きく変えたのが朝市と食堂である。「居場所ハウス」は末崎地区公民館「ふるさとセンター」、末崎保育園、末崎小学校、末崎中学校、JAおおふなと末崎支店など町内の主要施設が集まる場所にある（図5-8）[13]。周囲では高台移転が行われ、2014年5月には11戸の災害公営住宅、2016年5月には55戸の災害公営住宅「平南アパート」への入居が始まった（写真5-21）。防災集団移転による戸建住宅35戸への入居も完了した。高台移転により周囲の人口は増加したが、店舗や飲食店はほとんどない。こうした地域の状況と、財政的な基盤を確立するために始められたのが朝市と食堂である。

　末崎町はワカメ養殖発祥の地であり、ワカメをはじめとする豊かな海の幸がある。農業をしている人、料理や郷土食をつくるのが得意な人、手芸が得意な人も

写真5-19 食器を洗う高齢の女性

写真5-20 話をして過ごす当番と来訪者

いる。これらを扱うマーケットを開くことで地域に特産品を定着させ、地域内で
お金がまわる仕組みをつくっていく。こうした考えにもとづき2014年10月から
朝市が始められた。朝市は2014年12月までは月2回、その後は月1回開かれて
いる。朝市では末崎町内で農業や漁業などを営む人や末崎町外の業者の出店に
加えて、「居場所ハウス」も野菜や軽食などを販売している。

　朝市が始められる少し前の2014年8月末からは近くの休耕地を借りて農園と
し、野菜づくりが始められている。収穫した野菜は朝市で販売したり、食堂の食
材として用いられたりしている（写真5-22）。

　2019年6月からは毎月1回、大船渡市中心部のスーパーマーケットなどへの

図5-8 「居場所ハウス」周辺

買物送迎が始められた。近くにある末崎町デイサービスセンターから中型バスを借りて行われており[14]、2019年6月から2019年12月の7回の買物送迎には延べ73人、1回平均にすると10.4人（運転手・スタッフを含む）が参加している。

東日本大震災からの復興が進み、末崎町が被災地から被災地「後」へと移行する中で、「居場所ハウス」は次のような新たな役割も担うようになってきた。

末崎町に建設された仮設住宅には集会所・談話室がもうけられており、被災地支援の活動拠点や住民の集まりの場所になっていた。2018年3月末で末崎町の仮設住宅は全て閉鎖されたが、仮設住宅が閉鎖された後、「居場所ハウス」では、仮設住宅の集会所や談話室で行われていた活動が続けられたり、仮設住宅の元住民が集まったり、仮設住宅に支援に来ていた人がイベントを開いたりすることがある。先に紹介した「学びの部屋」もその一つである。山岸仮設の元住民による同窓会も定期的に開かれている。山岸仮設の元住民による同窓会は仮設住宅での暮らしを振り返ったり、支援者に感謝したりするために始められた集まりで、2016年7月10日に最初の集まりが開かれて以来、2020年2月17日までに8回開かれている（写真5-23）[15]。

2013年9月4日から毎週水曜の午前中、末崎地区サポートセンターが主催する「居場所健康クラブ」が行われていたが、末崎地区サポートセンターは2017年3月末で閉鎖された。その後、「居場所健康クラブ」は「居場所ハウス」が主催するプログラムとして継続されることになった。

このような役割を担うようになった背景として、「居場所ハウス」が仮設住宅のような期間限定の建物ではないこと、復興が終わった後の地域を見据えて高台移転の敷地近くに建設されたことをあげることができる。

写真5-21 災害公営住宅「平南アパート」

写真5-22 休耕地を活用した農園

大船渡市は太平洋岸における藪椿の北限の自生地で、今でも末崎町の旧家には椿の大木がみられる。椿は防風林となったほか、種を絞ってつくられる椿油は食用や整髪料として利用されてきた。近年、椿油は次第に使われなくなっていたが、大船渡市は地域の資源として改めて椿に注目し、椿をいかした産業の創出を進めている。それが椿油を使った化粧品の製造である。「居場所ハウス」は2017年度から搾油の下準備として椿の種の殻をむく作業を受託し、コアメンバーや来訪者が作業を行っている（写真5-24）。2019年度からは、大船渡市により椿の種の回収場所にも指定されている。

　オープン後につくりあげられてきたのは運営に関わるソフト面だけに限らない。先に紹介したキッチンの建設や農園だけではなく、さまざまなかたちで空間に手が加えられ、徐々に使いやすい場所とされてきた。

　「居場所ハウス」の空間は大きくカフェスペース（土間）と和室の2つにわかれている。設計においては、カフェスペース（土間）と和室を緩やかにつなげるために間に柱があり、また、和室を屋外の月見台と緩やかにつなぐため和室の一部が板敷きにすることが考慮された。しかし運営を続けているうちにカフェスペース（土間）と和室の間の柱はない方がよい、和室の畳と板敷きの間に段差があると危ないという意見が出てくるようになった。コアメンバーでの話し合いにより、カフェスペース（土間）と和室の間の柱が撤去され、板敷きの部分にも畳が敷かれることとなった。このほか、道路沿いの看板、本棚、裏の物置、ロフト部分への梯子、勝手口なども取り付けられてきた。屋外は必要に応じて手を加えていくようにしたいと考えられ、オープン時点ではあえて舗装されていなかった。そして運営が始まってから花壇や畑がつくられたり、案内板、法面の安全柵、駐車ス

写真5-23 山岸仮設の住民による同窓会

写真5-24 当番と来訪者による椿の種の殻むき

ペースなどが設置されたりしてきた。

このように「居場所ハウス」はオープン当初から大きく変化してきたが、次のような意味で地域にも影響を与えてきた。

「居場所ハウス」の運営には地域のさまざまな資源がいかされており、たとえば大工仕事、料理、パソコンなどが得意な人に声をかけ協力を依頼したり、店を営む人に朝市への出店を依頼したりすることもある。各種教室の講師は、さまざまな特技をもつ地域の高齢者に依頼している。

ただし、最初から資源だと認識されているものだけが運営にいかされるわけでない。仕事の経験をいかして大工仕事を担当する男性は、退職後にこのようなことをするとは思ってもいなかったと話す [131030]。農園は休耕地を活用しているが、「居場所ハウス」があるから休耕地が農園にできる土地という資源として認識されたのである。災害時の備えとして屋外のキッチン内に設置しているカマドは、地域の個人宅で一部が破損したまま数十年も放置されていたものを移設、修復したものである。このように、「居場所ハウス」には最初から資源だと認識されていなかったものを資源化してきたという側面もある。

● 外部に開かれた窓

末崎町では人口の減少が続いている。人口のピークは1985（昭和60）年の6,077人で、現在は約3分の2にまで減少している。人口減少は震災のはるか前から続いており、末崎町にとっての平成は、人口が減少し続けた時代であった（図5-9）。そして、今後も人口が減少していくことが予想されている[16]。

震災前、末崎町には18の公民館があった。ここでいう公民館とは、社会教育施設としての公民館とは異なる行政区の呼び方で、強いまとまりをもった地縁型の組織である。それぞれの行政区の中心となる建物も公民館と呼ばれており、公民館の建物は、行政区に所属する住民が費用を出し合って建設される（写真5-25）。

震災後、公民館とは別に、5か所の仮設住宅それぞれに自治会が設立された。仮設住宅の住民は震災前からの公民館と、仮設住宅の自治会の2つの地縁型の組織に同時に所属することになった。そして、仮設住宅からの退去時に、従来の公民館に高台移転する人は同じ公民館にそのまま所属し続けるが、別の公民館や末崎町外に高台移転する人もいる。このように震災後の末崎町は、地縁型の組織の

構成員が変化していった時期でもある。

　地縁型の組織自体も、震災の影響を受けている。2013年3月には震災で大きな被害を受けた泊里公民館が解散。2017年3月には世帯数の減少により細浦公民館と内田公民館が合併した。また、「居場所ハウス」の近くに建設された55戸の災害公営住宅「平南アパート」はどの公民館にも所属せず、災害公営住宅単独での自治会が設立された。「平南アパート」は平公民館内に立地するが、平公民館の世帯数がほかに比べて多くなり過ぎるなどの理由から、単独での自治会が立ちあげられることになったのである。

　震災後の末崎町では、地縁型の組織に揺らぎが生じていたのである。地域外からの働きかけをきっかけとする「居場所ハウス」がオープンしたこと[17]、筆者のような外部の人間が生活し始めることができたことの背景には、このような地域の状況がある。

　高台移転の完了に伴い地縁型の組織の構成員が大きく変化する状況も終わりを迎え、住民は16の公民館、1つの自治会のいずれか1つに所属することになった。地縁型の組織は、ある一定の範囲に住んでいる人々によって構成されるという土地に結びついたものである。そのため地縁型の組織は、たとえば、以前は同じ公民館だったが高台移転で別々の公民館にわかれてしまった人、同じ仮設住宅の自治会に所属していたが高台移転で別々の公民館にわかれてしまった人、末崎町外に移転した人などの土地を越えた関係を対象にはできない。

　ここに「居場所ハウス」が担える役割がある。いずれの公民館、自治会にも所

図5-9 大船渡市末崎町の人口の推移

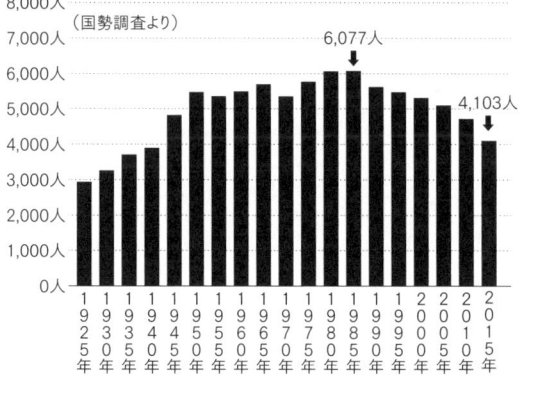

写真5-25 平公民館の建物

属していない「居場所ハウス」は地縁型の組織の枠組みを越えた人々の関係を築き、継続していくための拠点としての役割である。実際、先にみたように仮設住宅の元住民による同窓会が開かれたり、仮設住宅に支援に来ていた団体によりイベントが開かれたりしてきた。国内外から訪れる人々もいる。このように「居場所ハウス」は、地縁型の組織の外部に開かれた場所になっている。

　公共政策・科学哲学を専門とする広井良典 (2009) は「神社・お寺」、「学校」、「商店街」(あるいは市場)、「自然関係」、「福祉・医療関連施設」を例にあげ、「『外部』との接点 (あるいは外部に開かれた "窓") としての性格をもつ場所が『コミュニティの中心』としての役割を果たしてきたという事実」があることを指摘したうえで、「『コミュニティ』という存在は、その成立の起源から本来的に "外部" に対して『開いた』性格のもの」であり、「『外部とつながる』というベクトルの存在が、一見それ自体としては "静的で閉じた秩序" のように見える『コミュニティ』の存在を、相互補完的なかたちで支えているのではないだろうか」と指摘する。

　「居場所ハウス」は外部に開かれている。それゆえ、コミュニティを「相互補完的なかたちで支え」る場所になる可能性がある。

注
1　岩手県大船渡市「地区別の被害状況について」より。
2　「Ibasho」は設立以来、スリランカ、コートジボワール、ブータンで高齢者の住まいの計画・建設・改修のコンサルタントなどを行ってきた。清田さんによれば、高齢者の権利や地位の向上をめざす活動を行ううえで、従来の介護や高齢者に対するイメージを想起させない言葉として、アメリカでは外来語である「Ibasho」という言葉を団体名に採用したという。アメリカ、および、それまでにプロジェクトを行ってきた国々において「Ibasho」は外来語だが、日本でプロジェクトを行ったことで「Ibasho」は日本語の居場所と重なりをもって捉えられ、「居場所創造プロジェクト」、「居場所ハウス」という日本語表記が採用されることになった。なお、Ibashoは「居場所ハウス」のオープン後、2015年2月からは、2013年台風30号 (台風ヨランダ) の被災地であるフィリピンのオルモック市で、2016年8月からは、2015年ネパール大地震の被災地であるネパールのマタティルタ村でプロジェクトを始めている。シンガポールでは「Ibasho」プロジェクトを参考にして、政府の主導により「Kampung Cafe」(Kampungはマレー語で「村」「集落」の意味) というコミュニティカフェが開かれており (Sue-Ann Tan, 2017)、「Ibasho」という言葉は海外でも広まりつつある。フィリピン、ネパールにおける「Ibasho」プロジェクトは田中康裕 (2019a) を参照。
3　「オペレーションUSA」(Operation USA) はロサンゼルスに拠点をおく国際NGO。1979年の設立以来、100か国でプロジェクトを行っている。
4　基金はハネウェル社の社員の寄付金によるものである。「Ibasho」は金銭的な支援をする団体ではないため、「居場所ハウス」に限らず、フィリピン、ネパールのプロジェクトに対しても金銭的な支援は行っていない。
5　このほかに、オープンまでに次のような主体が末崎町外から関わっている。陸前高田市の小澤惣一・睦子氏夫妻：古民家の提供、北海道大学建築計画学研究室：基本設計、有限会社伊東組：施工。

6 3つ目の基準は、拠点を開くための浸水域でない土地がある、という意味である。

7 2012年12月7日のワークショップ後、ワークショップで出された特技をもとに「居場所ハウス」で実現可能なプログラム案が事務局を中心として作成された。運営時間をカバーするように時間帯が設定され、実施場所や対象者まで考えられた詳細な内容であったが、このプログラム案がオープン後の運営に直接結びつくことはなかった。この理由として、プログラム案が妥当かどうか、具体的にどのように実施していくかなどの議論がなされなかったことをあげることができる。また、住民が特技をいかすプログラムの寄せ集めでは、日常の場所としての「居場所ハウス」を成立させることできないという観点、言い換えれば、住民が特技をいかすための場所自体をどうやって成立させるかという観点が抜け落ちていたことをあげることができる。「居場所ハウス」オープンまでの経緯は田中康裕(2018)も参照。

8 岩手県は新型コロナウイルス感染症の感染者数が少ないこともあり(2020年7月29日に初めての感染者が報告された)、「居場所ハウス」は運営を休止することなく、大きなイベントやいくつかの教室を中止したり、昼食をテイクアウトに対応したりするなどの対策をとったうえで、運営が継続されている。

9 「Ibasho」による「オペレーションUSA」への提案書には「Cafe」(カフェ)という表記が用いられており、末崎町でのプロジェクトが始まった当初は「Ibashoカフェ」(居場所カフェ)という呼称が用いられていた。一方、「居場所創造プロジェクト」の名称は、事務局を担っていた「典人会」がNPO法人設立の補助金を受けるために内閣府「SEEDx地域未来塾」に申請した事業名である。2012年9月15日に開かれたNPO法人の設立総会では、定款案に「居場所創造プロジェクト」という法人名が記載されていた。設立総会の議論で、「居場所創造プロジェクト」という呼称はわかりにくいため、法人名とは別に建築する場所に愛称をつけた方がよいという意見が出された。愛称については最初、「居場所カフェ」が提案されたが、カフェはわかりにくいので「居場所ハウス」がよいという話になった。こうした経緯でNPO法人の名称が「居場所創造プロジェクト」とされ、建築する場所には「居場所ハウス」という愛称がつけられることとなった。設立総会では「居場所ハウス」よりふさわしい愛称が出てくれば変更する可能性があることにも言及されているが、その後、「居場所ハウス」という愛称は定着している。オープン後、住民は「居場所ハウス」を略して「居場所」と呼ぶことが多い。

10 サポートセンター(高齢者等サポート拠点)は「仮設住宅や近隣地域で暮らす高齢者・障害者・子ども等が安心して日常生活がおくれるよう」にするために、「総合相談支援、介護サービス・生活支援サービス提供、地域交流、健康支援(心の相談窓口)等の機能をもつもの」で、岩手・宮城・福島の被災3県に2014年時点で116か所が設置された(堀越栄子、2015)。大船渡市では、2012年6月15日に末崎町を含めて4か所のサポートセンターが設置された(『広報大船渡』No.985、2012年6月20日号より)。末崎地区サポートセンター(愛称「おたすけ」)は「典人会」が運営を受託している。当初、末崎地区サポートセンターは独立した建物をもたず、「典人会」が運営する末崎町デイサービスセンター内に設置されており、2013年4月2日から末崎中学校前での運営が始まった。その後、2017年3月末で末崎地区サポートセンターは閉鎖されている。

11 「コアメンバー」が本書でいうスタッフに相当する。なお、田中康裕(2016, 2017, 2019b)では運営に関わるスタッフを「コアメンバー」、「パート」、「おたすけ隊」の3つに分類したうえで、これらを総称して「運営メンバー」と呼んでいた。しかし、その後の運営を通して「コアメンバー」が「パート」になったり、「パート」が「コアメンバー」としてボランティアで当番を担当したり、「おたすけ隊」が「コアメンバー」や「パート」と一緒に当番を担当したりと、「コアメンバー」、「パート」、「おたすけ隊」の境界は以前に比べて曖昧になってきた。こうした変化をふまえ、本書ではスタッフを「運営メンバー」、「おたすけ隊」、「パート」に分類した上で、これらを総称して「コアメンバー」と呼んでいる。

12 事務局のうち1人は筆者である。

13 JAおおふなと末崎支店は2019年10月で閉店し、現在は毎週水曜の午後、移動店舗が巡回している。末崎中学校は大船渡中学校との統合の計画が進められている。このように、末崎町からは少しずつ施設がなくなりつつある。

14 バスの運転は「居場所ハウス」の運営メンバーが担当している。

15 仮設住宅は高台移転するまでの期間限定の建物だが、山岸仮設の元住民が同窓会を開き続けていることからは、仮設住宅での暮らしは「仮」ではなく、その後の暮らしに継承されていくものだということに気づかされる。

16 住民基本台帳人口によると、2020年6月30日現在の末崎町の人口は3,993人と初めて4,000人を下回った。国立社会保障・人口問題研究所「日本の地域別将来推計人口（平成30（2018）年推計）」によると、大船渡市の2045年の人口は、2015年の人口の約56％にまで減少し、2045年の高齢化率は約51％になるという。

17 末崎町には、「居場所ハウス」のように地域外からの提案で生まれた活動として「デジタル公民館まっさき」（2019年4月からは「デジタル公民館けせん」）がある。「デジタル公民館まっさき」は、被災地支援に訪れた人々の呼びかけで始められた活動である。2016年度までは東京の「霞ヶ関ナレッジスクエア」が事務局をつとめていたが、2017年度からは末崎町の住民が主体となってパソコン・スマートフォン相談会、竹とんぼや門松づくりなどを継続している。

第6章　実家の茶の間・紫竹

■ オープンの経緯

　「実家の茶の間・紫竹」は新潟市による最初の「地域包括ケア推進モデルハウス」(基幹型地域包括ケア推進モデルハウス) として、2014年10月18日に開かれた場所で (写真6-1, 2, 表6-1)、河田さんが代表をつとめる任意団体「実家の茶の間」と新潟市との協働事業として運営されている。

　新潟市の「地域包括ケア推進モデルハウス」とは「子どもからお年寄りまで、市民一人ひとりが住み慣れた地域で安心して暮らせるまちの実現をめざし、支え合いのしくみづくりを進めるための拠点」であり、その役割として「常設型地域の茶の間 (週2回以上開催)」、「多様な関係機関、団体とつながり協働を学ぶ場」、「生活支援コーディネーター (支え合いのしくみづくり推進員)、保健師等の定期的な来所の場」、「介護技術の習得などの一方、視察の受け入れなども行う日常的な研修の場」の4つがあげられている[1]。

　「実家の茶の間・紫竹」オープンのきっかけは、河田さんが、新潟市から「常設型地域の茶の間」である「うちの実家」の再現依頼を受けたことである。「うちの実家」とは、河田さんらが2003年4月から2013年3月まで新潟市東区粟山で開いていた場所である。河田さんは「うちの実家」について次のように話す。「『うちの実家』は10年で終わらせようと、途中で決めたんです。居心地をよくすることによってたくさんの人に来てもらって、そうすればきちんと運営できるんだということを皆さんに見てもらうための10年。『やっていて自分が嬉しい』というのを一番にしておくと、行政の代わりにやってあげているという気持ちになりません。……。でもそれは気持ちの問題なので後継者をつくるのは難しい…じゃあ代わりに、その手法を10年かけて見てもらおうと」(新潟県, 2015)。この「うちの実家」の方法論を「そのまま踏襲した」[160801] のが「実家の茶の間・紫竹」である。

河田さんらの新潟市における活動には、「うちの実家」を含めて約30年の蓄積がある。大阪から故郷の新潟に戻ってきた河田さんは、1991年から会員制の有償の助け合い活動「まごころヘルプ」[2]を立ちあげた。「まごころヘルプ」を取材したジャーナリストの横川和夫（2004）は、「まごころヘルプ」を「自分ができるときにヘルプ活動をしたい人と、その手助けを受けたい人が共に会員となって相互に支えあう、在宅介護の支援ネットワーク」と紹介し、その事務所の様子を次のように記している。「事務スペースとは反対側、部屋の右半分は、事務所を訪れる人たちに気楽に過ごしてもらうためのたまり場だ。机が大きな楕円形に並べられ、そのまわりにイスが置いてある。三々五々集まってくるお年寄りたちが話をしたり、刺し子や人形づくりなど手仕事に熱中したりして過ごす場でもある」。

　「まごころヘルプ」の事務所には自然に人が立ち寄るようになり、そこでは「お茶を飲んでるうちに、障害がある人や、身体の不自由な人や、手助け必要な人に自然に手を貸していく」[160801] ように「自然に居場所になった」[160801]。

　このような場所を意図的につくったのが、河田さんらが1997年7月に始めた「地域の茶の間・山二ツ」[3]で、新潟市中央区の自治会館である山二ツ会館で毎月第3日曜日に開かれていた。地域の茶の間には「社会性のある茶の間」という意味がこめられており、「人と人とが知り合いになる場」、「人と人とが知り合うことでお互いの不自由を知り、自然に手を貸し合うようになる場」、「一方的に手助けを受けるのではなく、お互いさまの場」の3つの目的がある（河田珪子, 2016）。

　月に1度だけ開かれていた「地域の茶の間・山二ツ」を常設の場所として開いたのが、先に触れた「うちの実家」である。河田さんは「うちの実家」を始めた経

写真6-1 空き家を活用した場所

写真6-2 日常の茶の間の様子

緯を次のように振り返っている。「『地域の茶の間山二ツ』が6年目に入ったある日、参加していたお年寄りの方たちが、『このまま帰らないで泊まりたいね。』と話すのを耳にしました。『なぜ？』とお聞きしたら、『だってもう実家もないし…。』『一人で帰れないし、行っても親も、もういないし…。』しばらく実家談義で盛り上がりました。『じゃ～実家をみんなでつくろうか？』と手分けして、空き家探しを始めました。おかげで、まもなく理想どおりの家と、家主さんにめぐり合いました。みんなで大掃除をし、町内会に入らせていただき回覧板でお知らせしていただきました」（常設型地域の茶の間「うちの実家」, 2013）。

「実家の茶の間・紫竹」は、直接的には「うちの実家」の再現依頼を受けたことがきっかけで開かれたが、ここでみてきたように河田さんらの約30年の活動の蓄積の上に開かれた場所なのである（表6-2）。

表6-1 「うちの実家」「実家の茶の間・紫竹」の基本情報

		うちの実家	実家の茶の間・紫竹
オープン		2003年4月	2014年10月18日
住所		新潟市東区粟山	新潟市東区紫竹
運営日時	運営日時	火曜、金曜、第1・2土曜	月曜・水曜
	運営時間	10時～15時　宿泊は18～翌9時	10時～16時
参加費	参加費	参加費300円（お茶などの飲物は無料で提供）	参加費300円（お茶などの飲物は無料で提供）
	食事代	300円	300円
	宿泊費	1泊2,000円（食事代除く）	×（宿泊は行われていない）
主なプログラム		夜の茶の間：第2金曜の夜 バイタルサインチェック・介護相談（石山地区保健センター）	保健師・看護師による健康相談コーナー：第3月曜 作業療法士による日頃の生活の困りごとなどに関する相談コーナー：第2水曜日 開設お祝い会：毎年10月
運営主体		うちの実家運営委員会（任意団体）	実家の茶の間（任意団体）と新潟市の協働運営
運営体制		当番1名（有給）	「居場所担当」の2名、「食事担当」の2名の計4名（ボランティアで交通費を支給）
建物	建物	平屋の木造住宅	築約50年の木造2階建ての住戸を改修
	面積		約290㎡
備考		・オープン当初は月曜、火曜、木曜、金曜、第1・2土曜、第3日曜に運営されていた ・バザーを開催 ・粟山以外の人は年会費2,000円 ・2013年3月31日に活動終了	・バザーを開催 ・紫竹以外の住民は年会費2,000円 ・茶の間が開かれている月・水以外も、「助け合い『お互いさま・新潟』」の事務所が開かれたり、老人クラブなどの団体によって利用されたりしている

※「うちの実家」の基本情報は、常設型地域の茶の間「うちの実家」（2013）、内閣府（2012）、および、「触れ合い 楽しく多様に」・『新潟日報』2012年9月8日号などを参考にした。

● 運営

運営の概要

「実家の茶の間・紫竹」では毎週月・水曜の週2回、10時から16時まで茶の間が開かれている。参加費は300円で、昼食を食べる人は食事代の300円を別に支払う。子どもは参加費、食事代とも無料である。12時頃から13時頃までは昼食の時間である[4]。昼食のメニューは「たくさんの食材を召し上がっていただくために、具だくさんのお味噌汁を中心とする」もので「当番の負担にならないように定番メニュー」と決められている (河田珪子, 2016)。

茶の間が開かれている月・水曜以外も、老人クラブなどの団体によって利用されたり、有償の助け合い活動である「助け合い『お互いさま・新潟』」の事務所が開かれたりしている。

表6-2 河田珪子さんらの活動の歩み

年	月	日
1991		会員制の有償の助け合い活動「まごころヘルプ」を開始
1995		安否確認と毎日の夕食を届けるために、業者、下越婦人会館、郵便局等を拠点に、退職後の男性100人を中心とする「まごころ夕食」を開始
1997	7	個人として自治会や老人クラブと一緒に「地域の茶の間・山二ツ」を開始。その後、福祉公社まごころヘルプの自主事業として貯金事務センター、万代シティバスセンターでも開催
2000		ネットワークづくりを目的として「ごちゃまぜネット」を開始
2003	4	東区栗山で空き家を活用した常設型地域の茶の間「うちの実家」を開始
2007		異業種交流「夜の茶の間のネットワーク」を開始
2008		公民館での研修受講者と地縁づくりを目的に「ご近所談義」を開始
2013	3	『常設型地域の茶の間　うちの実家　10年の記憶　2003-2013』(常設型地域の茶の間「うちの実家」, 2013年) を刊行
2013	3	常設型地域の茶の間「うちの実家」の活動を終了
2014	7	新潟市が、河田珪子さんに支え合いのしくみづくりアドバイザーへの就任を依頼
2014	10	新潟市から「うちの実家」の再現依頼を受け、新潟市との協働事業として地域包括ケア推進モデルハウス「実家の茶の間・紫竹」を開始
2015	5	新潟市が「さわやか福祉財団」と包括連携協定を締結
2015	10	「実家の茶の間・紫竹」開設1周年お祝い会
2015	11	新潟市が戦略会議を設置
2016	5	河田珪子『河田方式「地域の茶の間」ガイドブック』(博進堂, 2016年) を刊行
2016	6	任意団体「実家の茶の間」と新潟市との協働により、地域の茶の間づくりの短期集中講座としての「茶の間の学校」が開校 (毎週金曜の6回講座)
2019	10	「実家の茶の間・紫竹」開設5周年お祝い会

※河田珪子 (2016)、清水義晴 (2016)、横川和夫 (2004)、新潟市『住民と行政が協働でつくる助け合いの地域』などをもとに作成。

プログラム

「実家の茶の間・紫竹」では人々が参加するような決まったプログラムは行われておらず、人々はお茶を飲みながら話をしたり、オセロで対戦したり、書道をしたり、絵を描いたりとさまざまなことをして過ごす（写真6-3）。子どもたちは遊んだり、宿題をしたりして過ごす（写真6-4, 5）。

毎月第3月曜日には保健師・看護師による健康相談コーナー、毎月第2水曜日には作業療法士による日頃の生活の困りごとなどに関する相談コーナーが開かれている[5]

来訪者

「実家の茶の間・紫竹」では対象者が限定されていないが、これは「まごころヘルプ」の頃から変わらない河田さんらの活動のあり方である。対象者を限定しないことの意味を河田さんは次のように話す。「最初から赤ちゃんもお年寄りも外国の人も、障害の人も来て当たり前の場所づくりをしてきたわけね、〔まごころヘルプの〕事務所のときから。それが良かったと思う。環境がもう最初から違うから競わないじゃない。緩やかな、いい場所になるには、色んな人が居るから」[160801]。

開設のお祝い会の資料によれば、1年目（2014年10月〜2015年9月）の延べ参加者数は4,455人、1回あたりの平均参加者数は36.0人、2年目（2015年10月〜2016年9月）の延べ参加者数は5,662人、1回あたりの平均参加者数は42.3人、3年目（2016年10月〜2017年9月）の延べ参加者数は6,016人、1回あたりの平均参加者数は46.3人と参加者数は徐々に増加している。参加者のうち、紫竹の住民の1回あたりの平均参加者数は1年目13.9人、2年目18.1人、3年目19.4人というように、参加者の約4割が紫竹の住民である。また、延べ参加者数に対する子どもの割合も1年目6.7％、2年目9.3％、3年目11.5％と徐々に増加している[6]。

運営体制

「実家の茶の間・紫竹」は任意団体「実家の茶の間」と新潟市との協働事業として運営されている。委託事業でなく協働事業であるのは、新潟市の職員に日常的に出入りしてもらい、「とても掴みどころのない」地域包括ケアシステムについて

何かを感じとってもらうためである。協働事業であることの意味を河田さんは次のように話す。「委託だとなかなか来にくいじゃないですか。監査とかそういうときじゃないと、行政って来にくいですよね、何かやってる現場ってね。でも、協働という捉え方をした時に、もっと来やすくなるんじゃないかって。……。もっともっと普通のときに、普通の場面に、あるがままのところに来やすくして、そこから何かを感じとって。特に包括ケアシステムっていうのは、本当に住民主体っていう言葉、みんな頭では言うけど、それって本当はとても掴みどころのない話でね。それを掴みどころがないけれども、感じ取ってもらえるといいなと思って、そういうやり方でやっていって」[160801]。

　河田さんによれば、行政と住民との協働とは「平等性、公平性、確実性、安定性、信頼性、継続性」を重視する立場の行政と、「自発性、即応性、先駆性、社会性、信頼性」を重視する立場の住民とが「拠って立つ場の違いをお互いに理解しあって大切に」し「目的を共有する」ことで成立する。このことに関して河田さんは、「必要に迫られ、何とかしたいと、始めた活動が普遍化し、制度になる」(河田珪子,

写真6-3 思い思いに過ごす人々

写真6-4 子どもたちもやって来る

写真6-5 室内で遊ぶ子どもたち
　　　　（写真右手前は販売されている野菜）

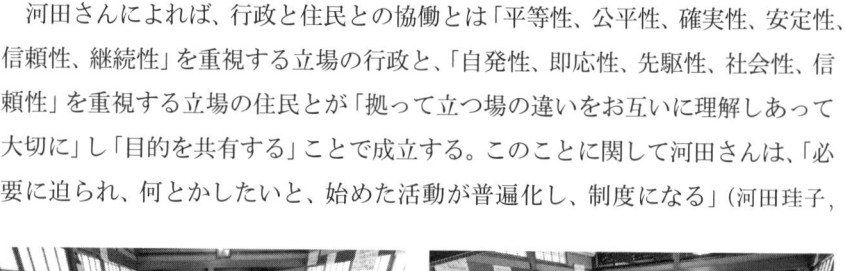

写真6-6 当番は貼り出して募集されている

2016) とも記している。

「実家の茶の間・紫竹」のモデルとされた「うちの実家」では法人格を取得することが考えられていた。しかし、法人格取得の手続き直前に7・13水害（2004年）が発生し、避難所にいた介護が必要な5人を9日間にわたって「うちの実家」で預かる出来事があった。この出来事を経験し、「何事にも心が動いたら、即、行動出来る日頃のネットワーク体制こそ大事だとわかり、法人格はとらないことに決めました」（常設型地域の茶の間「うちの実家」, 2013）と考えられた。

河田さんは地域の茶の間を長く続ける秘訣を次のように話す。「いま手を貸してほしいと言っている人を見逃さない、知らないふりをしないということだと思います。立ち上げるときから、まず組織をつくって、仕組みをつくって……と考えるから大変になる。たったひとりの小さなニーズに対して、週一度なら手助けできるという人が数人集まれば始められる。でも、ひとりで抱えこむと続かない。三人、五人と集まったとき、だれもが同じ方法、同じルールでやれるようにする。いずれにしても、仕組みや組織ありきではなくて、ひとりの困っている人を見逃さないということです」（横川和夫, 2004）。河田さんは「いつもね、いらっしゃる方たちの様子、いらっしゃる方たちの満足、いらっしゃる方たちのニーズから吸いあげていくだけですよね」[160801] とも話しており、「ひとりの困っている人を見逃さない」ことは、「実家の茶の間・紫竹」にも大切に継承されている。

日々の運営は河田さん、「まごころヘルプ」、「地域の茶の間・山二ツ」、「うちの実家」などの活動を共にしてきた人々、そして、紫竹の住民が一緒になって担っている。ただし、いずれは紫竹の住民が運営の中心になることが期待されており、そのための体制を築くことが模索されている。

1日の当番は「居場所担当」の2人と「食事担当」の2人、あわせて4人が担当している。「居場所担当」の当番は茶の間で来訪者と話をしたり、茶の間に目を配ったりすることが、「食事担当」の当番は厨房での昼食の準備・片付けを行うことが主な役割であり、午前と午後で「居場所担当」と「食事担当」の当番は交代する。当番は毎年、誰でも応募できるように貼り出して募集されており、手挙げ方式で自発的に申し出た人から、事務局がローテーションを組んで担当日が決められている（写真6-6）。当番とは別に河田さん、事務局のスタッフは運営日には可能な限り顔を出している。

「実家の茶の間・紫竹」にはサポーターの肩書きの名刺をもつ男性が数名いる。サポーターには、当番のように明確な役割が決められていないが、茶の間に目を配ったり、来訪者と話をしたり、視察や研修に来た人への対応をしたり、掲示物を整理したり、夕方の後片付けをしたりして運営を支える存在である（写真6-7）。

空間

「実家の茶の間・紫竹」の建物は築約50年の木造2階の一戸建て住宅を改修したものである（図6-1）。オープン時には、河田さんらと共に紫竹の住民らもボランティアで掃除を行った。新潟市からの開設準備費を使って掃除機、炊飯器、ポットなどの電化製品と、襖紙、障子紙などが購入されたが、このほかの家具や食器は全て寄付されたものである。「このテーブルとか、こういう物も全部いただきものなんですね。スプーン1本、全部、全て買わないっていうね。それ自体が参加なんです。……。ここに関わりの力をもらうためにお金を使わないんですよね。一人ひとりの物をもらう」[160801]。河田さんはこのように、物を提供すること自体が参加であると話す。

「実家の茶の間・紫竹」の空間は広いが、来訪者のほとんどは10畳、10畳、7.5畳、4.5畳の和室がつながった部屋（茶の間）で過ごす。2階の部屋は会議などに利用されている。厨房、事務コーナーは当番だけが立ち入るようにされており、事務コーナーのテーブルには、当番以外は触らないで下さいという貼り紙がなされている。常設のバザーが開かれている部屋もあり、寄付された衣類、食器などが全て100円で販売されている（写真6-8）。

河田さんによれば、地域の茶の間は公民館、自治会館、自宅など、どのような

写真6-7 後片付けをするサポーターの男性ら

写真6-8 常設のバザーが開かれている部屋

建物でも開くことができるが、空き家が一番適しているという。「一番いいのはやっぱり空き家だと思ってます。どうしてかって言うと、荷物置きっ放しにできるじゃないですか。自分たちのカラーが出てきますよね。……。これ公民館とか自治会館だと、次借りる人のためにそこ置いとくわけいかないでしょ。だから、荷物置きっ放しできないから、限られた荷物の中でやっていこうとなりますよね」[160801]。その場所に物が蓄積されていくことで「自分たちのカラー」が出てくるのである。

運営費

　先に述べたように「実家の茶の間・紫竹」は、任意団体「実家の茶の間」と新潟市との協働事業として運営されている。新潟市は開設の準備費用、毎月の家賃、光熱水費を、任意団体「実家の茶の間」は日々の運営費を負担するというように両者が負担する費用が明確にわけられている。

　300円の参加費はお茶、コーヒー、茶菓子、紙コップ、ティッシュペーパー、トイレットペーパーなどの購入にあてられたり、町内会費、ボランティア保険、当

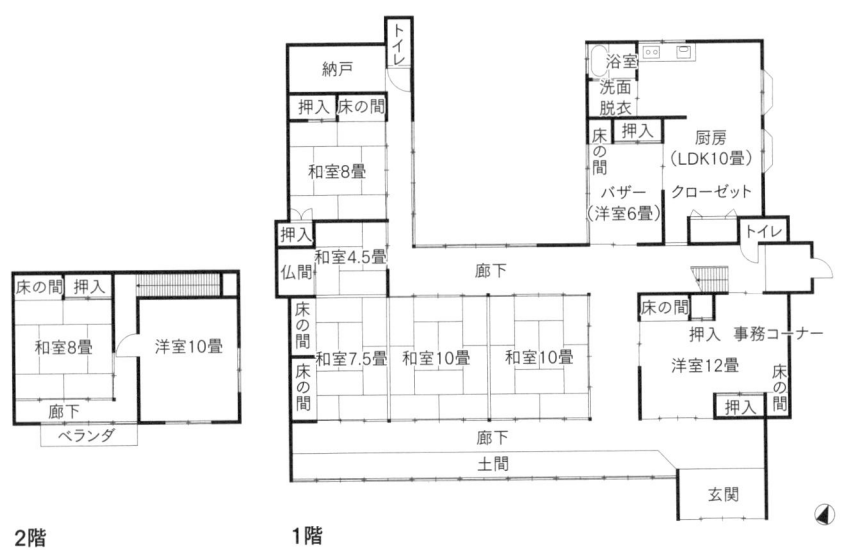

図6-1 「実家の茶の間・紫竹」の平面

番の交通費などにあてられたりしているが、このことを来訪者も含めた全員に共有しておくために、茶の間に参加費の使い方が掲示されている（写真6-9）。賛助会員（夢買人）の年会費2,000円は駐車場を借りる費用にあてられている（写真6-10）。

　運営を成立させることについて、河田さんは次のように考えている。「参加される人が少なければ、参加費の300円が主要な運営費である『うちの実家』は、成り立ちません。……。いつも楽な運営ではないですが、やっぱり原点は居心地が良くて、役割もあり、気遣いもなくいられて、適切な距離感があり、刺激もあり、また行きたいと思うところかどうかを、常に点検することではないでしょうか」（常設型地域の茶の間「うちの実家」, 2013）。「みんなが『ここへ来てよかったね』、『ここがあってよかったね』って思っていてくださるっていうことをいつも、いつも確かめながらやってるだけなんですよね。それ以上でも以下でもない」[160801]。運営を成立させるためには、参加費300円による収入が必要になる。そのためには、多くの人に「ここへ来てよかったね」、「ここがあってよかったね」と思ってもらう必要があり、「それ以上でも以下でもない」。河田さんが考える運営を成立させるコツは非常に明快である。

● 大切にされていること

究極の居心地の場

　「お年寄りが生きてきた生活の歴史とか、みんな違うじゃないですか。得意なことも、環境も。だから画一的なことをすればするほど、サークルになっていくんですね。それが好きな人しか集まらない。何もしなければ、誰でも来られるわ

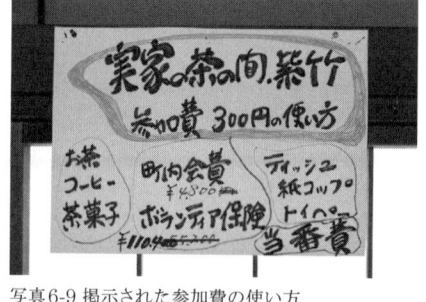
写真6-9 掲示された参加費の使い方

写真6-10 「実家の茶の間・紫竹」前の駐車場

けでしょ」[160801]。このような考えからプログラムは行われておらず、囲碁、将棋、麻雀、オセロ、本、縫い物、折り紙、習字、絵の具など希望された物は何でも揃えられている。「ここね、ない物はないんですよ。麻雀も囲碁も将棋もミシンもアイロンもね、織機から2台もあるでしょ。ない物はないんですよ、一つもないんです。オセロから何から全部あるから。やりたいか、やりたくないかは、決めるのは自分なんですね」[160801]。河田さんはデイサービスとの違いに触れながら、地域の茶の間を次のようにも紹介している。「デイサービスは送迎、日常動作訓練、食事、入浴といったきまった内容とスケジュールです。ここ〔地域の茶の間〕ではメニューをつくったりせず、お話したい人が集まればおしゃべりをし、囲碁やマージャンを楽しみたい人は、それをする。寝たい人は横になる、何もしたくない人はしなくてもいい、といったぐあいに、自由な場にしたいと考えたんです」(横川和夫, 2004)。

　プログラムを提供しないと決めた理由を、河田さんは次のように振り返る。「地域の茶の間・山二ツ」の初日、河田さんは事前に用意していた「『北国の春』の歌に合わせた、身体中を無理なく動かせる体操」をしようとみなに声をかけたという。みな楽しそうに身体を動かし、自分も大満足だったが、体操が終わった後の部屋の様子を見て、プログラムを提供しないことを決めたのである。「ところが、部屋に戻ったとき、そこで目にしたものは・・・。冷めてしまった飲みかけのお茶、途中になった囲碁、オセロ。縫い物、折角のお話も中断。認知症のご主人の介護で昨夜一睡も出来なかったという方は、タオルケットをたたんで起きて来てくださっていました。みんなそれぞれに、自分が求めていた"場"をつくり始めていたのです。私はそれを中断してしまったことに、そのときはじめて気がつきました。その日、決まったプログラムは要らない。『さあ皆さん!!』と呼びかけることもしないと決めました」(横川和夫, 2004)。

　プログラムが提供されていないため、人々は来たい時に来て、思い思いに過ごすことができる。しかし、居心地が悪ければ二度と来てもらうことができなくなる。「ここへ来てよかったね」、「ここがあってよかったね」と思ってもらえる場所を実現するために数多くの配慮がなされている。

　茶の間に入るまでに生じる心理的なバリアを取り除くことも、そのための配慮である。入りやすい場所とするため、雨の日でも、風の日でも玄関の扉は開け放

されている (写真6-11)。玄関を入った人は、正面の台に置かれたノートに名前を記入し、参加費と食事代を箱に入れる。受付の人がいるわけでないので、自分自身で参加費、食事代を箱に入れ、お釣りも箱から自分で取る (写真6-12)。「誰も見てなくても、お釣りも自分で取るってことは、……、『お釣りを余分に取ったと思われないかな』とか『お金を入れたっていうの誰も証明してくれないのかな』とかって思うことで、まずバリアになるのはそこなんですよ。でもそれが普通になった時、『ここは私を信じてくれる場所』に変わっていきます」[160801]。

　多くの人々が過ごす茶の間の戸を開けることが最も大きな心理的なバリアになる (写真6-13)。「笑い声とか話し声とか、外に漏れ漏れですね。楽しげですね。そのとき、戸を開けた時、みんなが『何、あの人何しに来たの？』、『誰、あの人？』とかって怪訝な目がぱっと向いたら、それだけで入れなくなったりする。だから、来てくださった方にどこに座ってもらうかまで考えてる。初めて来た人は、できるだけ外回りに座ってもらおう。そうすると、あんなことも、こんなこともしてる姿が見えてきますね。すると、色んな人がいていいんだっていうメッセージが、もうそこへ飛んでいってるわけですね。そっから始まっていくんです」[160801]、「場の利用者は赤ちゃんも居てもいいし、子育て中のママも、それから障害のある人もない人も、外国の人も来ますし、それはもう誰でも、自分が場の利用者として。今度、迎える側は全ての人が、その人が居てもいいよというメッセージを出していくという。表情とか振る舞いで。みんな、どの人が来ても『よう来たね、ここにゆっくりしてね、居てもいいんですよ、好きなように過ごしてね』っていうメッセージを、みんなして出していく。それ以上でも以下でもない」[160801]。テーブル配置については、「戸を開けたとき、視線が集中しない配置にする」こと、「会議風のロの字はさけて、5〜6人単位で座れる様に散らばる配慮をする」こと、固定席にならないように「テーブルの配置を常に変える」こと、「体の不自由な人がどこでも座れる」ように各テーブルに椅子を置いて「体の不自由な人や手助けが必要な人のみのテーブルをつくらない」ことが配慮されている (河田珪子, 2016)[7]。

　茶の間のよく見える位置には「その場にいない人の話はしない (ほめる事も含めて)」、「プライバシーを訊き出さない」、「どなたが来られても『あの人だれ!!』という目をしない」という約束事が書かれた紙が掲示されている (写真6-14, 15)[8]。

　訪れた人は名前を書いた紙コップを1日使う。これは相手の名前を覚えたり、

感染症を予防したりするためであり、同時に、「食器を洗わせて申し訳ない」という気持ちを抱かせないようにするためでもある。食事はご飯、汁物を除いて大皿から各自が取り分けることになっているが、当番、サポーターを含めて、誰もがほかの人の食事を勝手に取り分けることはない（写真6-16）。自分で食べたい分を、自分で取るように決められている。「今日だって油揚げは何枚食べたいか、お麩を何個欲しいかなんて本人が決めることでしょ。それを良かれと思って取ってあげると、『自分は手助け受けてるから、言っちゃいけない』につながっていくんですね。それがだんだん『されるままに大人しくなってれば、あそこに居られる』に変わっていって、『あれがいくつ欲しい、これはいらない』っていう意思表示ができない場をつくっていくと、一人ひとりの表情がどんどん受け身態の表情に変わってくるんですね」[160801]。

　食べるのが遅い人でも気兼ねなくゆっくり食事できるよう、最後の一人がお箸をおくまで食器を片付け始めないこと。仲良しクラブにしないために「こっち、こっち」と手招きして仲間同士で固まったり、仲間同士で電話で待ち合わせをし

写真6-11 玄関

写真6-12 名前を記帳するノートと参加費を入れる箱

写真6-13 茶の間の扉

写真6-14 茶の間には約束事などが掲示

て集まったりしないようにすることも決められている。

当番については「目配り、気配り、気遣いが当番全員の最も大切な役割」であるとされ、「当番は、その日一番手助けが必要な人や、心寄り添ってほしいと思っている人の傍にいるようにする」、「当番は、まず自分が〔一人っきりの方の〕隣へ行き、話の内容から誰とつなぐか考えて頃合いを見てつなぐ」（河田珪子, 2016）というように明確な役割がある。河田さんは当番について、「当番さんたちに大事なことは、〔一人を〕味わってる人なのか、誰も話をしてくれる相手もいなくて、溶け込めなくて孤独でいるのかの見極めができないといけない」[160801] と話し、自身の振る舞いについても次のように話す。「一人ぼっちでぽつんとしてね、所在なく居るかどうか。あるいは、一人ぼっちを楽しんでるかどうかっていうのをまず見てますね。いつもそれは見てます。それから、先ほどのようにお手洗い行きたい時に、あれだけ重度になると、誰に声かけていいかわかんないですよね。だから声かけやすい顔をしてること。どんなに忙しいように見えても、声かけてもらえる顔してること。それは気をつけてるかな」[160801]。

当番は台所以外ではエプロンをしないという決まりもある。「『地域の茶の間』では、エプロンを身に付けて座ってお茶を飲んでおしゃべりしていると、なんだかサボっているような落ち着かない気分になり、仕事を探し始めます。また不思議なことに、エプロンをしている人達は、入り口近くに固まります。空茶わんがあると、すぐ下げて洗って‥‥。動けない参加者からは『すみませんね。』『わるいですね。』『おさわがせしますね。』恐縮する言葉が聞こえてきます。『こんなにさわがせるなら、迷惑かけないように、うちにいよう‥‥。』なんて気分に誰もなっ

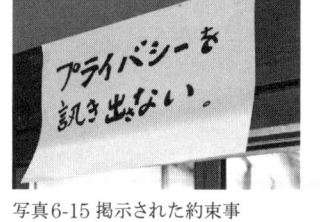

写真6-15 掲示された約束事

写真6-16 昼食の様子

てほしくない。それがエプロンは台所の中だけという理由です。意識しないうちにお世話する人、される人の構図が出来上がっていくのだと思いました」（常設型地域の茶の間「うちの実家」, 2013）。河田さんは「エプロンしてる人が固まっていった時から、もう実は衰退始まってると思った方がいいですね。人が来なくなります」［160801］と指摘する。

　来訪者への対応については、河田さんは自身の姿を見て学んでもらいたいと考えている。「トイレに行きたいとか、そのニーズに対して断ることがないというね。今私がやり、それを見ていた誰かが『前回はこういうやり方してたよね』って伝承されていくっていうかね。……。教えるというよりも、見て学んで役に立ちたい思いを表現していくっていうかな。それがうちの特徴なのかもわかんないですね」［160801］。

　「ここへ来てよかったね」、「ここがあってよかったね」と思ってもらえる場所を実現するためには、このように多くの配慮がなされている。いずれも「まごころヘルプ」、「地域の茶の間・山二ツ」、「うちの実家」を始め、河田さんらの30年にわたる活動において、「場から学び、人から学び続けた」結果としてつくりあげられた「居心地のいい場づくりのための作法」（河田珪子, 2016）である。河田さんは次のようにも記している。

　「『うちの実家』でも、百人百様、みんなが折り合える居場所はどんなところなのか迷いながらも、結局、そこに身を置き、今繰り広げられている事象や“場から学ぶ”、先ずはやってみる、そして駄目なら戻ればいい…。根底には一人ひとりが居心地よく思える場をつくりたいと願って、運営し続けてきました。『うちの実家』の決まりごと、その一つひとつには、場から学び、人から学び続けた深い目的と理由、背景があります。」（常設型地域の茶の間「うちの実家」, 2013）

　「実家の茶の間・紫竹」がめざしていることを河田さんは、「大勢の中で、何もしなくても、一人でいても孤独感を味わうことがない“場”（究極の居心地の場）」（河田珪子, 2016）と表現する。大勢の中にいても、集団の中に埋没することなく、一人ひとりとして大切にされる場所、つまり、尊厳が大切にされる場所にすることがめざされているのである（発言6-1）。

　来訪者だけでなく当番やサポーターという運営に関わる人々の尊厳も同じように大切にされている。当番やサポーターは、同じ地域の住民である来訪者に約

束事を伝えなければならないことがあるが、同じ地域の住民の振る舞いを言葉で注意することで地域内の人間関係をギクシャクさせてしまいかねない。茶の間に約束事を掲示することには、これを避ける意味もある。言葉で注意するのではなく、約束事が書かれた紙を指差せば「役割として指を差しいてる」と受けとめてもらえるからである。「その人にとっては大切なね、ずっと死ぬまで生きていく場所でしょ。そうすると、ここの場を良くするために言った言葉でも『偉そうに』っていう話になるので、それで指差しにしたんですね。そうすれば、自分がそう思ってる、思ってないじゃなく、役割として指を差しているというふうに。みんなも『あんたも大変だね』って言ってもらえるわけですね」[160801]。

　個人として伝えるのではなく、サポーターや当番の役割として伝えていることにしておく。これによって、注意しようとする人自身を守ろうとする配慮がなされているのである。

サービスの利用者ではなく場の利用者

　「実家の茶の間・紫竹」では来訪者の人数にかかわらず、1日の当番は「居場所担当」の2人と「食事担当」の2人の合わせて4人と決められている。これは、当番だけが役割を担うのではなく「みんなが、出来ることで動く、手を貸し合う」（河田珪子, 2016）ようにするためである。

　当番やサポーター以外にも、大工仕事や除雪をする人、野菜を届ける近くの農家の人、家で使わなくなったものをバザーに寄付する人など多くの人々の協力が

■「奥様が亡くなられて一人になった方が、『うちの実家』か『山二ツ』〔地域の茶の間・山二ツ〕かどっちかに来られた時にね、こうやってみんな話してる時にただこうやってる〔テーブルにうつぶせになってる〕んですよ。こうやってる姿見た時ね、普通であれば一人で孤独な姿と思うでしょ。傍に行って、聞いたんですね。『お身体、具合悪いですか？』って傍にそっと座って聞いたんですね。『いやぁ、この賑やかなのを自分は楽しんでるんだ』って。子どもの頃、こんなだったって、自分の家が。いっぱい親戚とか集まってね、賑やかで、こんなだったって。『だから今みんなの人の話し声とか、それを味わってるんだ』って男性の方おっしゃったの。あぁ、それもありだなと思うね。ただ、そうすると当番さんたちがやっぱり大事なことは、味わってる人なのか、誰も話をしてくれる相手もいなくて、溶け込めなくて孤独でいるのかの見極めができないといけない」[160801]

発言6-1 来訪者のエピソード

ある。厨房から部屋まで食事を運ぶのも「食事担当」の当番だけが担当するわけではない[9]。そして、協力してもらうために「頼み上手になる（頼むことの効用を知る）」（常設型地域の茶の間「うちの実家」, 2013）ことも大切にされている。

　このことを河田さんは「サービスの利用者は1人もいない。いるのは『実家の茶の間』っていう場の利用者だけ。場は自分たちが、自分たちでつくる」[160801] と表現している[10]。そして、自身についても、「楽しんでやらないとダメ。自分がね、義務でやってたら、ここなんて明日でもなくなるかもわからない」[160801] と話す。

　行政から補助金を受けることについて、河田さんは「あと何人増やせばお金をいくらもらえるかとか、これをやればお金をいくらもらえるか」[160801] という考えになってはいけないと話す。「『駐車場がなくて困ってるから、市の方でいくらかお金出してくださいよ』って言うの簡単だけど、それを言ったらチャンスをなくすのね。その参加しようって、たとえば2,000円の賛助会員費というかたちで、ここ参加してもちあげていく、自分もそこに関わろうと思っている人たちのチャンスなくしていくでしょ。バザーも同じですよね。だから人の力、物、もらうこと、そのものは実はここの協力者増やしてるんです。……。いかにみんなから労力であったり、お金であったりね、物であったり、もらうことによってここを一緒にやっていく人たちを増やせるか」[160801]。運営資金がない状態を、補助金を受けることで解決するのではなく、多くの人々に協力してもらうための機会として捉えることが大切にされているのである。

● 生み出されたこと

　地域の茶の間は「社会性のある茶の間」としてさまざまなグループ、機関などとのつながりをもっている。ただし、ここで考えられているつながりは地域の茶の間同士のつながりではない。「『地域の茶の間』をやっている方はいっぱいいますよね。その地域の茶の間同士をつなげたいという想いで、『地域の茶の間』をやっている方の集まりに呼んでいただくんですけれど、私は情報交換は大切ですけど、地域の茶の間同士をつなげる必要はないという考えなんです」、「これから先、地域包括ケアのあるまちづくりを意識して、私たちがゆるやかに出来ることって何だろう？と考えた時、茶の間同士をつなげることというのは、茶の間に

関心のある人しか来ないところですから、これはとてもある意味マニアックなものだと思うのね」（河田珪子・清水義晴, 2013）。地域の茶の間同士をつなげるだけでは、地域の茶の間に関心のある人としかつながらない。河田さんが「社会性のある茶の間」として考えるのは学校、町内会、子ども会、老人クラブ、商店街、企業、行政、社会福祉協議会、消防署、病院、薬局など地域のさまざまな社会資源とのつながりであり、同時に、こうしたつながりによって地域の茶の間が地域の社会資源になっていくことである。河田さんは「これからの『地域の茶の間』の役割は、社会資源としての役割を担うことです。これがポイントになると思います。たくさん出来た茶の間がこの視点を持った時、本当に社会資源のメインになると思います」（河田珪子・清水義晴, 2013）とも話す。

「実家の茶の間・紫竹」のある紫竹は新潟市東区のほぼ南西端に位置している。古くからの農家がある一方、アパートに暮らす人、最近開発された戸建住宅に住む人などさまざまな属性の人々が暮らしている（写真6-17）。さまざまな住宅がある一方で、店舗や施設はあまりない。この地域に最初の「地域包括ケア推進モデルハウス」を開いた理由を、河田さんは「色んな人が入り組んでるところを選んで、社会資源のないところを選んでつくった」［160801］と話す。

オープン時には住民への挨拶や周知が行われたが、オープンして半年ぐらいは紫竹の住民はあまり来なかったという。オープン当初の様子を河田さんは次のように振り返る。「何か宗教の集まりらしいとか、『地域包括ケア推進モデルハウス』って何か古い家だから、中古の家のモデルハウスらしいとか。……。そういう噂がね、半年ぐらいはこんだけ地域の人たち来なかった。みんな様子伺いして、いくら説明会しても、回覧板回しても、それはだってお年寄りの目には入らないんですよ、回覧板なんかね。口コミです、来るのはね」［160801］。当初はこうした状態だったが、先に参加者数の推移をみたように、紫竹の住民は徐々に増えてきた。

「実家の茶の間・紫竹」では、この場所で築かれた関係を地域に広げていくことがめざされている。そのツールが「実家の手」と呼ばれる参加回数券である（写真6-18）。参加費は1回300円だが、「実家の手」は参加券6枚セットで1,500円であるため、1回250円で参加することができる。「半年ぐらい経って地域の方たちが、それまで遠巻きに見てた人たちがぞろぞろ来始めて。その人たちが、こ

うやってまた来ますよっていう回数券〔実家の手〕買っていくわけですよね。っていうことは、定着してきてるし、早かったと思いますね」[160801]と河田さんは話す。回数券を買うことは、繰り返しやって来るという意志の現れであり、2015年8月19日から2017年9月27日までの約2年間に1,120枚が販売されている[11]。

　ただし、「実家の手」は参加費を割引くためだけに発行されているのではない。「実家の手」は「ごみ出しや買い物、電球交換、ペットの世話、ボタン付け、パジャマのすそあげなどのちょっとした手伝い」（河田珪子, 2016）のお礼に利用することができる。手助けのお礼として「実家の手」を何枚渡すかはそのときどきで判断することになっており、手助けした側は、お礼として受け取った「実家の手」を利用できる仕組みである。

　河田さんは「まごころヘルプという有償の助けあいをつくる原点は、手助けに行く側の自己満足ではなく、来てもらう、手助けを受ける側の立場に立つということです」（横川和夫, 2004）と話す。そのために代表者の河田さん自身が「まごころヘルプ」の利用者となり、「代表者の私が傷つかない仕組み、助けてもらえる仕組み」[160801]が徐々につくりあげられていった。「私はどんな人から手助けを受けたくないか。自分の家に来てもらいたくない人は、どんな人か。そこから考えはじめました」、「私が利用者として、まごころヘルプを頼めるだろうか。私のいまやってることは、やがて自分が利用するとき、他人からされていいことだろうかってことなんです」（横川和夫, 2004）。こうしてつくりあげられた「他人の家に入るにあたっての心がまえと具体的なアドバイス」（横川和夫, 2004）をまとめたのが「まごころヘルプ」のガイドブックであり[12]、会員が守るべきこととして、

写真6-17 紫竹の様子

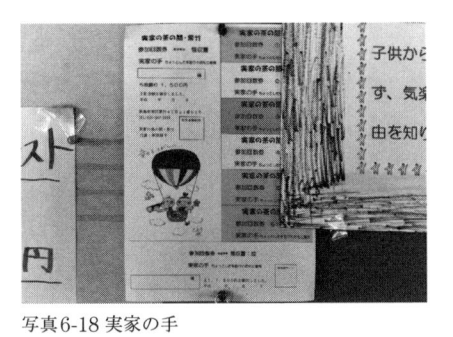

写真6-18 実家の手

特に「プライバシーを侵さない、プライバシーを他に洩らさない」、「政治、宗教、販売行為の禁止（まごころヘルプを利用して、という限定で）」、「茶菓の接待、物品のやりとりの禁止」、「医療行為の禁止」の４つが強調されている（横川和夫, 2004）。先に紹介した「居心地のいい場づくりのための作法」（河田珪子, 2016）はこのガイドブックが元になっている。

「町内で始めると、人は頼まないんですよね。なかなか家の中のことを外に漏らしたくないですし、見られたくないですし、評価されたくないからね。『まごころヘルプ』は全市を相手にした、あるいは、市外も相手にしたわけ。だから上手くいったんですね」[160801]、「みんな近所の人なんか来てもらいたくないんです。できるだけ交通費かかってもいい、どんな遠くからでもいい。全然知らない人に来てもらいたいっていうのがものすごく多くて。それじゃ助け合いにつながっていかない」[160801]。全市、あるいは、市外という大きな範囲を対象とするだけでは、地域内に助け合いの関係は広がっていかない。「実家の茶の間・紫竹」には「できるだけ自分の住んでる身近な、自分のところで助け合っていこうっていう、もっとハードルの高い目的」[160801]があり、その基本となる適切な距離をおいた「矩（のり）を越えない距離感」[160801]を大切にする関係を築いていくことがめざされている。ガイドブックに書かれたことが「実家の茶の間・紫竹」の中で当たり前になり、「自分から『悪いけどちょっと手を貸して？』って言える、そういう関係づくりをしていけば地域全体が助け合えるようになる」[160801]。河田さんはこのように話す。

「とっても大切な居場所だけれども、それにとどまらないで、やっぱりご近所だっていうことですからね、困った時に『助けて』って言える関係づくりを育むようなきっかけの場所でもあって欲しいわけです」[160801]。「実家の茶の間・紫竹」は一人ひとりの尊厳を大切にする居場所であると同時に、一人ひとりが尊厳をもって暮らしていける地域を実現するための拠点でもある[13]。

河田さんらの活動は新潟市内、そして、新潟県内にも広がっている。新潟県は2000年に策定した「新潟県長期総合計画」において地域の茶の間の全県普及を打ち出した。これにより、当時70か所ほどしかなかった地域の茶の間が、2003年度には687か所、2013年度には2,063か所、2018年度には2,562か所と県内全域に広がっている[14]。

新潟市は地域の茶の間を「さらに身近な地域に、そして、新潟市全体に助け合いを広げていく」[15]ことを目的とし、「河田珪子氏のノウハウを継承・波及」することで、市内全8区に9か所（中央区は2か所）の「地域包括ケア推進モデルハウス」を開設してきた（表6-3）。最初に開かれた「実家の茶の間・紫竹」は、新潟市の地域包括ケアシステムの要として「基幹型地域包括ケア推進モデルハウス」と位置づけられている。

　2016年6月から任意団体「実家の茶の間」と新潟市の協働事業として、地域の茶の間づくりの短期集中講座としての「茶の間の学校」が開校された。「茶の間の学校」は「『地域の茶の間』を立ち上げたい！参加したい！と思っている」[16]人を対象とするもので、河田さんや「実家の茶の間・紫竹」のスタッフが講師となる講座が開かれたり、「実家の茶の間・紫竹」を見学したりすることが行われている。

　河田さんからの依頼で「茶の間の学校」の校長を務めることになった新潟県地域づくりアドバイザーの清水義晴（2016）は、「茶の間の学校」について次のように指摘する。「行政は、『地域の茶の間』が広がることによって、支え合いの地域づくりが広がれば良いと思っているようですが、河田珪子さんの目的は、もっと奥深いところにあるようなのです。それは、単なる支え合いの居場所だけではなく、人間の尊厳を大切に守り、一人ひとりの能力や個性を引き出すような場であり地域づくりであり、それが新潟市全体に広がることを願っておられるようなのです。そして、これは河田さんが『地域の茶の間』をつくった初めの頃から抱いていた想いでもあるようなのです」。

　「『地域の茶の間』をつくった初めの頃から抱いていた想い」と指摘されているように、河田さんらの活動においては一人ひとりの尊厳を大切にすることが一貫して追及されてきた。そのような場所を実現するためにつくりあげられたものが「居心地のいい場づくりのための作法」（河田珪子, 2016）だが、これは決して、地域の茶の間を開き、運営するためのマニュアルではない。繰り返しになるが、一人ひとりの尊厳を大切にするために、一人ひとりが則るべき作法なのである。

● 地域包括ケア

　厚生労働省は地域包括ケアを次のように紹介している。「団塊の世代が75歳以上となる2025年を目途に、重度な要介護状態となっても住み慣れた地域で自

分らしい暮らしを人生の最後まで続けることができるよう、住まい・医療・介護・予防・生活支援が一体的に提供される地域包括ケアシステムの構築を実現していきます」[17]。ここで紹介されているように、「住まい・医療・介護・予防・生活支援が一体的に提供される」システムを構築することで、地域での暮らしを「人生の最後まで続けることができる」ようにすることは重要である。ただし「住み慣れた地域で自分らしい暮らし」の部分を見落としてはならない。もしも、住み慣れた地域でなければ、自分らしい暮らしを送ることができなければ、いくら地域での暮らしを「人生の最後まで続ける」ことができたとしても、それは地域包括ケアの理念を満足する状態とは言えない。

　「実家の茶の間・紫竹」は「地域包括ケア推進モデルハウス」として、地域包括ケアを普及させていく拠点として開かれている。「実家の茶の間・紫竹」を視察し、この場所は何もしていないと評価する人もいるようである。けれども、こうした評価は「実家の茶の間・紫竹」が住み慣れた地域とは何か、自分らしい暮らしとは何かを問い直す試みであることを見落としている。

　広井良典（1997）は著書『ケアを問いなおす』において、「『ケア』という言葉は、①狭くは『看護』や『介護』、②中間的なものとして『世話』といった語義があり、③もっとも広くは『配慮』『関心』『気遣い』というきわめて広範囲な意味をもつ概念である」と指摘する。

　ケアをこのように広がりのある概念として捉えるとき、「住まい・医療・介護・予防・生活支援が一体的に提供される」システムはケアのごく狭い一部に過ぎないことになる。地域包括ケアとは、尊厳を人切にされる一人ひとりが互いに配慮し合い、関心をもち合い、気遣い合える関係に包まれた暮らしのこと。「実家の茶の間・紫竹」はそのような暮らしの豊かさを具現化するモデルである。

表6-3 新潟市の「地域包括ケア推進モデルハウス」一覧

名称	区	オープン	運営日時	参加費	昼食費	建物	運営主体
実家の茶の間・紫竹	東区	2014年10月18日	月・水10〜16時	300円（子どもは無料）	300円（希望者）	空き家	実家の茶の間（任意団体）
まちの茶の間だんだん・嶋岡	秋葉区	2016年5月21日	火・土10〜15時	300円（小学生以下は無料）	300円（希望者・土曜のみ）	旧嶋岡医院	こすど プラチナネットワーク（任意団体）
にしかんの茶の間	西蒲区	2016年11月28日	月・木10〜15時	200円（高校生以下は無料）	300円（希望者）	空き家	Rera（レラ）（任意団体）
南区地域の茶の間天昌堂サロン	南区	2017年1月12日	火・木10〜15時	300円（小学生以下は無料）	300円（希望者）	旧天昌堂（空き店舗）	みなみらいプロジェクト（任意団体）
西区憩いの茶の間	西区	2017年2月28日	茶の間：火・木13〜16時 体操の会：月10〜12時 趣味の会：金13〜16時	100円（小学生以下は無料）	なし	西坂井団地自治会館	憩いの茶の間（任意団体）
江南区地域の茶の間お〜うん	江南区	2017年3月21日	火・木10〜15時	200円（小学生以下は無料）	300円（希望者）	老人福祉センター横雲荘内	江南区地域の茶の間お〜うん運営委員会（任意団体）
松浜こらぼ家	北区	2017年3月23日	月〜金10〜16時	無料（コーヒーは100円）	なし（持ち込み可。隣接する弁当屋等を利用可能）	空き家	松浜こらぼ家運営委員会（任意団体）
Café&pub Wrap au Tagai:ni（ラップ・オ・タガイーニ）	中央区	2017年5月2日	水・土10〜17時	300円（ドリンクバー付き）	なし	3階建てビルの1階	Cocollabo Party（NPO法人）
しもまち笑顔の家	中央区	2017年8月23日	火・金10〜15時	300円	なし（持ち込み可）	空き家	しもまち笑顔の家（任意団体）

※最初に開かれた「実家の茶の間・紫竹」は「基幹型地域包括ケア推進モデルハウス」と位置づけられている。
※Reraはアイヌ語で「風」の意味。
※「Wrap」は「くるむ、包む」の意味、「au Tagai:ni」は「お互いに」の意味で、かつ、「にいがた」の逆さ読みでもある。
※新潟市『住民と行政が協働でつくる助け合いの地域』に掲載の情報を元に作成。
※オープン時期は新潟市や各区の広報誌、ウェブ検索の結果より。

注

1 新潟市「地域包括ケア推進モデルハウスの取り組み」のページより。

2 「まごころヘルプ」は現在、新潟市社会福祉協議会の事業として継続されている。

3 地域の茶の間の表現は、河田さんらの山二ツ会館での試みを紹介する新潟日報で用いられたのが最初である。「平成9年に意図的に、自分の居住地にある山二ツ会館で始めました。その際に新潟日報の取材があり、その記事に『「地域の茶の間」が新潟市に出来た』という文字があり、了承を得て『地域の茶の間』と命名しました」(河田珪子, 2016)。

4 「実家の茶の間・紫竹」は新型コロナウイルス感染症の拡大を受け、2020年2月24日を最後に運営を自主的に休止。その後、2020年6月1日から運営が再開されている。運営を休止していた期間も河田さんやスタッフは「実家の茶の間・紫竹」を開け、電話により来訪者などへの連絡を取り続けてきた。6月1日の運営再開後、当面の間、運営時間は毎週月・水曜の午前(10～12時)・午後(13～15時)の2時間ずつで(昼食の提供はなし)、参加費は200円とされた。「実家の茶の間・紫竹」の運営再開までの経緯は篠田昭(2020)を参照。

5 新潟市『実家の茶の間・紫竹』(基幹型地域包括ケア推進モデルハウス)」のページより

6 「開設1周年お祝い会」、「開設2周年お祝い会」、「開設3周年お祝い会」資料より。紫竹の住民の参加者数は、1年目のみは2015年4～9月の半年間を集計したものである。参加者数には視察、研修、取材に来た人も含まれている。

7 河田さんは、「実家の茶の間・紫竹」では人々が自ら席を移動することで固定席ができなくなってきたので、テーブル配置を常に変えなくてもよくなった [170417] と話す。

8 筆者が訪問した日(2016年8月1日)には、「プライバシーを訊き出さない」、「どなたが来られても「あの人だれ!!」という目をしない」という約束事が1枚ずつ、「その場にいない人の話はしない」という約束事が2枚(2枚のうち1枚には(ほめる事も含めて)という但し書きがつけられている)、合わせて4枚の約束事が貼られていた。

9 筆者が訪問した日(2016年8月1日)、12時頃になると「自称、若いと思ってる方、食事を運ぶのを手伝ってください」という声がかかり、小学生の女の子を含めた何人かが立ち上がり食事を厨房から茶の間に運ぶのを手伝った。

10 2020年6月1日に運営が再開されるにあたっては、新型コロナウイルス感染症のさまざまな感染防止対策が取られているが、このことについて河田さんは次のように話している。「今回のコロナでは、皆さんの行動が制限されていくことがないように気をつけました。感染を恐れて、今までの役目や得意なことを取り上げるのではなく、手洗いなどの予防をしっかりすれば今まで通りやっていいんですと。例えば、再開したときにおやつのお菓子を飴に変えたんです。飴なら口に入れるとき以外はマスクをしていられるからですが、お一人分ずつ袋に入れてリボンで口を縛るという作業が出てきて、それでまた一つ参加者の出番を増やせた、なんていうこともありました」(河田珪子, 2020)。このように感染防止対策においても、「ここにはサービスの利用者は一人もいない。いるのは"場"の利用者だけ」(河田珪子, 2016)であることが大切にされている。

11 「開設3周年お祝い会」資料より。

12 A4判で20ページほどのもので、初版は「まごころヘルプ」発足時の1990年1月である(横川和夫, 2004)。

13 新型コロナウイルス感染症の拡大を受けて、2020年2月24日に「実家の茶の間・紫竹」の運営を自主的に休止した後、「実家の手」の代金は一旦返金されている(河田珪子, 2020)。自主的に運営を休止していた期間中の出来事について、河田さんは次のように話している。「再開までにさまざまなお話を聞いた中で、皆さんが『実家の手』を介さずともお互いにいろいろなことを頼み合っていたと知りました。いつの間にか、助け合いが地域で広がっていたんです」(河田珪子, 2020)。

14 新潟県(2015, 2019)より。地域の茶の間の数は新潟県の調査による。

15 新潟市「地域包括ケア推進モデルハウスの取り組み」のページより。

16 新潟市「支え合いの地域をつくる『茶の間の学校』」のページより。

17 厚生労働省「地域包括ケアシステム」のページより

第2部　居場所の可能性

第7章　居場所をめぐる小史

第7章

1　制度・施設の外側の場所

　1955年に刊行された『広辞苑』(初版) には居場所の項目が掲載されているが、そこでは「いる所。いどころ。」と説明されているように、元々、居場所は物理的な位置を意味する言葉だった。居場所がさまざまな場面で使われるようになるのは1980年頃からである。居場所をタイトルに含む図書が1980年代の中頃から継続的に出版され始めていることからも (図7-1)、居場所という言葉にとって1980年代が大きな節目になっていることが伺える。

■ 学校の外

　1980年頃から、居場所は「学校に行かない・行けない子ども」との関わりで使われるようになる。教育学者の萩原健次郎 (2018) は「『居場所』という言葉がマスコミにしばしば登場するようになってきたのは、一九八〇年代に入ってからになる。その頃、学校に行かない・行けない子どもたちが目立ち始め、登校拒否現象として社会問題になってきたことと深くかかわってのこと」であり、「一九八〇年代半ば、『居場所』と言えば、学校に行けない子どもたちのフリースペースやフリースクールをさしていた」と指摘する。社会教育史家の久田邦明 (2000) は、居場所が使われるようになったのは「一九七〇年代から八〇年代にかけて不登校の児童生徒への支援の必要が自覚されるようになったことが大きなきっかけになっている」と述べ、「人間関係が学校に集中する中で、学校に身の置きどころのない児童生徒」にとっては「何よりもまず本人の存在が認められる空間や人間関係が必要とされたのである。それは、居場所としか呼ぶほかないものだった」と指摘する。

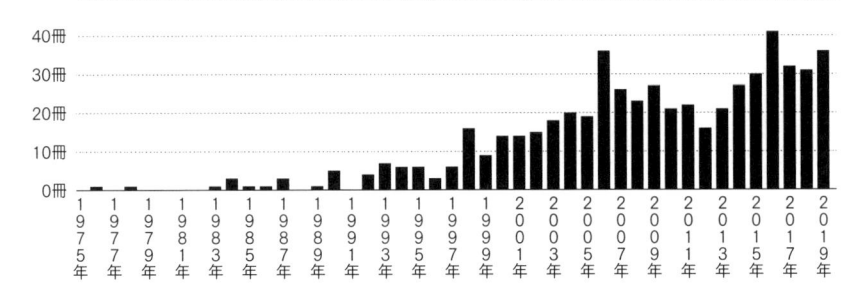

※2020年1月17日に国立国会図書館の蔵書検索で、「資料種別：図書」、「タイトル：居場所」の条件で検索した結果。ヒット数は566件。

図7-1 「居場所」をタイトルに含む図書の出版数

　評論家の芹沢俊介（2003）も「居場所をなのるための必要条件を一言でいうと、『学校の外』ということになる」と指摘している。ただし、芹沢俊介はフリースクールの先駆的な場所として1985年6月に開かれた「東京シューレ」が「登校拒否を考える会」（各地にある「登校拒否を考える親の会」の祖型）を母体として生まれたことに触れて、次のようにも指摘する。「子どもの居場所は『親の会』によって生まれたが、『親の会』は常に子どもの居場所をつくったわけではなかった。『親の会』にはもっと緊急な課題があった。それは不登校に対する自分たち親の意識の変革であった」、「居場所を開設するということは、『学校の外』に子どもたちのための空間をつくるということであるとともに、家庭を『学校の外』にするということでもあった」。居場所は「学校に行かない・行けない子ども」のためだけでなく、「学校に行かない・行けない子ども」の親のためでもあった。

　「親と子の談話室・とぽす」は、思春期の子どもだけでも入れる図書コーナー付きの喫茶店として、1987年4月に開かれている。ジャーナリストの増田ユリヤ（1999）は不登校をテーマとする著書『「新」学校百景』の中で「親と子の談話室・とぽす」を取りあげ、当時の様子を「子どもの居場所を作ってあげようと始めた"とぽす"だったが、ここ一〜二年お客さんの中に目立ってきたのが"学校に行かない子ども"そして"不登校の子どもをもつ親"たちである」と紹介しているように、当時の「親と子の談話室・とぽす」は「学校の外」（芹沢俊介，2003）という側面をもっていたのである。

● コミュニティカフェ

　1990年代後半になると、居場所をタイトルに含む図書の出版数が急増する。この時期になると「学校の外」(芹沢俊介, 2003)にとどまらず、さまざまな人々にとっての居場所が論じられるようになり、コミュニティカフェ、地域の茶の間、まちの縁側などと呼ばれる場所が同時多発的に開かれるようになる。

　コミュニティカフェは飲食できることが運営の基本になっているが、「人と人がつながることを大事にする、行くとほっとできる場所」(WAC, 2007)、「飲食を共にすることを基本に、誰もがいつでも気軽に立ち寄り、自由に過ごすことができる場所」(倉持香苗, 2014)、「売り上げや利益を第一の目的にしない、地域の住民の人たちが気軽に立ち寄ってお茶を飲んだり、おしゃべりを楽しむことができる居場所」(浅川澄一, 2015)と紹介されるように、通常の飲食店とは異なる。社会学者の田所承己(2017)はコミュニティカフェの機能を、①「喫茶機能：カフェや食事の提供」、②「サービス提供機能：子育て相談、介護相談、生活支援など」、③「イベント開催機能：音楽会、菓子作り、ギャラリー、フェスティバル、フリーマーケット、英会話教室、講演会など」、④「地域情報交換機能：掲示板、地域情報のチラシ、地域の人の手作り工芸品や地元産の物品展示(販売)など」の4つに分類している。

　コミュニティカフェの正確な数は把握されていないが、たとえば、「全国コミュニティカフェ・ネットワーク」の事務局を務める長寿社会文化協会(WAC)が作成する「全国『コミュニティカフェ』一覧」のページには1,145か所のコミュニティカフェが紹介されており、一覧には本書で紹介している「親と子の談話室・とぽす」、「ひがしまち街角広場」と、「実家の茶の間・紫竹」がモデルとする「うちの実家」の3か所が掲載されている。コミュニティカフェの数については、このほかに「この10年近くの間に全国に広がり、その数は2000とも3000とも言われる」(浅川澄一, 2015)、「コミュニティカフェは全国に3万カ所以上あると推定している」(昆布山良則, 2015)という指摘もあるが、推定される数には大きな開きがある[1]。

　コミュニティカフェが増え始めるのが2000年以降であることをふまえれば、2000年5月に開かれた「下新庄さくら園」、2001年9月に開かれた「ひがしまち街角広場」は早い時期に開かれたコミュニティカフェだと言うことができる。

「下新庄さくら園」は、大阪府の「ふれあいリビング」の第一号として開かれた。「ふれあいリビング」とは「高齢者の生活圏、徒歩圏で、『普段からのふれあい』の活動があれば、高齢でも元気で、お互い元気かどうか確認できて、何かあったら助け合うこともできるのではないか」という考えにもとづき、予定を立て鍵を借りてから利用する集会所とは異なる「気軽に立ち寄ることができる協同生活の場」（植茶恭子・広沢真佐子, 2001）として府営住宅に整備される場所である。

　「ひがしまち街角広場」は建設省（現・国土交通省）の「歩いて暮らせる街づくり事業」とそれを受けた大阪府豊中市の社会実験がきっかけとなり、「みんなが何となくふらっと集まって喋れる、ゆっくり過ごせる場所」[050901]として千里ニュータウンに開かれた。ニュータウンとは学校、病院、集会所、店舗など種々の施設が計画的に整えられた街であるが、「ひがしまち街角広場」が開かれたことは、種々の施設を計画的に整えるだけでは、住民が切実に求めていた場所を実現できなかったことを現している。

■ 地域の茶の間

　地域の茶の間は、コミュニティカフェとして捉えられることもあるが、この名称は本書で紹介している「実家の茶の間・紫竹」を運営する河田さんらが1997年7月に山二ツ会館で開いた場所（地域の茶の間・山二ツ）に対して用いられたのが最初である。河田さんによれば、地域の茶の間には「社会性のある茶の間」という意味がこめられている（河田珪子, 2016）。新潟県は2000年に策定した「新潟県長期総合計画」において地域の茶の間の全県普及を打ち出し、2018年度時点で2,562か所の地域の茶の間が新潟県内に開かれている（新潟県, 2019）。

　河田さんらも2003年4月から2013年3月まで「常設型地域の茶の間」の「うちの実家」を開いていた。そして、2014年10月からは、新潟市から「うちの実家」の再現依頼を受け、新潟市の最初の「地域包括ケア推進モデルハウス」である「実家の茶の間・紫竹」を開いている。

　ジャーナリストの横川和夫は河田さんの次の言葉を紹介している。

　　制度やサービスを行政に求めて、がんばれ、がんばれと言っていただけではダメなんです。介護保険制度も、団塊の世代が老齢化していくころには、いま

のままだと破綻してしまいます。だから、これからはこうであったらいいと言うだけではなく、私に何ができるのか、できるところから始めてみようよと。それもボランティアをする側から発信するのではなく、自分がやがて手助けを受ける立場に立ったときのことを想定した、まちづくりですかね。そういう助けあいのシステムのひとつが、まごころヘルプや「地域の茶の間」「うちの実家」……だと思っているんです。（横川和夫, 2004）

河田さんらの活動は、既存の制度に足りないものを補うために、自分にできることから、そして、「自分がやがて手助けを受ける立場に立ったときのことを想定」することで、言い換えれば、自分が気持ち良く要求したいと思える仕組みとしてつくっていこうとするものである。

● 宅老所

　宅老所・グループホーム全国ネットワーク (2016) によれば、宅老所は「民家などを活用し、家庭的な雰囲気のなかで、一人ひとりの生活リズムに合わせた柔軟なケアを行っている小規模な福祉拠点」、「住民一人ひとりが地域で自分らしく暮らすことを支える『小規模』で『多機能』な福祉拠点」であり、大規模施設で行われてきたケアに疑問を感じた人々により開かれてきた場所である。最初の宅老所が開かれたのは昭和50年代だが、1995年頃から増え始めているという。

　宅老所で行われる支援内容は「通い」（高齢者が宅老所に通う）、「泊まり」（高齢者が宅老所に短期間宿泊する）、「居住」（高齢者が宅老所で共同生活する）、「訪問」（高齢者の自宅等を訪問し介護その他の生活支援を行う）、「介護相談」（主に家族を介護している地域住民からの相談に応じる）の5つを組み合わせたものとなっている。最も多いのは「通い」のみを行う場所だが、「通い」と「訪問」、「通い」と「泊まり」、「通い」と「泊まり」と「居住」のように支援内容を組み合わせている場所もある。さらに、高齢者だけを対象とするのではなく障害者や子どもを受け入れている場所、比較的元気な高齢者のためのデイサービス（生きがい対応型デイサービス）を行う場所、地域サロンや認知症カフェ、月1～週1回程度のミニデイサービスを行う場所など、宅老所の取り組みは多様である。

● パブリックシェルター

　近年、甚大な被害をもたらす災害が多発しているが、居場所は被災地において暮らしを支える場所として、復興の拠点としての役割を担ってきた。2011年に発生した東日本大震災の被災地には、建築学者の岩佐明彦 (2014) がパブリックシェルターと呼ぶ場所が30か所以上開かれている。パブリックシェルターとは「NPOなどの支援団体や大学などの支援で作られたもので、地元住民とともにセルフビルドやワークショップで建造されたものが多いのも特徴で、集会所や事務所としてだけではなく、地域のカフェや資料室として活用されているものもあり、行政がサポートしきれない、地域を支える拠点としての役割を担って」いる場所である[2]。岩佐明彦は仮設住宅の集会所やパブリックシェルターは「将来ビジョンを語り合う場として適して」いること、「そこで行われた活動の数々が写真に収められ、自由に閲覧できるようになっていることが多い」という「アーカイブ的な役割」をもつことに触れて、これらの場所は「居場所としての役割を果たすだけでなく、今後の復興の重要な起点となる可能性がある」と指摘する。

　「居場所ハウス」は、ワシントンDCの非営利法人「Ibasho」の提案がきっかけとなり、2013年6月、東日本大震災の被災地に開かれた場所である。「Ibasho」は高齢者がお世話されるだけの存在とみなされるのでなく、何歳になっても知恵や経験をいかしながら地域で暮らし続けることができる社会の実現と、そのために「歳をとること」の概念を変えていくことを目的として活動を続けており、「Ibasho」が掲げる理念にもとづいて「居場所ハウス」は運営している。

● こども食堂

　近年、こども食堂と呼ばれる場所が全国に開かれており、その数は2018年時点で2,286か所になるという (原田啓之, 2018)。社会活動家で、NPO法人「全国こども食堂支援センター・むすびえ」の理事長を務める湯浅誠 (2017) は、こども食堂の広がりの背景にはネーミングが果たしている役割が大きいと指摘する。「『こども』『食』という〝必殺アイテム〟を並べたこの簡潔なネーミングが、誰のために何をするかをこれ以上ない形で明確に表す。こども食堂の広がりは、このネーミングを抜きには語れない」。

　湯浅誠によれば、こども食堂の名称は東京都大田区の「気まぐれ八百屋だんだ

ん」の店主である近藤博子さんが2012年に使い始めたものだという。「気まぐれ八百屋だんだん」におけるこども食堂のモットーは、子どもや大人にかかわらず「孤食を防ぐ」ことだが、「子どもには家庭と学校以外の居場所が少なく、特に『ここに来てもいいんだよ』と呼びかける必要がある。そこで『こども食堂』と命名」されたという経緯がある。湯浅誠は、「気まぐれ八百屋だんだん」では「こども食堂とは、子どもが一人でも安心して来られる無料または低額の食堂」と定義されていることに触れて、「『子ども』に貧困家庭という限定はついていない」ことに注意を喚起している。

　以上の流れを振り返ることで、居場所は既存の制度や施設の枠組みでは上手く対応されない要求に対応するために開かれてきたことが浮かびあがってくる。この意味で、居場所とは既存の制度や施設の外側の場所と捉えることができる。「学校の外」(芹沢俊介, 2003) としての「親と子の談話室・とぽす」、大阪府の「ふれあいリビング」という制度にもとづき開かれたが、その第一号として「集会所とは異なる『気軽に立ち寄ることができる協同生活の場』」(植茶恭子・広沢真佐子, 2001) をめざす「下新庄さくら園」、種々の施設を計画的に整えるだけでは実現されなかった「みんなが何となくふらっと集まって喋れる、ゆっくり過ごせる場所」[050901] をめざす「ひがしまち街角広場」、震災をきっかけとして開かれ、「歳をとること」の概念を変えることをめざす「居場所ハウス」、既存の制度に足りないものを自分たちでつくりあげようとする「実家の茶の間・紫竹」というように、いずれの場所も既存の制度や施設では上手く対応されない要求に、それぞれのかたちで向かい合おうとする試みである。

　しかし、居場所をめぐる動きを振り返ることからは、居場所が制度や施設のモデルとされたり、行政の施策に取り入れられたりする制度化の動きも浮かびあがってくる。

2 居場所の制度化

● 地域子ども教室・放課後子ども教室

　1980年頃から、「学校の外」(芹沢俊介, 2003) をという意味で使われるように

なった居場所は、その後、行政の文書に登場するようになる。居場所が最初に用いられた行政の文書は、1992年に文部省委嘱の学校不適応対策調査研究協力者会議がまとめた最終報告書「登校拒否（不登校）問題について：児童生徒の『心の居場所』づくりを目指して」である。この報告書では「登校拒否はどの子どもにも起こりうるという観点にたって、学校が子どもにとって自己の存在感を実感でき精神的に安心できる場所（心の居場所）となることが大切であると指摘された」（田中治彦, 2001）のである。萩原健次郎は当時の状況を次のように振り返る。

　　九〇年代に入ると、それまで学校以外の場所として居場所が語られてきたことが、学校も含めて心理的な側面からも居場所が語られるようになる。それは学校を居場所という観点から問い直さざるをえないほどに、不登校の増加といじめによる自殺が相次ぐという事態が重なっていたからである。（萩原健次郎, 2018）

2004年度からは文部科学省による「子どもの居場所づくり新プラン」が始められた。その具体的な取り組みの一つが地域子ども教室である。文部科学省生涯学習政策局子どもの居場所づくり推進室（当時）の山本裕一（2004）は地域子ども教室について、「全国の学校等を活用して、緊急かつ計画的（3ヵ年計画、平成16年度4,000箇所）に子どもたちの居場所（活動拠点）を整備するもので、地域の大人たちの力を集結して、安全管理員・活動指導員として配置し、放課後や週末における、子どもたちのスポーツや文化活動など様々な体験活動や地域住民との交流活動などを支援する」ものと説明する。萩原健次郎は全国の地域子ども教室の実践を調査し、その様子を次のように紹介する。

　　活動場所は各受託団体にゆだねられており、公民館や青年の家、野外キャンプ場といった社会教育施設や公園、神社、お寺など、地域コミュニティの中核となる場所での活動が、それぞれの団体、地域の実情にあわせて展開されていった。活動内容も団体の枠を超えており、団体同士での協力や連携もあり、多世代の交流や会員以外の地域の子どもたちや保護者に参加機会が開かれた多様な展開が起こった。（萩原健次郎, 2018）

2007年度から、文部科学省と厚生労働省との共同事業である「放課後子どもプラン」が始められた。萩原健次郎 (2018) は、多様に展開してきた地域子ども教室は、「放課後子どもプラン」が登場し、「放課後の学校を活動の前提とした『放課後子ども教室』へと施策が移行する」ことで「はしごをはずされて縮小と変質を余儀なくされ」たと指摘する。地域子ども教室の活動場所は「各受託団体にゆだねられて」いたのに対し、放課後子ども教室の活動場所はできる限り小学校内で実施する方向性が打ち出されたことで、放課後子ども教室は「大人や保護者からすると『安心で安全な』活動ではあるが」、「子どもにすれば、大人と学校の教育的視線の中で再び学校空間に囲い込まれていくことを意味していた」。萩原健次郎は、「こうして政策における『子どもの居場所』は学校の校庭や教室に安全で安心して活動できる子どもの活動拠点へと移行することになる」とも指摘している。

　「学校の外」(芹沢俊介, 2003) を意味していた居場所は、行政の施策に取り入れられ、子どもたちを再び学校空間に囲い込んでいくものへと変質していったのである。

■ 通いの場

　高齢者との関わりでも居場所の制度化が生じている。その一つが、2015年4月から始まった介護予防・日常生活支援総合事業(新しい総合事業)に盛り込まれた通いの場である。

　通いの場は、「新しい地域支援事業における『介護予防・日常生活支援総合事業』(以下、新しい総合事業)のなかに、『居場所・サロン』の取り組み (サービス) が盛り込まれています。新しい総合事業では、これを『通いの場』と呼んでいます」、「厚生労働省が名づけた『居場所・サロン』のこと」(さわやか福祉財団, 2016) と指摘されているように、コミュニティカフェ、地域の茶の間などの居場所をモデルにしたものである。そして、「介護予防に役立つ効果がある場に人が繰り返し行ってほしいと願う気持ちが『通い』という表現になったのかと推測されます」(さわやか福祉財団, 2016) と指摘されているように、通いの場には介護予防の機能を担うことが期待されている。

　介護予防とは「要介護状態の発生をできる限り防ぐ (遅らせる) こと、そして要

介護状態にあってもその悪化をできる限り防ぐこと、さらには軽減を目指すこと」と定義される（介護予防マニュアル改訂委員会, 2012）。厚生労働省「これからの介護予防」は、これまでの介護予防の問題点として「介護予防の手法が、心身機能を改善することを目的とした機能回復訓練に偏りがちであった」こと、「介護予防終了後の活動的な状態を維持するための多様な通いの場を創出することが必ずしも十分でなかった」こと、「介護予防の利用者の多くは、機能回復を中心とした訓練の継続こそが有効だと理解し、また、介護予防の提供者の多くも、『活動』や『参加』に焦点をあててこなかった」ことの3点を指摘したうえで、これからの介護予防の具体的アプローチとして「リハ職等を活かした介護予防の機能強化」[3]、「高齢者の社会参加を通じた介護予防の推進」と共に「住民運営の通いの場の充実」をあげている。

　通いの場の取り組みには、介護予防・生活支援サービス事業における「通所型サービスB（住民主体による支援）」と、一般介護予防事業における「地域介護予防活動支援事業（通いの場関係）」の2つの類型がある（表7-1）。両者は対象者、ケアマネジメントの有無、サービス提供者などに違いがあるが、サービス内容として「体操、運動等の活動」、「趣味活動等を通じた日中の居場所づくり」、「交流会、サロン」があげられている点は共通している。

　全国の通いの場の活動実績は年を追うごとに拡大傾向にある。2018年度では1,558市町村（全市町村の89.5％）の106,766か所の通いの場が活動しており、その活動内容は「体操（運動）」が56,366か所（52.8％）、「茶話会」20,276か所（19.0％）、「趣味活動」18,068か所（16.9％）、「会食」5,032か所（4.7％）、「認知症予防」4,466か所（4.2％）の順に多いことが報告されている[4]。

　厚生労働省老健局保健課（2017）では、通いの場が必要な理由として「より多くの高齢者が介護予防に取り組むため」、「継続的な介護予防の取り組みとなるため」、「介護予防の取り組みを支える人のモチベーションを維持するため」、「地域の課題解決、そして地域づくりにつなげるため」の4点があげられている。介護予防だけでなく「地域の課題解決、そして地域づくりにつなげるため」という理由があげられているのは見落としてはならないが、2019年6月に取りまとめられた『認知症施策推進大綱』（認知症施策推進関係閣僚会議, 2019）において「介護予防に資する通いの場への参加率を8％程度に高める」ことが数値目標として掲

げられたため、介護予防のために参加する場所としての側面がより注目されるようになることが予想される。

● 小規模多機能型居宅介護（小規模多機能ホーム）

　介護保険法改正により2006年4月に制度化された小規模多機能型居宅介護も、高齢者に関わる居場所の制度化の例である。小規模多機能型居宅介護は、「法制度化される以前、小規模多機能ホームは、『宅老所』という名称で存在していました」、「『宅老所』が実践してきた、住み慣れた地域と小規模ならではの家庭的な雰囲気にこだわったケアは、高齢化が急速に進む日本において認められ、法制度化する運びとなったのです」[5]、「小規模多機能型居宅介護は、宅老所が行ってきた活動をもとに、その『地域密着』『小規模』『多機能』という形態をモデルとして、介

表7-1 通いの場の取り組みの類型

事業	介護予防・生活支援サービス事業	一般介護予防事業
サービス種別	通所型サービスB（住民主体による支援）	地域介護予防活動支援事業（通いの場関係）
サービス内容	住民主体による要支援者を中心とする自主的な通いの場づくり ・体操、運動等の活動　・趣味活動等を通じた日中の居場所づくり　・定期的な交流会、サロン　・会食等	介護予防に資する住民運営の通いの場づくり ・体操、運動等の活動　・趣味活動等を通じた日中の居場所づくり　・交流会、サロン等
対象者とサービス提供の考え方	要支援者等	主に日常生活に支障のない者であって、通いの場に行くことにより介護予防が見込まれるケース
実施方法	運営補助費／その他補助や助成	委託／運営費補助／その他補助や助成
市町村の負担方法	運営のための事業経費を補助／家賃、光熱水費、年定額　等	人数等に応じて月・年ごとの包括払い／運営のための間接経費を補助／家賃、光熱水費、年定額　等
ケアマネジメント	あり	なし
利用者負担額	サービス提供主体が設定（補助の条件で、市町村が設定することも可）	市町村が適切に設定（補助の場合はサービス提供主体が設定することも可）
サービス提供者（例）	ボランティア主体	地域住民主体
備考	※食事代などの実費は報酬の対象外（利用者負担） ※一般介護予防事業等で行うサロンと異なり、要支援者等を中心に定期的な利用が可能な形態を想定 ※通いの場には、障害者や子ども、要支援者以外の高齢者なども加わることができる。（共生型）	※食事代などの実費は報酬の対象外（利用者負担） ※通いの場には、障害者や子どもなども加わることができる。（共生型）

※厚生労働省老健局振興課「介護予防・日常生活支援総合事業の基本的な考え方」に掲載の表「『通所型サービスB』と「地域介護予防活動支援事業」の比較』より。

護保険のなかで制度化されたものです」（宅老所・グループホーム全国ネットワーク，2016）と紹介されている通り、宅老所がモデルになっている。

　厚生労働省老健局「2015年の高齢者介護：高齢者の尊厳を支えるケアの確立に向けて」によれば、小規模・多機能サービス拠点では「在宅で365日・24時間の安心を提供する」ことを目的として、「日中の通い、一時的な宿泊、緊急時や夜間の訪問サービス、さらには居住するといったサービスが、要介護高齢者（や家族）の必要に応じて」、要介護高齢者の「継続的な心身の状態の変化をよく把握している同じスタッフ」により提供されるのが望ましい。そして、「こうした一連のサービスは、安心をいつも身近に感じられ、また、即時対応が可能となるよう、利用者の生活圏域（例えば中学校区あるいは小学校区ごと）の中で完結する形で提供されることが必要である」と指摘されている。

　ただし、「宅老所は必ずしも介護保険の小規模多機能型居宅介護を行っているわけではありません。むしろ、その数は少なく、通所介護など他の制度を組み合わせて利用している例が多いのが現状です」、「多くの宅老所は、悩んだ結果、介護保険の事業者にはなっても、それまでのよさを失わないよう、制度にのみ込まれることなく、上手に介護保険制度を活用する方法を選択しました」（宅老所・グループホーム全国ネットワーク，2016）と指摘されているように、小規模多機能型居宅介護が制度化された後も、宅老所は必ずしも小規模多機能型居宅介護を行っているわけでない。

● 子どもの貧困対策

　こども食堂も制度と結びついていったという経緯がある。湯浅誠（2017）はこの経緯について、「幸か不幸か、〔『気まぐれ八百屋だんだん』の〕近藤さんが『こども食堂』の看板を掲げた翌年の二〇一三年、子どもの貧困対策推進法が成立した。その後、子どもの貧困に対する社会的注目の高まりの中で、こども食堂は、学習支援（無料塾）と並ぶ子どもの貧困対策の主要メニューとなっていく」、「社会的には、こども食堂はある意味では過度に子どもの貧困問題と結びついていった」と指摘している。

　「学校の外」（芹沢俊介，2003）から子どもを再び学校空間に囲い込んでいく放

課後子ども教室への変化、コミュニティカフェや地域の茶の間をモデルとする通いの場、宅老所を制度化した小規模多機能型居宅介護、子どもの貧困問題と結びついていったこども食堂というように、既存の制度や施設の外側にある場所として開かれてきた居場所が制度や施設のモデルとされたり、行政の施策に取り入れられたりするかたちで制度化されていく動きが生じている（表7-2）。ただし、このことは全ての居場所が制度化されたことを意味するのではなく、制度と距離をおいて運営が続けられている居場所もある。

表7-2 居場所をめぐる主な出来事

年	月	出来事
1985	6	フリースクールの先駆的な場所「東京シューレ」が東京都北区にオープン
1987	4	「親と子の談話室・とぽす」が東京都江戸川区にオープン
1992		文部省委嘱の学校不適応対策調査研究協力者会議の最終報告書「登校拒否（不登校）問題について：児童生徒の『心の居場所』づくりを目指して」が出される（居場所という言葉が最初に用いられた行政文書）
1995		この頃から宅老所が増え始める
1997	7	「地域の茶の間・山二ツ」が新潟県新潟市でスタート。「地域の茶の間」の名称が使われ始める
1999		「宅老所・グループホーム全国ネットワーク」発足
2000	5	大阪府の「ふれあいリビング」の第一号として「下新庄さくら園」が大阪府大阪市にオープン
2000		この頃からコミュニティカフェが増え始める
2000		「新潟県長期総合計画」で「地域の茶の間」の全県普及が打ち出される
2001	9	「ひがしまち街角広場」が大阪府豊中市にオープン
2003	4	常設型地域の茶の間の「うちの実家」が新潟県新潟市にオープン
2004		文部科学省による「子どもの居場所づくり新プラン」により地域子ども教室が始まる
2006	4	介護保険法改正により小規模多機能型居宅介護（小規模多機能ホーム）が制度化
2007		文部科学省と厚生労働省との共同事業である「放課後子どもプラン」により放課後子ども教室が始まる
2009	11	「コミュニティカフェ全国連絡会」設立
2012		東京都大田区の「気まぐれ八百屋だんだん」で「こども食堂」の名称が使われ始める
2013	6	「居場所ハウス」が岩手県大船渡市にオープン
2013	6	子どもの貧困対策推進法が成立。この後、子どもの貧困に対する社会的注目が高まり、こども食堂は、学習支援（無料塾）と並ぶ子どもの貧困対策の主要メニューとなっていく
2014	10	新潟市による最初の地域包括ケア推進モデルハウスとして「実家の茶の間・紫竹」が新潟県新潟市にオープン
2015		介護保険法改正により創設された介護予防・日常生活支援総合事業（新しい総合事業）で、通いの場がサービスの1つとして盛り込まれる
2019	6	「認知症施策推進大綱」で介護予防に資する通いの場への参加率を8%程度に高めることを目標として掲げられる

※年表を作成するにあたっては、大分大学福祉科学研究センター（2011）、河田珪子（2016）、田中治彦（2001）、宅老所・グループホーム全国ネットワーク編（2016）、新潟県（2019）、認知症施策推進関係閣僚会議（2019）、萩原健次郎（2018）、湯浅誠（2017）などを参考にした。

注
1 倉持香苗（2014）は、自らの調査のため全国のコミュニティカフェのリストを作成した作業経験をふまえ、「この作業においては、出版物やインターネットなどで紹介されているコミュニティカフェを中心にリストを作成しているため、出版物での紹介やホームページがない場所は把握することはできなかったが、こうした作業過程から考えても、誰もが気軽に集えるコミュニティカフェが全国に3万か所あるとは考え難い」と指摘している。
2 「パブリックシェルターガイド」ウェブサイトより。ウェブサイトは岩佐明彦らが立ちあげたものである。
3 「リハ職」とは理学療法士、作業療法士、言語聴覚士などのリハビリテーション専門職のこと。
4 活動実績は厚生労働省老健局老人保健課『介護予防・日常生活支援総合事業（地域支援事業）の実施状況（平成30年度実施分）に関する調査結果（概要）』より。調査では「介護予防に資する住民主体の通いの場」（通いの場）として市町村が把握しているもののうち、次の3つの条件に該当する場所が集計の対象とされている。①「体操や趣味活動等を行い介護予防に資すると市町村が判断する通いの場である」、②「通いの場の運営主体は、住民である」、③「通いの場の運営について、市町村が財政的支援（地域支援事業の一次予防事業、地域支援事業の任意事業、市町村の独自事業等）を行っているものに限らない」。なお、「月1回以上の活動実績がある通いの場について計上する」、「『主な活動内容』及び『参加者実人数』を把握している通いの場を計上する」という但し書きが付されている。全国の通いの場の活動実績は、2013年度が1,084市町村（全市町村の62.2％）の43,154か所、2014年度が1,271市町村（全市町村の73.0％）の55,521か所、2015年度が1,412市町村（全市町村の81.1％）の70,134か所、2016年度が1,385市町村（全市町村の79.6％）の76,492か所、2017年度が1,506市町村（全市町村の86.5％）の91,059か所、2018年度が1,558市町村（全市町村の89.5％）の106,766か所とされている。
5 「全国小規模多機能ホーム情報サイト」ウェブサイトより。

第8章

制度化における機能の先行

1 多機能化していく居場所

　本書で紹介している場所の運営のあり方についての言葉を紹介したい。オープンの経緯や運営内容、運営体制などが異なるにもかかわらず、同じことが語られているのがわかる。

　　白根さん（親と子の談話室・とぽす）：ここは喫茶店なので人との出会いがその流れをつくっていっているんですよ。人との出会いがつくっていってるので、「ちょっと待って」とは絶対私は言えない。「そういう要求ならそれもやりましょうね」っていうかたちで、だんだん渦巻きが広くなっちゃうっていうかな。……。だから人がここを動かしていって、変容させていって。しかも悪く変容させていくんじゃなくて、いいように変えていってくれてると思ってます。[050219]

　　和南さん（下新庄さくら園）：だから、それもひとつの「ふれあい」をやりながらしていってる、幅がどんどん広がってる感じで。それはいいことだなと思って。こっちから何かしなくてもね、受けながら受けながらやっていったらね、なんぼでもあると思うよ。[051027]

　　赤井さん（ひがしまち街角広場）：場所づくりしたところで、こちらの押し付けがあったらだめなんですよね。だから、はっきり言えば来る人がつくっていく、来る人のニーズに合ったものをつくっていく。[050219]

河田さん（実家の茶の間・紫竹）：いつもね、いらっしゃる方たちの様子、いらっしゃる方たちの満足、いらっしゃる方たちのニーズから吸いあげていくだけですよね。［160801］

「そういう要求ならそれもやりましょう」、「受けながら受けながらやっていったら」、「来る人のニーズに合ったものをつくっていく」、「いらっしゃる方たちのニーズから吸いあげていくだけ」という表現からは、いずれの場所も一人ひとりの要求に対応してきたことが伺える。本書で紹介している場所だけに限らない。先に紹介した通り、宅老所は「『小規模』で『多機能』な福祉拠点」だが、そこでは「『一人ひとりのお年寄りのニーズから出発する』という原点」が大切にされることで「多機能化」してきたと指摘されている。

> お年寄りやその家族の思いに向き合い、寄り添うなかで、その暮らしを連続的に支援しようとして、宅老所は「多機能化」の道を歩んできました。多機能化というのは、単に多くのサービスメニューを用意して、時間や支援の内容ごとに異なるサービスを提供することではありません。お年寄り一人ひとりの生活を24時間365日連続して支えるために、一つの活動が中心となって、必要に応じて形を変えて「柔軟なケア」を提供することです。（宅老所・グループホーム全国ネットワーク, 2016）

重要なのは、「多機能化というのは、単に多くのサービスメニューを用意して、時間や支援の内容ごとに異なるサービスを提供することではありません」と指摘されていることである。「一人ひとりのお年寄りのニーズ」に対応することで、結果として「多機能化」したのが宅老所なのである。

建築学者の大原一興は、宅老所の存在意義は「提供されるサービス機能ではなく、地域の要求を引き出すための装置として有効となる点にある」と指摘する。

> 実は、これらの宅老所活動の存在意義は、提供されるサービス機能ではなく、地域の要求を引き出すための装置として有効となる点にある。多くの宅老所が、最初は小規模な民間のデイサービスから始まり、次第に要求に応じて泊

まることもできるようにし、さらに長期化、継続化できるよう居住施設も持つようになる、という展開の過程を見せている。対象者も高齢者はきっかけに過ぎず、地域に発生した様々なサービスニーズへの対応（障害をもつ人のための居住の場、小さな子の預かり、引きこもり中学生の日中過ごす場等々）が実現されていく。制度に乗らない新たなサービスをむしろ創出することになっている。（大原一興, 2007）

こども食堂も同様である。こども食堂の名称を使い始めた「気まぐれ八百屋だんだん」では、店舗の一画を地域交流拠点として「一人のニーズ、一人のアイディアから出発した」さまざまな活動が行われている。湯浅誠は「気まぐれ八百屋だんだん」の軌跡を次のように紹介している。

　　あるとき、自分の高校生の娘が「数学がわからない」と言い出した。知り合いの教師OBに相談したところ、その人が夏休みの間、勉強をみてくれると言った。ありがたい話だ。自分の娘だけではもったいないと、知り合いの子どもたちにも声をかけて、低額の補習塾を開くことにした。それが「ワンコイン寺子屋」。……
　　「ワンコイン寺子屋」が新聞に取り上げられたところ、教育経験者を含めた多くのボランティアの申し出があった。そこでワンコインとは別に、子どもたちが宿題を持ってきて、ボランティアに無料で見てもらう場を開くことにした。下校途中にちょっと立ち寄ってアドバイスをもらって帰るイメージ。それで「みちくさ寺子屋」。「だんだん」の日常は、そうやって生まれた数々の「プチ企画」で満ちている。（湯浅誠, 2017）

「気まぐれ八百屋だんだん」におけるさまざまな活動は、「すべてが、一つの会話から見えてきた一つのニーズから出発している」（湯浅誠, 2017）。こども食堂も、このようにして生まれた活動の一つである。
　居場所は一人ひとりの要求に対応することで、徐々につくりあげられていく。建築学者の橘弘志が指摘するように、居場所の「多様で柔軟な『機能』」は「結果的に立ち現れてきたもの」なのである。

「まちの居場所」が外から見えるかたちで有している多様で柔軟な「機能」
は、既存の制度やサービスとして外から付け加えられたものではない。実際に
その場所で「ひと」と「ひと」が出会い、相互に関わり合うことによって、結果
的に立ち現れてきたものと言える。（橘弘志, 2019）

　居場所は最初から多機能な場所ではなく、多機能化していく場所である。つま
り、あらかじめ多くのサービスメニューが用意されている静的な場所ではなく、
一人ひとりの要求に対応することで徐々に機能が備わる動的な場所であること
が、居場所の特徴である。

2 制度化における機能の先行

　生活科学研究を行う佐々木嘉彦（1975）は、生活の最小単位を「人－物」関係
とし、この関係は人間の行為として現象すると定義する。

　　生活とは、物（生活手段）と結びついた人間の諸行為の連関と、それが心理に
　及ぼす影響（たとえば、満足、不満足）の全体である。したがって、それは人－物
　－人、物－人－物の全体の連鎖のなかで人間が生きていくことである。この
　「人－物」関係が生活で、それは行為として現象する。
　　この定義は、いいかえれば、生活は過程としての人間の行為の全体であり、
　また「人－物」（＝行為）は生活の最小単位である。すなわち生活はこの生活単
　位の組み立てとしてみることができる。（佐々木嘉彦, 1975）

　そして、人間の行為には意識的であるか否かにかかわらず要求の充足に向かう
特徴があることから、「人－物」関係は「『人の要求』と『物の機能』を媒介して人
と物が結びつく関係としてとらえることができる」とされる（図8-1）。
　大原一興は、佐々木嘉彦による「人－物」関係の議論をふまえ、高齢者施設に
ついて次のように指摘する。

実際の高齢者施設では、機能が単独で先行し施設が建設され、しかるのちに
それに適した居住者（例えば要介護度の高い人、認知症の人など）が入居者として
募集される。これは機能が要求よりも先行していることを意味する。先に要
求がありそれに対して機能が発生する、という本来の「要求－機能」関係が倒
立していると言うことができる。（大原一興, 2007）

　高齢者施設では「先に要求がありそれに対して機能が発生する、という本来の
『要求－機能』関係が倒立」し、機能が要求に先行している。大原一興は、「要求
－機能」関係の倒立を背景として、高齢者居住施設では「『サービスを受ける場』
と『生活拠点』とが一対一の対応関係となっている」こと、これによって「身体状
況など居住者のサービスニードが変わると住まいを移らなくてはならない」ため
に、「老化に伴って施設を転々と移される」という「リロケーション（生活拠点移
動）」の問題が発生してしまうことを指摘している。

　これに対して、「住み慣れた地域でその人らしく最期まで」というスローガン
で表現されるエイジング・イン・プレイス（地域居住）という考え方がある。社会
福祉学者で社会福祉士でもある松岡洋子（2011）は、エイジング・イン・プレイ
スの手段、および、実践理論としての「住まいとケアの分離」を紹介している。
サービスを求めて転居したり、施設に入居したりしなければならないのは、住ま
いにサービスが固着しているからである。従って、転居や施設への入居なしに
「住み慣れた地域でその人らしく最期まで」暮らし続けるためには、住まいと
サービスが分離されている必要がある。これが「住まいとケアの分離」である。
「『このサービスが欲しい人はここへおいで』というニーズを特定して住まいをカ
テゴリー化する手法は『サービスセンタード・モデル』であり、旧型施設の発想

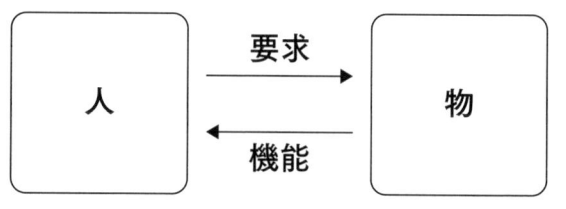

※佐々木嘉彦（1975）に掲載の図を元に筆者が作成したもの。

図8-1 佐々木嘉彦による「人－物」関係／「要求－機能」関係

である」、「地域居住を推進していくには、これまで施設に固定化され封印されていた『住まい』の機能と『ケア』の機能を分離し、高齢者の虚弱化に伴って発生するニーズに合わせて再び統合していくことが重要な課題となる」、「『ケアは住まいに付く』のではなく、『ケアは人に付く、地域に付く』」[1]。

　社会学者の麦倉泰子（2019）は、障害者が「『施設』から真の意味で『出る』ために必要なもの」として、パーソナル・アシスタンスという「『施設』のオルタナティブとなる支援のあり方」をあげている。パーソナル・アシスタンスにおいては、具体的に次のような支援が行われる。

　　ここで想定される援助とは、衣服の着脱や入浴などといった身体的な介助だけでなく、洗濯や掃除といった日常的な家事、移動の補助に加えて、その人が日常的に利用する建物や車の改良なども含まれる包括的な内容である。こうした日常生活および社会生活の援助における多岐にわたる援助を、個々の障害者の希望に沿って行う支援者はパーソナル・アシスタントと呼ばれる。（麦倉泰子, 2019）[2]

　パーソナル・アシスタンスは「障害者運動のなかから生み出されてきた理念」で、「障害のある人の参加を阻むさまざまな障壁を除去」することがめざされている。麦倉泰子は「社会的障壁としての障害は、障害のある人を援助するために作られた福祉制度の中にすら存在する」と指摘し、その典型的な例として「専門職ークライアント」という言葉をあげる。なぜなら、「二者間の関係性において一方を『専門職』、他方を『クライアント』として名指すことそれ自体が、相手を『庇護すべき存在』として一段下の存在として位置付けることを導いてしまう」からである。パーソナル・アシスタンスはこの関係を覆すもので、「集団的な環境における専門職による支援」ではない「その人のためだけに行われる個別的な支援」である。

　施設から出ることをめざすエイジング・イン・プレイスとパーソナル・アシスタンスには、「人に付く、地域に付く」ものとしてのケア、「その人のためだけに行われる個別的な支援」というように一人ひとりに焦点をあてるという共通点があることは、翻って、施設の機能が一人ひとりの要求に対応できないことをあぶ

り出している。なぜなら、施設の機能は一人ひとりの要求に対応して備えられたものはなく、要求に先行してあらかじめ設定されているからである。大原一興が指摘するように、施設においては「本来の『要求－機能』関係が倒立している」のである。

施設では機能が要求に先行する。このことは居場所の制度化においてもみられる。放課後子ども教室においては、子どもたちを学校空間に囲い込むことが考えられていた。通いの場は介護予防の機能を担うことが期待されていた。小規模多機能型居宅介護は、この名称の通り機能の多さに焦点があてられた制度だが、その機能は高齢者介護の枠組みを越えることはなく、あらかじめサービスメニューとして設定されたものであった。こども食堂には、子どもの貧困問題の解決が期待されるようになっていた。本書で取りあげている大阪府の「ふれあいリビング」整備事業も同様である。第一号の「下新庄さくら園」で喫茶が好評だったことを受けて、集会所を改修して喫茶コーナーをもうける「改修タイプ」の「ふれあいリビング」が生まれたこと、さらに、府営住宅の建替事業の際には、将来住民らが「ふれあいリビング」のような活動を計画した時に対応できるように、あらかじめ喫茶コーナーを備えた「ふれあいタイプ集会所」が建設されることは、喫茶という機能が住民の要求に先行していったプロセスである。

以上より、居場所の制度化を次のように捉えることができる。居場所では、機能は生じてくる要求への対応として備わってくる。これに対して施設では、機能は要求に先行し、実現すべきものとしてあらかじめ設定される。つまり、居場所と施設とでは「要求－機能」関係が反転している。従って居場所の制度化とは、要求への対応として居場所に備わった機能を抽出し、それを実現すべきものとしてあらかじめ設定していくプロセスということになる。

注意が必要なのは、居場所と施設で異なるのは「要求－機能」関係であること、それゆえ、担っている機能の観点からは両者を完全に分離できないことである。これは、コミュニティカフェと通いの場、宅老所と小規模多機能型居宅介護を比較することで明らかになる。

大分大学福祉科学研究センター（2011）は全国166か所のコミュニティカフェへの調査から、そこで提供されているサービスについて「飲み物の提供」（90.2％）、「食事の提供」（73.6％）、「各種教室・講座の開催」（69.9％）、「小物や雑

貨等の販売」(54.0%)、「ギャラリー空間として展示、販売」(534.%)の順に多くなっていることを明らかにしている。一方、厚生労働省老健局老人保健課『介護予防・日常生活支援総合事業(地域支援事業)の実施状況(平成30年度実施分)に関する調査結果(概要)』では全国の106,766か所の通いの場における活動内容として「体操(運動)」(52.8%)、「茶話会」(19.0%)、「趣味活動」(16.9%)、「会食」(4.7%)、「認知症予防」(4.2%)の順に多いことが報告されている。調査の観点に違いはあるが、飲食を共にできる場所であること、体操や趣味活動を含めた各種の教室・講座が開かれていることなど、コミュニティカフェと通いの場が担う機能には重なりがある。

宅老所で行われる支援活動は「通い」、「泊まり」、「居住」、「訪問」、「介護相談」の5つを組み合わせたものである(宅老所・グループホーム全国ネットワーク, 2016)。一方、小規模多機能型居宅介護では「日中の通い、一時的な宿泊、緊急時や夜間の訪問サービス、さらには居住するといったサービスが、要介護高齢者(や家族)の必要に応じて」、要介護高齢者の「継続的な心身の状態の変化をよく把握している同じスタッフ」により提供されるのが望ましいと考えられている(厚生労働省老健局「2015年の高齢者介護:高齢者の尊厳を支えるケアの確立に向けて」)。「通い」、「宿泊」(泊まり)、「訪問」、「居住」の表現がみられるように、両者が担う機能は大きく重なっている。

繰り返しになるが、居場所と施設で異なるのは「要求－機能」関係である。「要求－機能」関係を変えることで、既存の制度や施設の外側の場所として開かれてきた居場所を、制度や施設のモデルとしたり、行政の施策に取り込んだりすることが可能なのである。

3 第三者としての専門家による要求の先取り

居場所では、機能は生じてくる要求への対応として備わってくる。居場所で対応されるのは、先にみた通り、眼の前にいる一人ひとりの要求である。

一方、施設の機能は、要求に先行し実現すべきものとしてあらかじめ設定される。ただし、このことは施設の機能が人々の要求と全く無関係に設定されることを意味しない。元々、施設の機能も人々の要求に対応することが考えられたもの

なのである。しかし、施設の機能が対応しているのは一人ひとりの要求ではなく、先取りした要求である。つまり、機能が要求に先行するとは、先取りした要求に対して機能を設定することを意味する。それでは、誰が要求を先取りしてきたのか。

　ここで哲学者・思想家のイバン・イリイチ、そして、障害者運動と女性運動にそれぞれ当事者として関わってきた中西正司と上野千鶴子の指摘に注目したい。

　　専門家を特徴づけるものは、収入でもなければ、長期の訓練、デリケートな任務、あるいは社会的格式といったものでもない。むしろ、人を顧客と定義し、その人の必要を決定し、その人に処方を申し渡せる権威こそ、専門家の特徴なのである。（イリイチ、イバン, 1984）

　　専門家とはだれか。専門家とは、当事者に代わって、当事者よりも本人の状態や利益について、より適切な判断を下すことができると考えられている第三者のことである。そのために専門家には、ふつうの人にはない権威や資格が与えられている。（中西正司・上野千鶴子, 2003）

　これらの指摘をふまえれば、人々の要求を先取りすることの権威や資格が与えられてきたのは、第三者としての専門家ということになる。そして、「ニーズを持ったとき、人はだれでも当事者になる」（中西正司・上野千鶴子, 2003）とすれば、第三者としての専門家は要求を先取りすることで、一人ひとりが当事者になることを阻害してきた。

　第三者としての専門家によって先取りされた要求は、一人ひとりが抱く要求そのものではない。中西正司と上野千鶴子が「『客観性』や『中立性』の名のもとで、第三者としての専門家は、現在ある支配的な秩序を維持することに貢献してきた」と指摘するように、一人ひとりの要求は「現在ある支配的な秩序を維持する」ように読み替えられていく。

　これを社会福祉学者の三浦文夫（1987）は「社会福祉における『実践』レベルと『政策』レベルにおける『自立』あるいは『社会的統合』の合意の相違」という観点から議論している[3]。三浦文夫は「『援護・育成または更生の措置を要する状

態』あるいは『自立』を図るために解決・改善を必要とする状態 (問題) を『ニード』と呼ぶとする」としたうえで、ニードを「実践」レベルの「社会福祉ニード」と、「政策」レベルの「政策ニード」に分類する。

　　社会福祉の実践レベルにおいては、具体的な要援護者を対象として、その者のもつ「ニード」の解決を図りつつ、その者の「自立」の確保 (indentity〔原文ママ〕の確立) を図ることを追求するものである。換言すると、社会福祉実践レベルにおいては、「ニード」の解決ということだけが問題なのではなく、あくまでも、その者にとっての「自立」なり「社会的統合」は何かということとの関連において、「ニード」の解決とかその取組みが問題とされていくのである。(三浦文夫, 1987)

「実践」レベルにおいては「『ニード』の解決ということだけが問題なのではなく」、「具体的な要援護者」の「『自立』の確保」を図ることが追求される。一方、「政策」レベルにおいては「あらかじめ措定されている政策目的に沿って個々のニードを範疇化あるいは集合化して、政策ニードとすることになる」。それゆえ、「社会福祉政策にとっては、政策ニードの把握とその充足がとくに重要な課題となってくる」。ここで指摘されている「政策ニードの把握」が、要求の先取りだと捉えることができる。

　三浦文夫の議論を受けて、麦倉泰子 (2019) は「個別的な『社会福祉ニード』が範疇化され、集合化された『ニード』とされる過程に、自己決定を困難なものとし、支援者と当事者との間に『ずれ』を生じさせるきっかけが潜んでいるのではないかと考えられるのだ」と指摘する。

　第三者としての専門家によって先取りされた要求と一人ひとりが抱く要求との間には「ずれ」がある。そして、施設はこの「ずれ」を空間として具現化する。なぜなら、施設は先取りされた要求に対応する機能を空間に適切に割りあてる方法、すなわち、機能主義によってつくり出されるからである[4]。

　施設を成立させている機能主義について、建築学者の伊藤俊介は次のように指摘する。

それぞれの機能に対応する空間が存在すべきだという機能主義の考え方は、逆に、その空間があれば機能が充足されるという発想に陥りやすい。しかも、その空間があることでそうした機能へのニーズがもとからあったかのように見えてしまう。（伊藤俊介, 2007）

　建築学者の橘弘志は、施設の環境やサービスは「あくまでも運営者・計画者によって定められたもの」であるため、「私たちは提示された選択肢から選ぶことしかできない」という受動的な存在とならざるを得ないと指摘する。

　〔施設の〕環境やサービスがどれだけ洗練されていたとしても、それはあくまでも運営者・計画者によって定められたものであり、私たちは提示された選択肢から選ぶことしかできない。そこでは、サービスを提供する側と享受する側という、非対称的で一方的な関係が固定化されており、私たちは主体的な生活者というよりも、対価を支払ってサービスを消費するだけの受動的な存在とならざるをえない。……。私たちが「ニーズ」として捉えているものは、今や私たちが生身の身体として環境と関わる中で見出されるものでもなければ、他者との生き生きとした関わりの中で立ち現れるものでもない。あくまで個人としての要求でありながら、実は外部から喚起させられたものに他ならない。（橘弘志, 2019）

　ここで注目したいのは、「そうした機能へのニーズがもとからあったかのように見えてしまう」、「あくまで個人としての要求でありながら、実は外部から喚起させられたものに他ならない」という指摘である。第三者としての専門家によって先取りされた要求は、一人ひとりが抱いていた要求そのものではない。そうであるにもかかわらず、第三者としての専門家によって先取りされた要求に対応する機能が制度・施設に備えられることで、人々はそれを自らが元々抱いていた要求であるかのように誤認してしまうのである。

　こうした現象をイバン・イリイチは自律性の麻痺と呼ぶ。山本哲士は、イバン・イリイチが学校、医療、モーター輸送を例にあげて、これらの制度（産業サービス制度）により学ぶ、癒す、歩くという自律行為が麻痺させられるという議論を

展開していることに関して、次のように指摘する。

「自律性が侵害され、充足がそがれ、経験が平板になり、ニーズが阻害される」ということが、豊な者にも貧しい者にもともに襲ってくる、時間を消費する加速化、病気をうむ健康ケア、人間を麻痺させる教育といった逆生産性に覆われる。文化的に形成された使用価値に代わって、専門家の手で工作された産業商品が生活を覆うのである。

……

稀少性の世界がつくりだされると、専門家によって稀少と定義された商品のみが、人々の必要を満たすものとなっていく。(山本哲士, 2009)

一人ひとりは自律行為が麻痺させられ、「専門家によって稀少と定義された商品」だけ価値があると誤認していく。イバン・イリイチは「産業サービス制度を産みだし、それを維持している」専門家を、「不能化する専門家」と呼ぶ (山本哲士, 2009)。そして、学校における生徒、病院における患者、モーター輸送における通勤者・通学者は、教師、医師、運転手による賃労働・サービス労働を補完する「シャドウ・ワーク」(賃金が支払われないワーク) をしていることになる[5]。

施設にあらかじめ備えられる機能は、要求に対応することが想定されたものである。しかし、施設の機能が対応するのは第三者としての専門家によって先取りされた要求であり、一人ひとりの要求そのものではない。この意味で、施設では機能が要求に先行している。そして、ここに「ずれ」があるにもかかわらず、人々は第三者としての専門家によって先取りされた要求を、自らが元々抱いていた要求であるかのように誤認してしまう。

ただし、全ての人々が誤認するわけではない。自らの要求は既存の制度や施設の枠組みでは上手く対応されないと感じる人々や、そのような人々の存在に気づく人々がいる。居場所は、このような人々によって、第三者としての専門家による要求の先取りに対する異議申し立てとして、制度や施設の外側の場所として開かれてきたのである (図8-2)。

4 目的としての介護予防と結果としての介護予防

　介護予防とは「要介護状態の発生をできる限り防ぐ（遅らせる）こと、そして要介護状態にあってもその悪化をできる限り防ぐこと、さらには軽減を目指すこと」と定義される。それは、「単に高齢者の運動機能や栄養状態といった個々の要素の改善だけを目指すものではな」く、「生活の質（QOL）の向上を目指すものである」（介護予防マニュアル改訂委員会, 2012）。

　「誰かに会いたい」「行くところがほしい」「誰かに話を聞いてもらいたい」「誰かと一緒にお茶飲みをしたい」「誰かの役に立ちたい」「誰かに自慢したい」「気分転換したい」「ちょっとだけ子供を預かってほしい」[6]という要求を抱いて居場所を訪れる人々がいる。これらには介護予防という言葉は出てこないが、介護予防を「生活の質（QOL）の向上を目指すもの」と捉えるとき、これらの要求を抱いて居場所を訪れることの結果として、介護予防の効果がもたらされる可能性はある。しかしそうだからと言って、一人ひとりが最初から介護予防の要求を抱いていたと捉えることには飛躍がある。一人ひとりの要求を介護予防に回収することは、「あらかじめ措定されている政策目的に沿って個々のニードを範疇化あるいは集合化」（三浦文夫, 1987）するものとしての要求の先取りなのである。

　介護予防を「運動機能や栄養状態といった個々の要素の改善」だけでなく「生活の質（QOL）の向上を目指すもの」と捉える視点が提示されたとしても、これまでの介護予防が「心身機能を改善することを目的とした機能回復訓練に偏りがちであった」こと（厚生労働省「これからの介護予防」）、そして、介護予防を目的とする通いの場で最も多く行われている活動が「体操（運動）」であったことを思い返す時、一人ひとりの要求を介護予防として先取りすることで、居場所がますます「心身機能を改善することを目的とした機能回復訓練」の場所と位置づけられるようになり、多機能化するという居場所の豊かな可能性が痩せ細ってしまう恐れがある。

　ここで本書の「はじめに」で紹介した言葉を振り返りたい。

　　今どこに行っても、立ちあげの目的は介護予防・健康寿命延伸のためと紹介

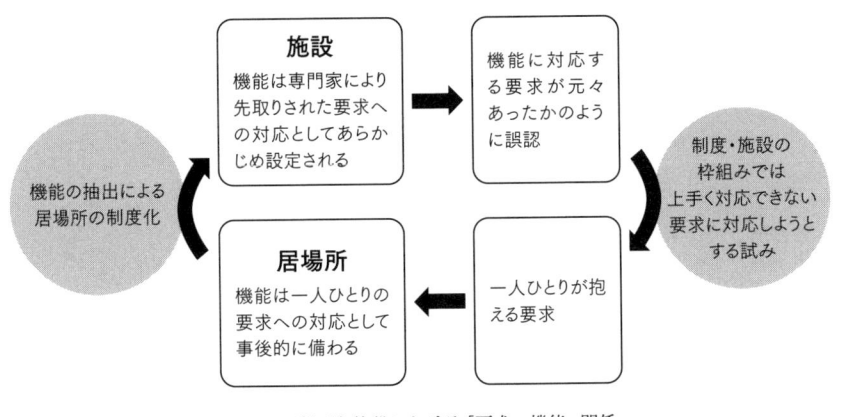

図8-2 居場所と施設における「要求−機能」関係

されます。結果そうであることを願いますが、……、参加される全ての方にとって日々の生きる喜びや楽しみ、自己実現の場であり、結果、地域に生きる安心につながることを願っています。そのために必要なことをプラスしながらやっていけたらと思っています。

　この言葉は、まさにここで議論してきたことに対する、居場所の現場からの問題提起である。居場所が介護予防の機能を担うことは否定されていないが、介護予防は「結果そうであることを願います」というように、結果としてもたらされる効果として捉えられている。厚生労働省「これからの介護予防」でも「結果として介護予防にもつながる」という考え方が示されているものの[7]、このような問題提起がなされていることは、「結果として介護予防にもつながる」という考え方はまだ十分に浸透していないことを現している。

　それでは、結果としての護予防の効果をもたらす居場所はどのような場所なのか。それがこの言葉では、「日々の生きる喜びや楽しみ、自己実現の場」として描かれている。そして、「そのために必要なことをプラスしながら」とは、これからも生じてくる要求に対応しようとする意志の現れだと捉えることができる。

　繰り返しになるが、居場所を介護予防を目的とする場所と捉えることで、居場所の豊かな可能性が痩せ細っていく恐れがある。それゆえ、一人ひとりの要求を介護予防に回収する目的としての介護予防ではなく、結果としての介護予防とい

う観点が重要なのである。

　湯浅誠は、こども食堂を取りまく状況を次のように指摘する。

　　「こども食堂」が急速に広まり、普及する中で、どうしても先駆者が込めた思いは薄められていってしまうから。……。しかし「こども食堂」は「こどもの食堂」ではない。もっと多様で、雑多で、豊かなものだ。「こども食堂」の取り組みを盛り立て、広げつつ、その理念も失わずにいたい。（湯浅誠, 2017）

　湯浅誠の指摘は、こども食堂が、子どものための場所、さらには、子どもの貧困対策のための場所として捉えられることで、本来、こども食堂が有していた「多様で、雑多で、豊かな」可能性が見失われることへの懸念であり、本書における介護予防をめぐる議論と問題意識を同じくするものである。

　居場所と施設の違いは「要求−機能」関係にあった。居場所における機能は一人ひとりの要求に対応することで結果として備わってくる。このプロセスにおける「要求−機能」関係を反転させ、抽出した機能をあらかじめ設定していくことが居場所の制度化をもたらす。介護予防も例外ではない。

注
1　松岡洋子（2011）は「エイジング・イン・プレイスは『住まいとケアの分離』をその手段としてすすめられるが、その先にあるのは分離した『住まい』の普遍化、『ケア』の総合化、さらに両者を地域でどのように再統合していくかという課題である」と指摘する。また、エイジング・イン・プレイスを支える日本の事例として、「地域のつどい場」（コミュニティカフェ）、宅老所などを紹介している。
2　麦倉泰子（2019）は「パーソナル・アシスタントを雇用するためのもっとも効果的な手段として提案されたもの」として「ダイレクト・ペイメント」という仕組みをあげている。「ダイレクト・ペイメントとは、ケアにかかる費用を障害のある人自身が直接受け取り、管理するというシステムである。この発想の根本には、金銭を中心とする資源へのアクセスこそが生活における選択とコントロールを実現する中心的な位置を占めるというイギリス障害者運動の伝統的な考え方がある」。
3　三浦文夫の議論を知ったのは、麦倉泰子（2019）を通してである。
4　アメリカの建築家、ルイス・サリヴァンの「形態は機能に従う」（Form Follows Function）という表現は機能主義の立場を端的に表している。機能主義に対して、社会学者・哲学者のアンリ・ルフェーブル（2000）は「機能主義は機能を強調する。そしてそれぞれの機能は支配された空間の内部に位置づけられることによって、ついには多面的機能の可能性が排除されることになる」と指摘する。この指摘は、施設と居場所では「要求−機能」関係が異なるという本書の議論に対応している。なお、建築家・設計者が必ずしも機能主義の立場を肯定しているわけではない。たとえば、建築家の山本理顕（2004）は、「制度の忠実な反映が建築である」が、同時に「建築の即物的な力を借りて、はじめて制度は成り立っている」ため、設計者が「制度から空間へ、自動的に翻訳する自動翻訳機械である」ことで、その制度を「正当化し補強する役割を担っている」と指摘する。そして、「建築を、その決められたカテゴリーから多少でもずらすことができれば、あるいは、この隔離施設をできるだけ相互に関わるようにすることができれば、そ

の境界を曖昧にできれば、それだけでも、今の制度を多少でも柔軟にすることぐらいはできるはずである」と指摘する。また、建築家の青木淳（2004）は「あらかじめそこで行われることがわかっている建築」を「遊園地」、「そこで行われることでその中身がつくられていく建築」を「原っぱ」と呼び、「空間は、作家がそこで行うことを先回りしてはならない。にもかかわらず、確かな実在を感じさせなくてはならない」と「原っぱ」の可能性に言及している。青木淳の分類を受ければ、本書における施設が「遊園地」、居場所が「原っぱ」に対応する。

5　山本哲士（2009）は次のように「自律性のとり戻しの可能性」を指摘している。「シャドウ・ワーク自体は、産業的に構成された学習、移動、治療の行動であり、サービス商品を受けての消費行動へと転じられているものであるが、そこに実は、実体的で自律的な学ぶ行為、癒す行為、歩く・動く行為の文化および技術がある、ということである」、「逆に言うと、この賃労働の賃金・給与を断ち切ったとき、つまり非雇用となったとき、シャドウ・ワークの消費行動は不可能になっていく、移動においては自律エネルギーを使って歩くほかなくなり、自分で学ぶほかなくなり、死をも含んで自らで癒すほかなくなる。これが、創造的非雇用になるということだ。学校へいかない、病院へいかない、モーター乗り物に乗らないということに否応なっていく。そのプラグを抜いた行為は、自律性のとり戻しになっていく。そのうえで、産業的・他律的なものを補助的に働かせることである。学校・病院・モーター乗り物を無くしてしまうことではないが、表層的な妥協でもない。限界設定的にそれはしうる」。

6　これらは地域の茶の間に顔を出すきっかけの例として河田珪子（2016）にあげられているものである。

7　厚生労働省「これからの介護予防」では、「これからの介護予防の考え方」として4つがあげられている。その中の1つに、次のように「結果として介護予防にもつながる」という考え方が示されている。「高齢者を生活支援サービスの担い手であると捉えることにより、支援を必要とする高齢者の多様な生活支援ニーズに応えるとともに、担い手にとっても地域の中で新たな社会的役割を有することにより、結果として介護予防にもつながるという相乗効果をもたらす。」

第9章 居場所に備わってくる機能

居場所と施設とでは「要求－機能」関係が反転している。施設における機能は、要求に先行して実現すべきものとしてあらかじめ設定される。一方、居場所における機能は、生じてくる要求への対応として備わってくる。本章では、居場所に備わる機能を豊かに想像する手がかりとするため、5つの場所で具体的にどのような機能がオープン後に備わってきたかをみていくこととする。

● 新たなプログラム

「親と子の談話室・とぽす」は思春期の子どもだけでも入れる図書コーナー付きの喫茶店としてオープンしたが、30年以上の運営を通して「生と死を考える会」、「とぽすとその仲間展」、絵手紙教室、「とぽす響きの会」、「歌と語りの夕べ」など、いくつもの集まりが立ちあげられてきた。いずれも「親と子の談話室・とぽす」を訪れた人々からの要求に対応することで立ちあげられたものである。

「居場所ハウス」はカフェとしてオープンしたが、オープン後にさまざまなプログラムが立ちあげられてきた。飲食店や店舗がほとんどない地域の状況をふまえて朝市、食堂、買物送迎が始められた。復興の進展という地域の変化を受けて立ちあげられたプログラムもある。たとえば、大田仮設で開かれていた「子どものエンパワメントいわて」主催の「学びの部屋」が「居場所ハウス」に会場を移して開かれるようになったり、山岸仮設の元住民らによる同窓会が定期的に開かれたりしてきた。末崎地区サポートセンターが主催してきた「居場所健康クラブ」は、末崎地区サポートセンターの閉鎖後に「居場所ハウス」の主催として継続されるようになった。「居場所ハウス」は震災後に仮設住宅やサポートセンターで行われていたプログラムや、そこで築かれた関係を継承する、言わば受け皿としての機能も担うようになってきたのである。

● 日常の場所として定着

　「下新庄さくら園」は、「ふれあいリビング」という大阪府の事業として開かれたという意味で、最初から制度化されていたと捉えることも可能だが、地域の要求を受けて日常的な喫茶の場所として定着したという経緯は見落とせないポイントである。

　当初、大阪府は「下新庄さくら園」を喫茶を中心とする場所と想定していたが、住民を交えたオープンまでの話し合いで、飲物の100円の売上げだけでは運営費を賄うのは難しいという意見が出された。そこで喫茶コーナーに加え、「食事会や趣味のサークル活動のほか、研修や会議、展示会など多目的」に利用できるだんらんコーナー、「食事サービスのほか、料理教室やイベント時の料理、おかしづくり、グループでの食事づくりなど」に利用できる厨房がもうけられ[1]、だんらんコーナーと厨房をグループで借りてもらうことによる会場使用料で運営費を賄うことが計画された。このようにしてオープンしたが、計画していた以上に喫茶が好評だったため、喫茶を中心とする場所として定着し、だんらんコーナーも喫茶の場所として利用されるようになったという経緯がある。結果的には当初の大阪府の想定通りになったわけだが、この経緯は、グループ利用より喫茶の方がよいという、計画時には見えていなかった要求に対応したものと捉えることができる。

　グループ利用より喫茶の方がよいという要求については、「下新庄さくら園」のオープン前からこのような要求があった、あるいは、「下新庄さくら園」のオープンによってこのような要求が生まれてきた、といういずれの可能性も考えることができる。現時点から遡って両者のいずれであるかを捉えることは不可能だが、重要なのは、もしも「下新庄さくら園」のオープン前からこのような要求があったとしても、「下新庄さくら園」がなければ喫茶の場所で人々が過ごす具体的な光景は観察できなかったということである。つまり、「下新庄さくら園」によって初めてこのような要求が観察できるかたちで顕在化したのである。

　「ひがしまち街角広場」でもプログラムは行われていないが、日常的な喫茶の場所として定着した「下新庄さくら園」と同じような経緯がある。豊中市による半年間の社会実験の間は定期的に展示会、フリーマーケット、体験教室などのプログラムが行われていたが、住民による「自主運営」が始まってからプログラム

は次第に行われなくなってきた。この経緯を赤井さんは次のように話す。「色んな行事というか、そういうことをやっても、結果的にはやっぱりみんなそのイベントよりも、ここでゆっくりただ座ってお茶飲んでしゃべって行くぐらい。そうなったら、今日はマッサージの日とか、何とかの勉強会の日とか、何とかの講習会の日っていうのは、あまり意味のないことだと思う」[090817]、「メインがだんだん、みなの希望としてお茶飲む場所っていうことになったんですね」[150721]。「ひがしまち街角広場」では当初から「みんなが何となくふらっと集まって喋れる、ゆっくり過ごせる場所」[050901] がめざされていたが、「みなの希望」に対応することで、この理念はプログラムのない日常の喫茶の場所というかたちで定着していったのである。

「ひがしまち街角広場」は社会実験として期間限定で運営される計画だったが、せっかく開いた場所を閉めるのはもったいないという住民の声に応えて、半年間の社会実験終了後は「自主運営」として運営が継続されることになった。半年間の運営を経て、住民は豊中市による社会実験という地域外からの働きかけがきっかけで開かれた「ひがしまち街角広場」を、地域に必要な場所として要求し、運営を引き受けたのである。社会実験の間は豊中市の補助を受けていたが、「自主運営」が始まってから補助は受けていない。「『街角広場』に誰も来なくなったら補助金もらうのではなく、そうなった時には『街角広場』は閉めよう。地域のみなに必要とされてないものは潔く閉めましょうといつでも言ってます」[070225]。要求がなければ担うべき機能もなくなるということであり、機能が要求に先行する施設とは逆の考え方がこの言葉に現れている。

「実家の茶の間・紫竹」でもプログラムは提供されていない。ただし、「下新庄さくら園」と「ひがしまち街角広場」が地域の要求に対応して日常的な喫茶の場所として定着していったのに対して、「実家の茶の間・紫竹」の運営は初めから定まっている。しかし、この背景には河田さんらによる30年にわたる活動の蓄積がある。1997年7月から始められた「地域の茶の間・山二ツ」の初日、河田さんは自らが用意した体操をしようとみなに声をかけた。体操は好評だったが、体操をしようと声をかけたことによって「みんなそれぞれに、自分が求めていた"場"をつくり始めていた」ことを中断してしまったことに気づいた河田さんは、「決まったプログラムは要らない。『さあ皆さん!!』と呼びかけることもしない」(横

川和夫, 2004) と決めたのである[2]。「実家の茶の間・紫竹」にはこの経験が受け継がれており、河田さんは「いつもね、いらっしゃる方たちの様子、いらっしゃる方たちの満足、いらっしゃる方たちのニーズから吸いあげていくだけですよね」[160801] と話す。「実家の茶の間・紫竹」ではプログラムが用意されていない代わりに、囲碁、将棋、麻雀、オセロ、本、縫い物、折り紙、習字、絵の具など希望された物は何でも揃えられている。揃えられたさまざまな物には、「実家の茶の間・紫竹」が一人ひとりの要求に応えてきた歴史が蓄積されている。

● **制度や施設より前の段階での対応**

「親と子の談話室・とぽす」には当初、思春期の子どもが訪れていたが、その後、不登校の子ども、心の病を抱える人、中高年の女性と来訪者は変化してきた。30年以上の歩み振り返れば、「親と子の談話室・とぽす」は、校則が厳しかった時代に思春期の子どもにとっての居場所として開かれたこと、不登校や心の病が十分に理解されていなかった時代に不登校の子どもや心の病を抱える人々にとっての居場所になってきたことに現れているように、ある人々にとっての居場所の必要性が広く認識される前の段階において、彼らにとっての居場所になってきたことが浮かびあがってくる。白根さんは次のように話す。「まず、それ〔精神病〕を体験してない人が当事者に出会って、精神病って何なんだろうってわかるところから、その当事者が住みやすい街になっていくんだなって思ってたからやってたんですけど。‥‥‥。だから、やってる人たちって先、先、先って何かこう時代の風みたいなもの感じてやってるんですよね」[050219]。既存の制度や施設の枠組みの中ではまだ対応されない人々にとっての居場所になり続けてきたことは、「親と子の談話室・とぽす」が担い続けてきた大切な機能である。

「下新庄さくら園」、「ひがしまち街角広場」は日常的な喫茶の場所として定着したことで、困った時に助けを求めることのできる場所としての機能を担うようになっている。

「駆け込み寺」[050704]、「何でも屋さん」[050704]、「よろず屋」[050704] という表現には、どのような要求にも対応しようとする「下新庄さくら園」の姿勢が現れている。「ケースワーカーが入り、役所がちゃんと入って、だったら、もう私らの仕事でないでしょ。そこまでくる間が、やっぱりここへ」[051021]、「ネッ

トワーク委員だとか、福祉何とか、役所がたくさんつくりますけどね、つくらなくてもね、ほんとにこういうとこで、みんなできるんですわ、役なしでいっぱいできるんですわ」[050704]。人々の要求への対応を、和南さんはこのように話す。

「ひがしまち街角広場」も同様である。赤井さんは要求に対して「門前払いは一切してない」と話す。「私たちの考えとしては、色んなことがあっても、どんなことにでも、一応、1回は受けとめる対応をしようって。知らん顔はね、もう門前払いは一切してないんですよね。……。門前払いを1回でもしてしまうとね、人がもう立ち寄らなくなるでしょ」[050729]、「応じたっていうことがものすごい大事なんですよ。それぞれに応じたものを、その場でできるというのが。青少年とか、成人期とか、高齢者とかに応じたじゃなくて、同じ成人でも色んなレベルの人がいるでしょ。だから、どこにも応じたことがやれる場所じゃないといかんわけでしょ、こういうところっていうのは。枠にはまってない、枠からはみ出た人には対応できないって言ったらだめじゃないですか」[050805]。

制度や施設においては、ある特定の属性をもつ人が主な対象者として想定される。けれども、眼の前にいる人から出された要求に対応するまさにその現場においては、属性によって要求に対応するか否かを判断できない状況に巻き込まれざるを得ない。「役なしでいっぱいできる」、「枠からはみ出た人には対応できないって言ったらだめ」という言葉には、「下新庄さくら園」、「ひがしまち街角広場」がこのような現場で要求に対応し続けてきたことが現れている。

ただし、繰り返しになるが制度や施設より前の段階で対応するとは、相手の要求を先取りすることではない。「実家の茶の間・紫竹」では、食事の時に誰かがほかの人の食事を勝手に取り分けないようにされているが、このことの意味を河田さんは次のように話す。「今日だって油揚げは何枚食べたいか、お麩を何個欲しいかなんて本人が決めることでしょ。それを良かれと思って取ってあげると、『自分は手助け受けてるから、言っちゃいけない』につながっていくんですね。それがだんだん『されるままに大人しくなってれば、あそこに居られる』に変わっていって、『あれがいくつ欲しい、これはいらない』っていう意思表示ができない場をつくっていくと、一人ひとりの表情がどんどん受け身態の表情に変わってくるんですね」[160801]。居場所においても、誰かがほかの人の要求を先取りすることは、相手を「受け身態」にしてしまうのである。

● 他との連携による多機能化

「ひがしまち街角広場」には「千里グッズの会」による千里ニュータウンの絵葉書、「千里竹の会」による竹炭や竹酢液を販売するコーナーがもうけられている。壁などのスペースは作品展示のために開放されており、住民の手による写真や絵画、川柳、竹細工などが展示されている。掲示には地域新聞『ひがしおか』や行事案内、小中学校の学校通信などが掲示されてきた。「千里・住まいの学校」による、留学生を招いて出身国の街や暮らしをテーマに交流する「まちかど土曜ブランチ」、「赤ちゃんからのESD」による「陶器とりかえ隊」が開かれていた時期もある。2015年12月に新千里東町近隣センターの空き店舗に「豊寿荘あいあい食堂」がオープンしてからは、「ひしまち街角広場」内に「豊寿荘あいあい食堂」のメニューが掲示されるようになった。

「ひがしまち街角広場」はコーヒー、紅茶などの飲物を提供しているだけであり、プログラムを提供しているわけではない。しかし、さまざまなかたちでの連携により、地域活動のグループが制作した物を販売したり、住民の作品を展示したり、「地域の情報の交差点」[050618]になったり、食事の場所になったりと多機能化してきた。

ほかの場所も同様である。保健所との連携により、心の病を抱える人に対して「こういうとこ行ったらいいよ、ああいうとこ行ったらいいよ」[050219]と利用できるサービスを紹介する窓口になっている「親と子の談話室・とぽす」、社会福祉協議会との連携で「抹茶の日」、「ぜんざいの日」という「社協アワー」、下新庄地域活動協議会との連携で高齢者への食事サービスを行う「下新庄さくら園」、商店や個人に朝市への出店を依頼してさまざまな物を販売したり、「学びの部屋」に場所を提供することで子どもたちの自学自習の場所になったり、地域資源をいかした産業創出への協力として椿の種の回収、椿の種の殻むきを行ったりしている「居場所ハウス」、保健師、看護師、作業療法士による相談コーナーが開かれている「実家の茶の間・紫竹」というように、自らの場所だけでは担えない多くの機能が、ほかの場所や団体などとの連携によって実現されている。

● 地域への影響

「ひがしまち街角広場」は毎年4月に東町公園で「竹林清掃＆地域交流会」を主

催しており、住民が自分たちの地域の環境を維持管理する拠点にもなっている。

「実家の茶の間・紫竹」では、地域内で「困った時に『助けて』って言える」[160801]助け合いの関係を築くことがめざされている。河田さんは自らが立ちあげた会員制の有償の助け合い活動「まごころヘルプ」を次のように振り返る。「町内で始めると、人は頼まないんですよね。なかなか家の中のことを外に漏らしたくないですし、見られたくないですし、評価されたくないからね。『まごころヘルプ』は全市を相手にした、あるいは、市外も相手にしたわけ。だから上手くいったんですね」[160801]。けれども全市、あるいは、市外という大きな範囲を対象とするのでは、地域内に助け合いの関係は広がっていかない。「実家の茶の間・紫竹」には、助け合いの基本になる「矩（のり）を越えない距離感」[160801]を大切にする関係を築くための拠点としての側面がある。

居場所はこのように、地域の環境を維持管理する動きを生み出したり、地域に助け合いの関係を築いたりと、地域に働きかけていく拠点としての機能を担っている。

「ひがしまち街角広場」では「千里グッズの会」、「千里竹の会」、「千里・住まいの学校」などの地域活動のグループが立ちあげられてきた。現在、これらのグループは「ひがしまち街角広場」の枠を越えて、それぞれのかたちで地域への働きかけを行っている。

「居場所ハウス」の運営にはさまざまな人的、物的な資源がいかされているが、あらかじめ資源だと認識されているものだけが運営にいかされるわけでない。仕事の経験をいかして大工仕事を担当する男性は、退職後にこのようなことをするとは思ってもいなかったと話す。農園は休耕地を活用しているが、「居場所ハウス」があるから休耕地が農園にできる土地という資源として認識されたのである。災害時の備えとして屋外のキッチン内に設置しているカマドは、地域の個人宅で一部が破損したまま数十年も放置されていたものを移設、修復したものである。このように「居場所ハウス」との関わりを通して、それまで資源だと認識されていなかったものが、資源だと認識され運営にいかされていく。

「実家の茶の間・紫竹」では、学校、町内会、子ども会、老人クラブ、商店街、企業、行政、社会福祉協議会、消防署、病院、薬局など地域のさまざまな社会資源とつながることが考えられており、同時に、こうしたつながりを築くことを通し

て「実家の茶の間・紫竹」自体も地域の社会資源になっていくことがめざされている。

　居場所は、さまざまな地域活動のグループを生み出したり、資源だと認識されていなかったものを運営に生かしたり、地域の社会資源とのつながりを築くことを通して地域を変えたりしている。このようにして、居場所は地域を資源化していくのである。

● 要求の顕在化

　5つの場所では、オープン後にさまざまな機能が備わっている。新たなプログラムが立ちあげられることもあるが、プログラムのない日常の場所として定着することも要求への対応のかたちである。制度や施設によるサポートが始まる前に、一人ひとりの要求に対応する場所にもなっている。さらに、ほかの場所や団体との連携によって多機能化していったり、地域を変えていく拠点になったりと、その影響は地域にも広がっている。

　「下新庄さくら園」がグループ利用より喫茶の方がよいという要求に対応したことに関して触れたように、人々が居場所にその時々で何を要求してきたかを、現時点から遡って捉えることは難しい。けれども、機能が人々の要求を受けて備わるものだとすれば、人々が居場所に要求してきたことが具体的な光景として観察可能になったものが居場所の機能だと捉えることができる。

　大原一興（2007）は、宅老所の存在意義について「提供されるサービス機能ではなく、地域の要求を引き出すための装置として有効となる点にある」と指摘している。「要求を引き出すための装置」として、人々の要求を観察可能なものとして顕在化させること自体もまた、居場所が担う重要な機能なのである[3]。

　居場所と施設とでは「要求ー機能」関係が反転している。次章以降では、この違いがどのように生じているかについて、次の2つの観点から考えたい。1点は、居場所における要求への対応のされ方で、次の第10章でみていくこととする。もう1点は、居場所に対する人々の関わり方で、第11章でみていくこととする。

注
1 だんらんコーナー、厨房の紹介は、オープン時に作成されたリーフレットでの紹介文より。
2 体操をしようという声かけは善意からの振る舞いである。けれども、中西正司と上野千鶴子 (2003) が「福祉において、善意や慈善というものはときには危険である。なぜなら、当事者に代わって第三者が、当事者にとって何がいちばんよいかを判断するからだ」と指摘するように、善意からの振る舞いが要求を先取りしてしまう可能性がある。これが、居場所の施設化につながることは見落としてはならない。
3 ここの要求の顕在化の議論においては、「要求を抱えている人がいる」のレベルではなく、「『要求を抱えている人がいる』のを認識するようになった人がいる」のレベルに注目している。

第10章 要求への対応により育つ理念

1 主（あるじ）による要求への対応

　一人ひとりの要求に対応することで、居場所にはさまざまなかたちで機能が備わってくる。居場所において、一人ひとりの要求に対応していく人物を、本書では主（あるじ）と呼んでいる。

　「親と子の談話室・とぽす」ではさまざまなプログラムが立ちあげられていた。「『そういう要求ならそれもやりましょうね』っていうかたちで、だんだん渦巻きが広くなっちゃうっていうかな」[050219] と白根さんが話しているように、プログラムは人々の要求に対応して立ちあげられたものだが、白根さんの次の言葉に注目したい。「『響きの会』も、『絵手紙教室』も、『花の絵展』も、『とぽす仲間展』も何も構想はなかったんです。出会ったお客様から、『こんなことが、こういうのがあったらいいな』っていう。何て言うかヒントではないんだね、『私がやりたい』っていう、その人の出会いによって『やりたい』っていう気持ちが湧いて、一人で企画してやってるのね」[070724]。この言葉によれば、新たなプログラムの立ちあげは、誰かが提案したプログラムをそのままのかたちで始めるものではなく、一人ひとりの要求に触れて「『やりたい』っていう気持ち」が喚起された白根さんが「一人で企画して」立ちあげてきたものということになる。

　これより、居場所における要求への対応とは、必ずしも一人ひとりの要求をそのままのかたちで受け入れるものでないことがわかる。主（あるじ）は、要求に対してある対応を選び取っているのである。

　そうだとすれば、次のような疑問が生じてくる。主（あるじ）の対応が、必ずしも要求をそのままのかたちで受け入れることでないとすれば、主（あるじ）は第三者としての専門家と何が違うのかという疑問である。この点について、まずは、

要求の先取りと、要求に遅れたその都度の対応の違いとして押さえることができる。

　施設における第三者としての専門家の振る舞いは、要求の先取りであった。先取りした要求に対応する機能を設定するところに計画が成立するが、先取りされた要求とは「あらかじめ措定されている政策目的に沿って個々のニードを範疇化あるいは集合化」（三浦文夫, 1987）したものになっており、そのような要求を抱く人々が抽象的な存在として想定される。そのため、計画された機能は一人ひとりの要求に必ずしも沿ったものにならない。そうであるにもかかわらず、人々は第三者としての専門家により先取りされた要求を、自らが元々抱いていた要求であるかのように誤認してしまう。

　一方、主（あるじ）による対応は、一人ひとりの要求にその都度対応していくもので、常に一人ひとりの要求に遅れたものとしてある。そうであるがゆえに、当初は想定していなかった新たな機能を生み出すことにつながっていく。

　主（あるじ）の対応は、一人ひとりが抱く要求に遅れたものとして、一人ひとりによって規定されたものになる。ここにみられる主客の入れ替わりが「やってくる客をめぐって規定される」（シェレール、ルネ, 1996）ものとしての、あるいは、「顧客を受け入れるパッシブな場においてとられる行動」（山本哲士, 2006）としてのホスピタリティ（歓待）である。

　「そういう要求ならそれもやりましょう」（親と子の談話室・とぽす）、「受けながら受けながらやっていったら」（下新庄さくら園）、「来る人のニーズに合ったものをつくっていく」（ひがしまち街角広場）、「いらっしゃる方たちのニーズから吸いあげていくだけ」（実家の茶の間・紫竹）、「一人ひとりのお年寄りのニーズから出発する」（宅老所）、「一つの会話から見えてきた一つのニーズから出発している」（気まぐれ八百屋だんだん）という表現は、主（あるじ）が一人ひとりの要求に遅れていることを現している。

　政治社会学、教育社会学、ホスピタリティ環境学など超領域専門研究を行う山本哲士は、サービスとホスピタリティの違いを次のように指摘する。

　　サービスとは一体多数の、だれにたいしても同じことを、最低限より多く提供することだ。そこには、ルールなりマニュアルがあって、それに基づいて、

人が代わっても同じことがなされるようになっている。したがって、相手は匿名で名がない。サービスにおいてだいじなのは、相手の存在ではなく、誰へだてなく平等・均等になされるサービス内容そのものである。……

　ところが、ホスピタリティは相手に名があり、その人だけのもの、ひとによって全部ちがってくる。だいじなのは、相手の個人的な存在そのものである。（山本哲士, 2006）

　第三者としての専門家による要求の先取りはサービスである。「誰へだてなく平等・均等になされる」ことが重視されるが、そこで想定される相手は「匿名で名がない」。一方、主（あるじ）による要求へのその都度の対応はホスピタリティである。そこでは「相手の個人的な存在そのもの」が大事にされる。

　ホスピタリティとしての主客の入れ替わりは、一人ひとりの要求に対応することで、主（あるじ）が変えられるところにも現れている。「人によって変わらせられていくんですね。……。そこを協力じゃないけど、ここでは『お客さん』って私は呼んでるんですけど、お客さんによって自分も変わっていくんですね。いいことばっかりではなくて、やっぱり大変なこともなんかも起こる。その大変なことも人によって起こされるんですよ。そういう時に色んなことを学ぶんですよね、みんなでね」［060906］。白根さんがこう話すように「お客さんによって自分も変わっていく」。和南さんは次のように話す。「人間と人間のね、ひとつの基本があってこれはここまで伸びたんじゃないかなと、私自分では思ってるんです。やりながら学ぶことがいっぱいあるから。だから、お客さんもここで学んでくださるかもわからへん。でも、ボランティアさんもだいぶ学んでるはずですよねぇ」［051021］。河田さんは次のように記している。

　「うちの実家」でも、百人百様、みんなが折り合える居場所はどんなところなのか迷いながらも、結局、そこに身を置き、今繰り広げられている事象や"場から学ぶ"、先ずはやってみる、そして駄目なら戻ればいい…。根底には一人ひとりが居心地よく思える場をつくりたいと願って、運営し続けてきました。

　「うちの実家」の決まりごと、その一つひとつには、場から学び、人から学び続けた深い目的と理由、背景があります。（常設型地域の茶の間「うちの実家」, 2013）

一人ひとりへの要求への対応とは、主（あるじ）が学び、変わっていく契機である。ここに、主（あるじ）と第三者としての専門家のもう一つの違いがある。第三者としての専門家は、第三者という不変の立場から、人々の要求を先取りし、機能を設定していく存在である。これに対して主（あるじ）は居場所の現場に身を置く当事者として、ほかの人々と共に学び、変えられていく存在なのである。

2　具体例により豊かに育つ理念

　居場所における主（あるじ）の対応は、一人ひとりの要求をそのまま受け入れることではなく、要求に対してある対応を選び取るものであった。ここでみていくように、主（あるじ）が要求に対応していくところに、居場所で掲げられている理念が大きく関わってくる。

　白根さんは、理念がはっきりしていれば場所の使われ方は多様であっていいと話す。「どういう場所つくりたいかって、まずビジョンがはっきりしてれば、使われ方は丸い飯台みたいでいいかな。飯台、丸いお膳的な使い方でいいかなって。そこが勉強する場所になったり、本読む場所になったり、ご飯を食べる場所になったり。ある時は赤ちゃんのベッドになったりね、お風呂から出した時に。何でもいい」[060906]。ここで理念の重要性に言及されているが、「親と子の談話室・とぽす」において当初から大切にされてきた理念は「新しいコミュニケーション」、つまり、「年齢、性別、国籍、所属、障害の有無、宗教、文化等、人とのつきあいの中で感じる『壁』を意識的に取り払い、より良いお付き合いの場所」[1]にすることである。白根さんは「新しいコミュニケーション」について次のように話す。「その目的が、最初は芽だったんだけど、それが少しずつ伸びていって、枝をはって、実がなっていくみたいな。……。私は、子どもと大人のコミュニケーションの場所であるということ。子どもと大人っていうのは年齢の差もある。それに付随して、差別とかそんなものを感じるものを全てとっぱらいちゃいたいっていうね、そこまでいってここをつくったので。それを新しいコミュニケーションと私は名づけたんだけど、それしか言葉としてはね、表現できなかったので。『いま新しいコミュニケーション〔の心〕を考える』んだから、まだ考え続けてるんですよ。その中に、心の病の人とのコミュニケーション、知的障害の人と

のコミュニケーションも生まれてきたし」[060906][2]。思春期の子どもだけでも入れる図書コーナー付きの喫茶店として開かれた「親と子の談話室・とぽす」において、当初生まれたのは思春期の子どもと大人との「新しいコミュニケーション」だった。その後、心の病の人、知的障害の人とのコミュニケーションが生まれることで、「新しいコミュニケーション」は新たな具体例を伴い、その中身が豊かなものになってきた。このことが白根さんにとって「最初は芽だったんだけど、それが少しずつ伸びていって、枝をはって、実がなっていくみたいな」経験として捉えられている。

　和南さんは、「下新庄さくら園」が毎日開いている場所であることについて次のように話す。「集会所があるのに必要ないもん。集会所だけでいいと思う。……。それだから〔毎日運営するから〕魅力もあったし、だからやろうとしたし」[051027]。集会所は「前もって予約して、かぎを借りて、使う時だけ開けるという使い方がどうしても多い」（植茶恭子・広沢真佐子, 2001）。これに対して、毎日開いている場所であるところに「下新庄さくら園」の魅力を感じたと和南さんは話しているが、ここで重要なのは、「下新庄さくら園」と集会所の違いが毎日開いているか否かの側面から捉えられていることである。実際、「下新庄さくら園」では運営費を賄うためにだんらんコーナーと厨房が計画されたが、その利用方法として想定されていた食事会、趣味のサークル、研修、会議などは、以前から集会所で行われていたものであり、計画時点においては、集会所と同様、何らかのグループ活動に参加することが「下新庄さくら園」の「ふれあい」の中心として考えられていた。「下新庄さくら園」は、計画に携わった人々によって、グループ活動への参加という要求が先取りされ、それをふまえて毎日開いている集会所として開かれたのである。けれども、「下新庄さくら園」では地域の要求に対応することで喫茶を中心とする場所として定着したため、「何かこう行事して、ちょっと1時間とか、年に1回とか2回ふれあう場所ももちろん『ふれあい』ですけど、その『ふれあい』とまた全然違うと思う」[050704]、「ここはお話するところ、一緒にね、黙って食べる人は少ないねぇ」[051027]、「身体と身体の『ふれあい』じゃなくて、手をつなぐとかじゃなくって、会話を通じてふれあっていく」[051021]と話されているようにグループ活動への参加ではなく、来訪者同士の会話や、当番との会話が「ふれあい」の中心となった。ただし、「一人で触らないで欲しい

なぁ、その人にはね、それでいいと思うし」[060602]とも話されているように、決して会話をすることが強いられているわけではない。このように「下新庄さくら園」における「ふれあい」の中身は計画していたものから変化したが、「ふれあい」の場所にするという目的が掲げられていることに変わりはない。つまり、要求に応えることによって「ふれあい」という言葉で言い表されているものが、グループ活動への参加から、一人で過ごすことの許容を含めたさまざまな関わりへとずれることによって、目的の中身が事後的に形作られたのである（田中康裕，2007b）。

　和南さんは「下新庄さくら園」における「ふれあい」の経験を次のように表現する。「やりながら『ふれあい』をしてる。『ふれあい』をした、やっぱり『ふれあい』になってるなと、やりながら。『ふれあい』をしようとしたんじゃなくって」[060602]。あらかじめ「『ふれあい』をしようとしたんじゃなく」、一つひとつの「ふれあい」の経験を事後的に「やっぱり『ふれあい』になってるな」と確認していくことが積み重ねられている。これは、一つひとつの経験をあらかじめ計画した「ふれあい」の枠組みに押し込めていくのとは逆の姿勢である。和南さんは次のようにも話す。「だから、私らでも今でも『ふれあい』の感激、何て言うの、『小さな秋見つけた』いうのかな、『やっ』っていうのたくさんもらいます、私」[050704]。一つひとつの「ふれあい」をあらかじめ計画した「ふれあい」の枠組みに押し込めないからこそ、「小さな秋見つけた」と表現されるような新たな発見の感激が生まれてくるのだと考えることができる。

　「実家の茶の間・紫竹」で大切にしていることを河田さんは、「大勢の中で、何もしなくても、一人でいても孤独感を味わうことがない"場"（究極の居心地の場）」、「ここにはサービスの利用者は一人もいない。いるのは"場"の利用者だけ」（河田珪子，2016）と表現する。これを実現するための具体的な方法は「居心地のいい場づくりのための作法」（河田珪子，2016）としてまとめられているが、これは会員制の有償の助け合い活動「まごころヘルプ」のガイドブックが元になっている。「まごころヘルプ」の提供会員になるためにはガイドブックを用いた研修を受ける必要があった。河田さんは研修の様子を次のように振り返っている。「全部、事例で話しするわけです。それただベラベラっと喋るのは誰でもできるけど、全てを事例で話をしていくんです。何故、そうなのかを」[160801]、「コーディ

ネーターが色んな事象にぶつかるじゃないですか。癌の末期の人が切なくて、もうやめたいなんて言って来たりね。そういうのも全部、体験としてみんなでもった時、研修に事例がどんどこ入っていくわけ。……。それを今度体験として、これ〔ガイドブック〕に肉付けしていくわけ」[160801]。現場で一人ひとりの要求にどう対応してきたかという具体例によって、ガイドブックの中身を「肉付け」していくことが積み重ねられてきたがゆえに、具体例が増えれば増えるほど、ガイドブックの中身はより豊かなものになっていく。

　ここでみてきた現象は、理念が具体例を伴うことを通して、その中身が豊かなものになっていくプロセスだと捉えることができる。このとき理念の具体例になるのが要求への対応ということになる。つまり、居場所における要求への対応は、理念の具体例をつくり出している。そして、要求への対応が理念の具体例になることで、当初から掲げられている理念はより豊かなものに育っていく。

　このプロセスにおいて、主（あるじ）は、理念の具体例にするかたちで一人ひとりの要求に対応しているとみなすことができる。

3 理念の共有

　居場所では、要求への対応が理念の具体例になることで、理念が豊かに育っていくことをみたが、要求への対応が理念の具体例になることには、さらに別の意味がある。

　「下新庄さくら園」の和南さんは、来訪者に対応する自らの姿をスタッフに見てもらい、学ぶ機会にして欲しいと話す。「お店慣れてないもんねぇ、素人の奥さんばっかりやからねぇ、『いらしゃいませ、ありがとうございます』がやっとやもんねぇ、言えるのが。……。だけど私が、『いらっしゃいませ』とか、『ありがとうございます』とか声をかけながらいってたら、みんなも言うようになるわけね。見て悟れっていうかなぁ、私はそういう考え方」[050704]。河田さんも同じことを話す。筆者が「実家の茶の間・紫竹」を訪れた時、高齢の女性がトイレに行こうとするのを見た河田さんは、立ち上がり女性をサポートする出来事があった。「トイレに行きたいとか、そのニーズに対して断ることがないというね。今私がやり、それを見ていた誰かが『前回はこういうやり方してたよね』って伝

承されていくっていうかね。……。教えるというよりも、見て学んで役に立ちたい思いを表現していくっていうかな。それがうちの特徴なのかもわかんないですね」[160801]。

要求に対して、まず主（あるじ）自らが対応することで、自らの姿として理念の具体例をつくり出す。そして、「見て悟れ」、「見て学んで」というように、自らの姿を見てもらうことで、理念を共有することが考えられている。

「実家の茶の間・紫竹」では、初めて訪れる人を迎え入れるために、次のような配慮がなされている。「初めて来た人は、できるだけ外回りに座ってもらおう。そうすると、あんなことも、こんなこともしてる姿が見えてきますね。すると、色んな人がいていいんだっていうメッセージが、もうそこへ飛んでいってるわけですね。そっから始まっていくんです」[160801]。初めて訪れた人には「できるだけ外回り」に座ってもらう。そして茶の間で人々が思い思いに過ごしているという理念が具現化された光景を見てもらうことで、理念を共有することが意識されているのである。

哲学者の鷲田清一は「改革について議論する場」について次のように指摘する。

わたしたちが何かを変えようと思うなら、そういう改革について議論する場そのものが、それをすでに部分的には実現しているのでなければならないということです。たとえば、コミュニケーションのかたちを変えようというときには、コミュニケーションの新しいあり方について語りあう場が、部屋のレイアウトであれ、座席の並べ方であれ、議論の仕方であれ、それをつうじて実現すべきものをすでに実現しているのでなければならないということです。古い会議室では新しい会議のあり方は生まれません。（鷲田清一, 2019）

「下新庄さくら園」や「実家の茶の間・紫竹」を初めて訪れる人々は、まだ理念を十分に理解していないかもしれない。そのような人々をも迎え入れていく「下新庄さくら園」や「実家の茶の間・紫竹」全体で、理念が実現されているとは言えないかもしれない。けれども、要求に対応する主（あるじ）の姿や茶の間の光景は、理念の部分的な実現としてある。そして、理念が部分的に実現されているからこそ、それが具体例となることで理念は共有されていくのである。

ここで意味をもってくるのが、理念が部分的に実現されている場所に居られることである。建築学者の鈴木毅は「『ただ居る』『団欒』などの、何をしていると明確に言いにくい行為」を含めた「人間がある場所に居る様子や人の居る風景を扱う枠組み」として「居方」（いかた）という概念を提示し、「他人がそこに居ることの意味」を次のように指摘する。

　　ある場所に人が居るだけで、その人と直接のコンタクトがなくても、彼を見守っている者には様々な情報・認識の枠組みが提供されるのである。中でも重要なことは、ある人は、（自分自身では直接みえない）自分がその場に居る様子を、たまたま隣りにいる他者の居方から教えてもらっているという点である。つまり、他者と環境の関係は、観察者自身の環境認識の重要な材料を提供しているのである……。言ってみれば、「あなたがそこにそう居ることは、私にとっても意味があり、あなたの環境は、私にとっての環境の一部でもある」ということになる。（鈴木毅, 2004）

　他者が「そこにそう居る」ことは、たとえその他者と直接の関わりがなくても、その他者を「見守っている者には様々な情報・認識の枠組みが提供される」。つまり、理念が部分的に実現されている場所に居られること自体ですでに、「そこにそう居る」他者の居方から、理念を教えてもらっていることになる。そして今度は自らが、ほかの人にとっての「そこにそう居る」他者になることで、ほかの人に理念を伝える側になっていく。つまり、理念が部分的に実現されている場所に居られること、それ自体が理念の具体例として、理念を共有する契機になるのである。
　河田さんは次のように話す。「今度、迎える側は全ての人が、その人が居てもいいよというメッセージを出していくという。表情とか振る舞いで。みんな、どの人が来ても『よう来たね、ここにゆっくりしてね、居てもいいんですよ、好きなように過ごしてね』っていうメッセージを、みんなして出していく」［160801］。初めて訪れた時には「できるだけ外回り」に座るようにすすめられる。そして、具体例を通して理念を受け取った人は、今度は自らが理念の具体例になることで、ほかの人に理念を伝えていく側になるのである。

ここまでの議論をまとめると次のようになる。

第三者としての専門家の振る舞いは要求の先取りであるため、先取りした要求に対する機能を計画することができる。ただし、このプロセスにおいては、そのような要求をもつ人が抽象的な存在として想定されている。そのため、先取りされた要求と一人ひとりの要求との間には「ずれ」があるが、そうであるにもかかわらず人々は第三者としての専門家により先取りされた要求を、自分自身が元々抱いていた要求であるかのように誤認していく。

一方、主（あるじ）の振る舞いは一人ひとりの要求に遅れたその都度の対応である。そのため機能を計画することはできないが、そうであるがゆえに新たな機能が備わる可能性がある。要求への対応は理念の具体例となり、理念を豊かなものに育てていくと同時に、理念の具体例を契機として理念が共有されていく。このプロセスにおいて要求とそれに対応する機能、そして理念が結びつけられる（図10-1）。

このプロセスは、居場所が最初に開かれる時から始まっている。居場所は主（あるじ）の理念にもとづいて開かれるが、居場所を開くことは、既存の制度や施設の枠組みでは上手く対応されない要求に対応するための機能を生み出すことである。そして、このような要求への対応として居場所を開くことが、理念の最初の具体例となり、理念を共有していく一連のプロセスを始める契機になるのである。

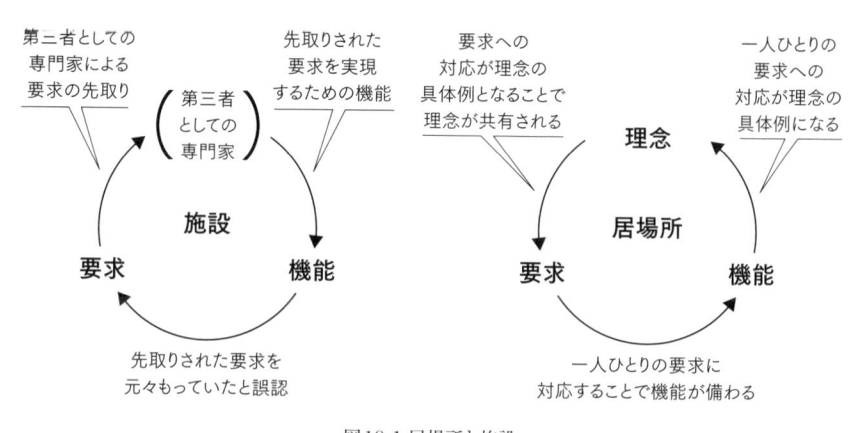

図10-1 居場所と施設

注

1　『とぼす通信』の「『とぼすとその仲間展』第18回記念号」（2011年）より。

2　「いま新しいコミュニケーション〔の心〕を考える」という発言は、『とぼす通信』の全ての号の表紙に記されている言葉に触れたものである。

第11章 利用・参加ではなく居られる場所

1 場所をつくりあげる当事者

「利用者さん」をキーワードとしてウェブサイトを検索すると、社会福祉法人や介護に関するページが検索結果の上位に並ぶ。このことに現れているように、施設では利用者、あるいは、これに敬称をつけた「利用者さん」という表現が日常的に使われている[1]。これに対して、本書で紹介する5つの場所では利用者という表現はほとんど使われない。これは呼称の問題でなく、居場所と施設との本質的な違いを現している。

もちろん、居場所で利用者という表現が全く使われないわけではない。議論の糸口とするために、本書で紹介する場所ではどのような場合に利用者という表現が使われているかをみていくこととする。ここからは利用者という表現がもつ意味が浮かびあがってくる。

「親と子の談話室・とぽす」の白根さんは、次のように利用者という表現を使っている。

> どんなところでも大勢来なきゃいけないってわけじゃないし、やっぱり利用者がチョイスできるような、自分で選べるような場所がたくさんあって、「今日はこっち」、「明日はこっち」っていうね、そういうのもあっていいと思うんだよね。人はいつも同じ気持ちではいないんだから。[050422]

> この間〔講演会に〕行った時に、統合失調症の薬の飲み方、どんな薬があるかをやるんですよ。〔講演会には〕統合失調症の人も来てるんですね。最後にその先生がおっしゃったのは、「一番の薬ってのは希望をもつこと、それから地域

の人たちがその病を理解してくれること、これが一番の薬だ」って言うんです。「とぽす」は、ここに来る利用者さんの流れの中で自然にそういう場所になっちゃったんです。まず、それ〔精神病〕を体験してない人が当事者に出会って、精神病って何なんだろうってわかるところから、その当事者が住みやすい街になっていくんだなって思ってたからやってたんですけど。［050219］

　前者においては、「親と子の談話室・とぽす」に来るかどうかを選択する人、つまり、「親と子の談話室・とぽす」の外部にいる人が利用者と表現されている。後者においては、「親と子の談話室・とぽす」を訪れる精神病を抱える人が最初「ここに来る利用者さん」と呼ばれているが、その後、「当事者に出会って、精神病って何なんだろうってわかるところから、その当事者が住みやすい街になっていく」というように、出会いや精神病への理解により関係が築かれた内部の人になると当事者に言い換えられている。いずれの場合も外部から「親と子の談話室・とぽす」を訪れる人が利用者と呼ばれていると考えることができる[2]。
　「ひがしまち街角広場」は新型コロナウイルス感染症の拡大を受けて、2020年3月2日から5月末まで運営が休止されていた。運営再開にあたって、「街角広場利用者の皆さまへのお願い」と題する掲示がなされ、感染防止対策として座席数を減らしたなどの理由で長時間の滞在を控えて欲しいこと、土曜日を定休日にすることが案内された。長時間の滞在を控えて欲しいと考えている人、土曜日を定休日にすると決定した人はスタッフであることを考えると、この掲示はスタッフからスタッフでない来訪者への呼びかけと考えることができる。つまり、スタッフと来訪者との関係が明確にわかれた時、来訪者に対して利用者という表現が用いられていると考えることができる。
　「実家の茶の間・紫竹」で大切にしていることを河田さんは「サービスの利用者は一人もいない。いるのは『実家の茶の間』っていう場の利用者だけ。場は自分たちが、自分たちでつくる」［160801］と表現する。利用者という表現が使われているが、「場の利用者」と「サービスの利用者」とが対比的に使われている。「場の利用者」とは、「自分たちが、自分たちでつくる」場の利用者であり、誰かに与えられたサービスの一方的な受け手としての利用者ではないことが強調されている。

以上からおぼろげだが、利用者という表現は、内部に対する外部の人、スタッフに対する来訪者というように、対立する関係にある二者の一方に対して使われる傾向にあることが浮かびあがってくる。

　建築学者の伊藤俊介は教育はサービス業であるという考え方が広がっていることや、病院で「患者さま」という表現が用いられるようになっていることについて、次のように指摘する。

　　こうした動きは、生徒よりも教師が、患者よりも医師が偉いという、従来のあまりに非対称だった力関係のバランスをとろうとするものである。……
……。それを変えて、生徒や患者を主体として扱おうという意図は評価するべきだろう。しかし、顧客にサービスを提供するという形そのものは問われていない。教師と生徒、医師と患者に代表される、教育する－される、治療する－癒されるという二項対立的な関係自体はかえって強調されているといえる。人間関係レベルでの「脱施設化」が、一方では、施設を施設たらしめている産業的サービスの構図を強化しているのである。(伊藤俊介, 2007)

　「患者さま」という丁寧な表現が用いられたとしても、「顧客にサービスを提供するという形」は問われておらず、「治療する－癒されるという二項対立的な関係」はかえって強調されてしまう。施設における「利用者さん」も同じだと考えることができる。「利用者さん」という丁寧な表現が用いられたとしても、「顧客にサービスを提供するという形」は変わらないのである。

　利用者、あるいは、「利用者さん」という表現が使われるところでは、サービスする側／される側という対立的な関係が存在する。それでは、利用者という表現がほとんど使われない居場所における人々の関係はどのようなものなのか、それを実現するためにどのような配慮がなされているのか。以下ではこのことを考慮していく。

■ 場所を開くプロセスへの関わり

　「親と子の談話室・とぽす」、「下新庄さくら園」、「居場所ハウス」では、次のようなプロセスを経て建物が新築されている。

「親と子の談話室・とぽす」オープンのきっかけについて、白根さんは次のように振り返る。「そしたら私がまだやるかやらないか決めていないうちにですね、設計図を描いてまいりました。……。私の夢のような話を『あぁそうだね、そういう場所があったらばいいね、いいね、いいね』と、私の気持ちを汲み取ってくださいまして、設計図を描いて来たのです。私と夫は『もう設計図ができてきちゃったよ。これじゃやらなきゃいけないかな』っていう気持ちになっちゃったというのが事実なんですね［050901］。「親と子の談話室・とぽす」の建物は、知人の建築士が白根さんの「夢のような話」を汲み取り設計したものである。

　「下新庄さくら園」ではオープンまでの約半年をかけて大阪府、コーディネーター、住民らが月に1～3回集まり、自分たちの団地で何ができるのか、どんな建物にするのか、どう運営していくのかを話し合いながらオープンに向けた準備が進められていった。だんらんコーナーと厨房をもうけること、「地域の財産」［050704］とするため団地の敷地の端に建設することなどは、この話し合いで出された意見である。

　「居場所ハウス」でもオープンまでに約1年をかけて住民らを交えたワークショップやミーティングが開かれている。ワークショップは6回開かれ、理念を共有したり、メニュー、運営、建物を考えたり、自分にできることを紹介し合ったりすることがテーマとされた。

　いずれの場所でも建物が新築されるプロセスにおいて、オープン後の運営を担う人や住民を含めて、専門家でない人々が思いや意見を伝える機会がもうけられている。

　空き店舗、空き家という既存ストックを活用している「ひがしまち街角広場」と「実家の茶の間・紫竹」が開かれるプロセスにおいては、専門家でない人々の関わりはより大きな位置を占めている。

　「ひがしまち街角広場」のオープン時には住民が空き店舗の改修、清掃に参加している。テーブルや椅子などの家具、食器、掲示板などは家庭や公民館などからの持ち寄りで揃えられたものである。「『街角広場』の場合は、もう一から十までありあわせを集めてこしらえたような場所ですから。もうそれこそ、スプーン1本、箸1本、全部持ち寄りのありあわせです」［050219］、「自分たちの家で余ってる物をもって来てるから、自分の身の丈に合ったものばっかりなんですね。

……。だからそれを使い、上手く使いこなせたんだと思います」[050219]。「自分の身の丈に合ったもの」を持ち寄り、「あわせを集めて」開いた場所だからこそ、「上手く使いこなせた」と赤井さんは話す。2006年5月の移転作業も主にスタッフ、来訪者、「千里グッズの会」のメンバーによって行われた（写真11-1）。

　「実家の茶の間・紫竹」でも、オープン時の空き家の清掃に住民が参加しており、家具や食器は寄付によって揃えられた。「このテーブルとか、こういう物も全部いただきものなんですね。スプーン1本、全部、全て買わないっていうね。それ自体が参加なんです。……。ここに関わりの力をもらうためにお金を使わないんですよね。一人ひとりの物をもらう」[160801]、「いかにみんなから労力であったり、お金であったりね、物であったり、もらうことによってここを一緒にやっていく人たちを増やせるか」[160801]。「実家の茶の間・紫竹」では力を借りたり、物をもらったりすることが、多くの人々に協力してもらうための大切な機会として捉えられている。

　建物を新築するか、空き店舗や空き家という既存ストックを活用するかにかかわらず、いずれの場所においてもオープン後に運営を担う人や住民を含めた専門家でない人々の関わりが、オープン前の段階からすでに始まっている。

● 緩やかな主客の関係

　「親と子の談話室・とぽす」は白根さん夫妻により個人経営の喫茶店として運営されている。ほかの4つの場所は、あらかじめ運営を担当する当番が決められている。この意味で、いずれの場所でも主客の関係は存在しているが、主客の関係については次のような配慮がなされている。

写真11-1 スタッフと来訪者による移転作業

写真11-2 後片付けをするサポーターの男性ら

和南さんは、「下新庄さくら園」における主客の関係について次のように話す。「私、お客さまもボランティアさんも等々（とうとう）、対々（たいたい）だと思うのね、立場上ね。ただし、お客さんに100円でも飲んでいただくっていうことは、『ありがとうございます』、『いらっしゃいませ』は言わないけない。でも、揉めた時、お客さんとトラブルあった時は、私は絶対にお客さんの方にじゃなくって、どっちが正しいかでボランティアさん守る時もあれば、‥‥‥、いいか悪いかで判断しないけないいうのは、常に」[050704]。ボランティアで当番を担当する人と来訪者とは「等々（とうとう）、対々（たいたい）」な関係である。それゆえ、和南さんは来訪者がいつも正しいと考えるのではなく、その都度、当番を守るか来訪者を守るかを判断している。通常の喫茶店であれば飲物を注文した人を待たせてはならないが、「下新庄さくら園」では慌てて飲物を出すのではなく、「お客さんにゆっくりしてもらいましょ。〔出すのが〕遅れたらごめんね、〔お客さんが〕3人以上来たらパニックよっていうような感じ」[060602]でやっているという。和南さんは自身の振る舞いについて「してあげる」ではなく「何かもらう」ことを意識していると話している。「私ここでも言ってる、感謝と思いやりがなかったら人間だめですよ。‥‥‥。だから私、いっつもそれを基本にしとかないとねぇ。だから喜びは、してあげると思ったらだめよ。‥‥‥。自分が何かもらうっていう考え方ね」[051021]。

　「実家の茶の間・紫竹」の運営は「居場所担当」の2人と「食事担当」の2人のあわせて4人の当番が担当している。来訪者の人数にかかわらず当番が4人と決められているのは、当番だけが役割を担うのではなく「みんなが、出来ることで動く、手を貸し合う」（河田珪子, 2016）ようにするためである。当番以外にも、サポーターとして協力したり（写真11-2）、大工仕事をしたり、近くの農家の人が野菜をもって来たり、家で使わなくなったものをバザーに寄付したりと、多くの人々の協力がなされている。そして、このように協力してもらうために「頼み上手になる（頼むことの効用を知る）」（常設型地域の茶の間「うちの実家」, 2013）ことも大切にされている。河田さんは「実家の茶の間・紫竹」で大切にしていることを「ここにはサービスの利用者は一人もいない。いるのは"場"の利用者だけ」（河田珪子, 2016）と表現し、「『やっていて自分が嬉しい』というのを一番にしておくと、行政の代わりにやってあげているという気持ちになりません」（新潟県,

2015) と話している。

「ひがしまち街角広場」ではオープン当初、当番の人数を確保するため自治会連絡協議会、公民分館、校区福祉委員会、地域防犯協会の地域団体に担当日を割り振っていたが、地域団体に所属していない人が当番になりにくい状況が生じたため、地域団体とは関係なく「裃脱いで、肩書き脱いで、個人として」[050618] 当番になるように変更された。「みんなどっちもボランティア。来る方もボランティア、お手伝いしてる方もボランティアっていう感じで、いつでもお互いは何の上下の差もなく、フラットな関係でいられるっていうのがあそこは一番いい。その代わり暇な時は一緒に座ってしゃべる。忙しくなったら、お当番じゃない人がいきなり立って来て、エプロンもかけてないのに手伝いをする」[050219]。赤井さんがこう話しているように、「ひがしまち街角広場」の当番は来訪者が一緒に話をして過ごす。一方、来訪者の中にはコーヒーを運ぶのを手伝ったり、テーブルの後片付けを手伝ったりする人もいる。4月の「竹林清掃＆地域交流会」、10月の周年記念行事などにも多くの協力がなされている（写真11-3）。赤井さんは、そのときの状況に応じて協力してくれるスタッフ以外の人を「インスタントスタッフ」[090817] と表現する。「ゆるやかな規制っていうか、誰が入っていってもそこでは何かの仕事ができる。普通は、スタッフあったら、スタッフ以外の人手出ししたらややこしい、邪魔になるから叱られるじゃないですか、できないでしょ。ここは誰が手出ししてもね、『あぁ、じゃあそこやっといてくれる』って言って、すぐスタッフになってしまう。その日のインスタントスタッフ、即席で何でもスタッフになってもらえるっていう」[090817]。

「居場所ハウス」は、高齢者がお世話されるだけの存在とみなされるのでなく、何歳になっても自分にできる役割を担いながら地域で暮らし続けることの実現という「Ibasho」の理念にもとづいて運営している。「居場所ハウス」では、パートやボランティアが当番を担当しているが、当番以外の人が食事を運んだり、食器を洗ったり、当番と来訪者が一緒にクルミむきや椿の種の殻むきを行ったりするなど、当番以外の高齢者が自分にできる役割を担う光景がみられる（写真11-4）。

4つの場所では、あらかじめ運営を担当する当番が決められているが、主客の関係を緩やかにすることで、当番とそれ以外の人々との関係をサービスを提供する側／される側に固定化してしまわないことが配慮されている。

写真11-3 周年記念行事の準備に協力する人々

写真11-4 クルミむきをする当番と来訪者

　4つの場所と異なり、個人経営の喫茶店である「親と子の談話室・とぽす」において白根さんの存在は大きいが、白根さんは「私は医者でもないし、保健師でもないし、何でもない普通の街に住むおばさんなんですけど、そういう人の方がかえってね、子どもも安心だし、精神の病を病む人も安心みたいですね。何話してもいい、みたいな」[050901] と話し、このような立場を「無彩色な立場」と表現している。「親と子の談話室・とぽす」では「新しいコミュニケーション」の実現、つまり、「年齢、性別、国籍、所属、障害の有無、宗教、文化等、人とのつきあいの中で感じる『壁』を意識的に取り払い、より良いお付き合いの場所」[3] がめざされているが、「壁」を取り払った関わりには白根さん自身も含まれるのである。

● 場所をつくりあげる当事者になれる

　居場所における主客の関係は、サービスを提供する側／される側、専門家／非専門家という固定されたものではなく、緩やかなものである。そしてこの緩やかな関係には主（あるじ）も含まれる。

　注意が必要なのは、居場所における緩やかな主客の関係を、主客が一方通行の関わりをしないことや、主客が同じ役割を担うことというように、両者の関係だけを取り出して捉えるだけでは十分でないことである。ここで重要になるのが場所への観点である[4]。たとえば、「居場所ハウス」でクルミむき、椿の種の殻むきなどを進んで担う高齢の女性は、こうした作業をすることについて、ただ座って人の顔ばかり眺めてるよりいいと話す。自分には何もできないからと砂糖や小麦粉などをもって来る90代の女性もいる。一方的にお世話される側として座ってるだけでは居心地が悪く、自分にできる役割を担って場所をつくりあげる当事者の

一員になることで、そこは堂々と居られる場所になっていく。

スタッフと来訪者は同じ役割を担うわけではない。けれども、それぞれが自分にできる役割を担うことで、場所をつくりあげる当事者になれるという意味で、主客は同じ立場にある。居場所において主客の関係が緩やかであることは、このような意味で捉えられるべきものである。

「居場所における主客の関係が緩やかであるとは、お互いに向き合うことではなくて、一緒に場所をつくりあげるという同じ方向を見ることだ」。作家のサン＝テグジュペリ（1955）の表現を借りれば[5]、このように表現することができる。

● 未完成な場所という認識

居場所は、自分にできる役割を担うことを通して、場所をつくりあげる当事者になった人々によって徐々につくりあげられていく。従って、居場所はあらゆる段階で未完成ということになる。「『まちの居場所』は、まちの中における参加の場であり、協働の場であるが、その多くは、よくも悪くも未完成な状態であり、常に参加者によって手づくりで構築されている途上にある」（橘弘志, 2019）のである。

未完成であることの意味を白根さんは次のように話す。「あんまり完成されてるよりは、ちょっと未完成であって、ちょっとお手伝いしたいなって思うようなところがあったりして、それが何かいいのかもしれないね」[060906]。赤井さんも次のように話す。「完成品じゃないから、色んな人が来て、『あぁ気になるなぁ』って。……。勝手に悪いとこ見つけて、直しに来てくれるから。だから常に未完成品なんです、ここは」[090817]

誰かに完成品として与えられた場所ではなく、未完成な場所だと認識されること。その未完成な状態は放置されるべきものでなく、完成に向けて自分たちで徐々につくりあげる場所だと認識されること。重要なのは、客観的にみて未完成かどうかではない。「ちょっと未完成であって、ちょっとお手伝いしたいなって思うようなところがあったりして」、「勝手に悪いとこ見つけて、直しに来てくれるから」と話されているように、そこに関わる人々によって未完成な状態だと認識されていること、そして、その未完成な状態は放置されるべきものでないと認識されていることである。このような認識の共有が、人々が関わるための余地を

生み出す。

　居場所がつくりあげられるプロセスは、オープンまでに計画し、オープン時点で完成させ、オープン後に利用が始まるという一般的に想定されるプロセスとは異なっている。居場所においてもオープンは暫定的な完成として大きな節目になるが、計画、完成、利用の段階が明確に区切られているわけではない。居場所は常に未完成であり、完成をめざす途上にあると認識される場所である。

2　居合わせる

　居場所、その中でも特に本書で対象としているコミュニティカフェに対しては、既存の集会所や公民館とどう違うのかという問いがしばしば出されるが、赤井さんは集会所について次のように話す。「集会所なんかに用事がなかったら行けないですよ。申し込んでね、『何々に使う、会議があります』とか『どういう集まりがあります』って言って、その集まり以外の人が集会所へ出入りすることはまぁできない。……。きちっとした目的があって、何かをしなきゃならない、その関係者しか出入りできなくって。ただ暇やからそこへ行ってますっていうのは、ちょっと集会所にはそぐわない」［150721］。集会所は、あらかじめ目的が決まった集まりに参加するための施設であるため、「その集まり以外の人が集会所へ出入りすること」はできず、「ただ暇やからそこへ行ってます」ということもしにくい。

　コミュニティカフェを制度化した通いの場では介護予防が目的とされている。そこでの活動内容は「体操（運動）」、「茶話会」、「趣味活動」、「会食」、「認知症予防」の順に多くなっているが[6]、「介護予防に資する通いの場への参加率を8%程度に高める」（認知症施策推進関係閣僚会議, 2019）という表現に現れているように、通いの場における人々の関わりは参加というかたちをとるものとみなされる[7]。施設に対する人々の関わりは、ある目的を実現するためのプログラムに参加するという傾向をもつのである。

　これに対して、本書で紹介する5つの場所のうち「下新庄さくら園」、「ひがしまち街角広場」、「実家の茶の間・紫竹」ではほとんどプログラムが提供されていない。「親と子の談話室・とぽす」、「居場所ハウス」ではプログラムが提供される

時間帯もあるが、運営の基本は喫茶店、カフェ、食堂である。つまり、5つの場所に対する人々の関わりは、参加というかたちでは捉えきれない。それでは、5つの場所における人々の関わりはどのようなものなのか、それを実現するためにどのような配慮がなされているのか。以下ではこのことを考察していく。

■ 孤立しない

　プログラムが行われない場所においては会話をして過ごす人が多い。会話はあらかじめ決められたプログラムのように参加するものではなく、自由に行われるものであるため、会話に入れず孤立してしまう人が出てくる可能性がある。居場所では、そのような人が出てこないように次のような配慮がなされている。

　「下新庄さくら園」では「来られたら何時間でもゆっくりおしゃべりできるいう雰囲気をつくる」[050704] ことが意識されており、訪れた人に対しては「『ゆっくりしててね』って、『いいよ』って、『ゆっくりしてよ』って」[051027] という声かけがなされている。当番は飲物をいれたり、食器を洗ったりなどのためカウンターのある喫茶コーナーにいることが多いため、和南さんは、喫茶コーナーは「一人でいる人がボランティアさんとしゃべる場所にして欲しい」[051027]、「もう馴れてお友だちができたら、こっち〔だんらんコーナー〕の方へ来て欲しい」[051027] と、来訪者に応じた喫茶コーナーとだんらんコーナーの使い分けを考えている。ただし、「今それがちょっと一番できないことだけどねぇ」[051027] と和南さんが話すように、常連の人が喫茶コーナーに集まり、そこに入れない人がだんらんコーナーで孤立してしまうこともあるという。そのため、和南さんは全体の様子が伺える向きに座り、常に全体に目を配っている。「こう対話する時、私はこっち側座るのは、こうやって見てるの、様子をね。帰るお客さんがちょっと怒ってはるなとか、機嫌悪いなとかね、わかるとこへいつもこうやって座って。だから、キョロキョロしてるんだけど」[051021]。

　常に全体に目を配り、会話に入れず孤立している人がいるのに気づくと自らが話し相手になったり、当番に話し相手になってもらったり、ほかの来訪者に声かけしたりする配慮がなされている。「私が『ここおいで』って言って前に座ってあげるわけ、そういう人が来た時は。そうしないと、一人ぼっちになってしまうでしょ。同じ団地の人なんか特にね、外れたら寂しいみたい。たまに、私、口添え

する時あるのよ。『あの人寂しいから、呼んであげて、ちょっと声かけてあげて、笑ってるだけでもいいよ』って。そしたらしてくれるのよ、みんながしてくれるの」[051027]。一人の人同士が会話を始めるきっかけをつくるために、「『あんたもそうやなぁ、あんたもそうやったなぁ』とか、『あんたもあれやなぁ、奥さんも来るなぁ、こっちは奥さんおらんねんて』とか言って」[051027] という声かけをすることもあるという。さらに、「仲間に入ったらね、ぱっと逃げる、私、立つんですわ」[051027] というように、会話に加わったのを確認して、自らは席を立つ配慮もされている。

「実家の茶の間・紫竹」では「目配り、気配り、気遣いが当番全員の最も大切な役割」であるとされ、具体的には「当番は、その日一番手助けが必要な人や、心寄り添ってほしいと思っている人の傍にいるようにする」(河田珪子, 2016) こととされている。河田さんは「当番さんたちに大事なことは、〔一人を〕味わってる人なのか、誰も話をしてくれる相手もいなくて、溶け込めなくて孤独でいるのかの見極めができないといけない」[160801] と話し、自身の振る舞いについても「声かけやすい顔をしてること。どんなに忙しいように見えても、声かけてもらえる顔してること」[160801] を意識していると話す。そして、「当番は、まず自分が〔一人っきりの方の〕隣へ行き、話の内容から誰とつなぐか考えて頃合いを見てつなぐ」(河田珪子, 2016) というように、ずっと当番が話し相手になるのではなく、来訪者の関係を媒介することも意識されている。

このように、会話に入れず孤立した人が出てこないようにするために、「下新庄さくら園」と「実家の茶の間・紫竹」で配慮されていることは大きく重なっている。

● 噂話として広げない

会話の内容を噂話として広げないようにすることも配慮されている。同じ地域に住んでいたとしても、頻繁に顔を合わせたり、深く付き合ったり、年代が近かったりするのでなければ共通する話題はそれほど多くない。そのとき、ほかの住民のことは数少ない共通点として話題にしやすい。しかし、その話題は住民のことであるがゆえに噂話として地域に広がってしまう恐れがある。

「下新庄さくら園」のある下新庄鉄筋住宅では、昔、高齢者が集まる場所として

集会所が開放されていた時期があったが、あまり人が集まらなかったためすぐにやめたという。「来たら、ほら悪口だなんだ言い合いするからすぐ漏れるでしょ、みな恐がりはった。それと、何にもないとこ『来なさい』言ったってだめやわ」[051027]。和南さんは、集まった人にどう過ごしてもらうかが考えられていなかったことに加えて、会話の内容が広がることが敬遠され、あまり人が集まらなかったのではないかと振り返る。噂話が広がる場所には、気軽に出入りできなくなってしまうのである。

「実家の茶の間・紫竹」では、「その場にいない人の話はしない（ほめる事も含めて）」という約束事が茶の間のよく見える位置に掲示されている（写真11-5）。河田さんは、自らが立ちあげた会員制の有償の助け合い活動「まごころヘルプ」を振り返り、「町内で始めると、人は頼まないんですよね。なかなか家の中のことを外に漏らしたくないですし、見られたくないですし、評価されたくないからね」[160801]と話す。それゆえ、「実家の茶の間・紫竹」では適切な距離をおいた「矩（のり）を越えない距離感」[160801]が大切にされているのである。

「親と子の談話室・とぽす」の白根さんは「ここで語ったことなどは、人の噂話などは外に行って絶対にしないことにしましょうって、これだけは決めてあるんですね」[160310]、「だから色んなこと、嫌なことも話すけど、それが噂話にならないような場所。家のような場所って言ったらいいかな。……、やっぱり家の人って、家の恥を話さないよね、よそ行ってね。だから安心して話せるじゃない」[160310]と話す。「ひがしまち街角広場」の赤井さんは「ここでしゃべったことが、あちこちに聞こえたら具合が悪いような、嫌なことって、やっぱり困るじゃない。だから、お互いはこの場所だけでおさめるようにね、この場所で起こった

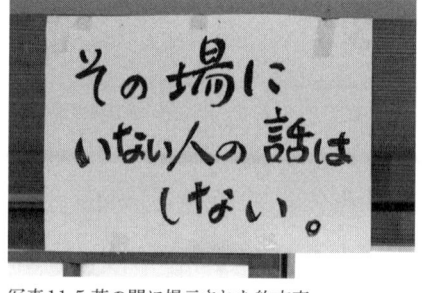

写真11-5 茶の間に掲示された約束事

写真11-6 店内に並べられた本

ことはこの場所でおさまるようにしていこうっていうことは言いましたね」
[090817] と話す。

　いずれの場所においても、会話の内容を噂話として広げないようにすることが
配慮されていることがわかる。ほかの住民の話題はそれほど噂話として広まりや
すく、噂話が広がる場所を人々は敬遠する。ほかの住民についての噂話は、その
会話に加わっている人々にとって紐帯になるが、同時に、その会話に加わらない
人々を排除してしまうのである[8]。

● 一人で孤立せずに

　先に5つの場所では会話をして過ごす人が多いと述べたが、会話したくない人
には無理に会話することが求められない。「親と子の談話室・とぽす」と「実家の
茶の間・紫竹」では、このことがオープン当初から明確に意識されてきた。

　「親と子の談話室・とぽす」では会話をせずともゆっくり過ごせる場所にする
ために、本を置くという配慮がなされている (写真11-6)。本を置くことは、一人
で喫茶店に入るのが好きでなかった白根さん自らの経験にもとづくものである。
「喫茶店で自分の本開いて読んでる時、『いつまでこの人読んでるの？』なんて思
われちゃうと嫌だなって思うじゃない。だけど、ここに本があれば、『ここの本を
読んでもいいんだよ』って言えば、自分の本でも読んでいいのかなって思う発想
になるじゃない」[050422]。好きな場所を選べるようにと大きさや高さ、形の違
うテーブルを置いたり、通りの桜が見渡せる大きな窓をもうけたりすることも、
会話せずともゆっくり過ごしてもらうための配慮である。

　「親と子の談話室・とぽす」における人々の関係を、白根さんは次のように話す。
「たとえば家族なんてそうでしょ。何かあった時に、『ヘルプ』って言った時には
ぱっと飛び出せるっていうか。だけどもいつもいつも『大丈夫、大丈夫、大丈
夫？』って聞いてたら、それこそあれよね。お互いにそれぞれが自分のところに
座ってて、誰からも見張られ感がなく、ゆっくりしてられるっていう。だけども、
『何か困った時があったよね』って言った時には傍にいてくれるっていう、そう
いう空間って必要だなぁと思ってね」[050219]、「孤立しないでいられる空間。だ
けど他人から介入されないで、安心していられる空間。そっちにぽつんと一人で
座っていても、みんながいるから安心だ。だけど、こっちにいるみんなは自分を

侵害しないよっていう場所」[060906]。「誰からも見張られ感がなく、ゆっくりしてられる」、「他人から介入されないで、安心していられる空間」、「みんなは自分を侵害しない」というように一人でゆっくり過ごせると同時に、「『何か困った時があったよね』って言った時には傍にいてくれる」、「孤立しないでいられる空間」、「みんながいるから安心」というようにそれぞれが孤立しているわけでない。一人で居ることと孤立しないことが同時に成立している状況、言わば、一人で孤立せずに居られることがめざされていると言える。

「実家の茶の間・紫竹」では、大切にされていることが「大勢の中で、何もしなくても、一人でいても孤独感を味わうことがない"場"(究極の居心地の場)」(河田珪子, 2016)と表現されている。これもまさに、一人で孤立せずに居られることをめざすものである。「実家の茶の間・紫竹」ではプログラムが提供されておらず、その代わり囲碁、将棋、麻雀、オセロ、本、縫い物、折り紙、習字、絵の具など希望された物は何でも揃えられている。「会議風のロの字はさけて、5〜6人単位で座れる様に散らばる配慮をする」こと(写真11-7)、固定席にならないように「テーブルの配置を常に変える」こと、仲良しクラブにしないために「こっち、こっち」と手招きして仲間同士で固まったり、仲間同士で電話で待ち合わせをして集まったりしないようにすること、また、先に紹介した「その場にいない人の話をしない(ほめる事も含めて)」に加えて、「プライバシーを訊き出さない」、「どなたが来られても『あの人だれ!!』という目をしない」という約束事を掲示することなど、30年にわたる活動を通じて河田さんらがつくりあげてきた「居心地のいい場づくりのための作法」(河田珪子, 2016)にもとづいて場所がつくりあげられている。また、「当番さんたちに大事なことは、〔一人を〕味わってる人なのか、誰も話をしてくれる相手もいなくて、溶け込めなくて孤独でいるのかの見極めができないといけない」[160801]というように、当番は孤立している人には声をかけるが、一人を味わっている人にはそれを尊重する対応がなされている。

「下新庄さくら園」では会話に入れず孤立する人が出てこないように配慮されていたが、和南さんが次のように話す通り、無理に会話に参加することが求められるわけではない(写真11-8)。「一人で触らないで欲しいなぁ、その人にはね、それでいいと思うし」[060602]、「一人で来られる方は、そっとして欲しい人もあるからねぇ。……。だから、何回も来られてる人で、ちょっとされる方はも

写真11-7 5〜6人単位で座れるように散らばる配慮がされたテーブル配置

真11-8 一人で過ごす来訪者

うその方がいいんじゃないかなと思ってね、そっとしとくんですけど」[060602]。

　「居場所ハウス」の建物は「様々な活動に対応できるようワンルームで柱によりゆるやかにつながる空間としたうえで、テクスチャーなどの違いによりそれぞれの場所に明確な領域をもたせ」（生越美咲ほか, 2014）ることが考えられ設計された。オープン後、カフェスペース（土間）と和室の間の柱は撤去され、和室の板の間には畳が敷かれたが、カフェスペース（土間）にはテーブル席、カウンター席、キッチン、和室には畳スペース、図書コーナーというようにいくつかの領域が残されている。約115㎡と空間が広いこともあり、領域ごとに集まりができたり、プログラムが行われている周りでお茶を飲む人がいたりと、結果としてみなが同じことをして過ごすわけではない状況が生まれている（写真11-9）。

　テーブル配置が工夫されたり、いくつかの領域があったりするほかの場所に比べると、「ひがしまち街角広場」は面積が小さく、いくつかの領域があるわけではない。「ひがしまち街角広場」の特徴は、小さなテーブルが置かれ、来訪者自身で自由に移動させることができるようになっていることである。「たとえば、サークルの人が何人か集まらはったら、机3つぐらい集めてね、周りの人はそのへんに、ちょっと空いたとこにいるとか、そういうふうな色んな使い方しても誰も文句を言わない。……。だから時によっては机をここへひっつけても使うしっていう、そういうこと自由にできる方がいいんでしょうね、こういうところは」[050625]、「大きなテーブルで周りにいるのもいいだろうと思うけども、自分一人だけのテーブルでこうやりたい時もあるかもしれない。色んなかたちがあるから、そのときどきで自由に使いこなせるようなものがいいみたいに思いますね」

[050625]。決まった領域はないが、「自分一人だけのテーブル」にすることも含めて、小さなテーブルを自由に動かしたり、組み合わせたりすることで、自分の領域をつくることが来訪者自身によって行われている。また、一人で座っている人同士がテーブル越しに会話している光景がみられるが（写真11-10）、テーブル越しの会話は、一人で過ごしている人が、孤立しているわけでないことを現している。

　赤井さんは来訪者への対応について次のように話す。「不思議にね、ここへコーヒーいれてたらね、この狭いところだからね、どこに誰がいるとかね、どんな話の内容まではわからないけど、どういう系統の話してるって全部わかるんですよ。注文も、誰がいつしたかっていうのも全部わかるんですよ。それだけここにいる時は自分には気がついてないけど、そういう気配りはたぶんしてると思いますね」[150721]、「それはあの自然体で。〔こちらから声を〕かける時もあるし。……、話しかけられたくない人もいるかもしれない。ここへ来て1時間ぐらいじっと座ってる人もいるし。何か様子見ててね」[050618]。このように、「ひがしまち街角広場」においても場所全体への気配りがなされ、「話しかけられたくない人」にはそれを尊重する対応がなされている。

● 居合わせる
　先に紹介した通り、建築学者の鈴木毅（2004）は「『ただ居る』『団欒』などの、何をしていると明確に言いにくい行為」を含めた「人間がある場所に居る様子や人の居る風景を扱う枠組み」として「居方」（いかた）という概念を提示している。「居方」の類型の一つとしてあげられているのが「居合わせる」、つまり、「別に直

写真11-9 それぞれのテーブルで思い思いに過ごす

写真11-10 テーブル越しの会話

接会話をするわけではないが、場所と時間を共有し、お互いどの様な人が居るかを認識しあっている状況」である。一人で居ることと、孤立しないこととは一見すると相容れないようだが、「居合わせる」という場所の観点をもつことで両立するものとして捉えることができる。

　5つの場所において居合わせることを実現するためにどのような配慮がなされていたかを整理すると、話し相手になったり、声をかけたりするという相手への直接的な関わりだけでなく、次のような場所への観点を見出すことができる。

　「厨房にいる私が中心になって、みんなを温かく見守って」（親と子の談話室・とぽす）、全体の様子が伺える向きに座り「キョロキョロしてる」（下新庄さくら園）、「どこに誰がいる」か「どういう系統の話してる」かが全部わかるような気配り（ひがしまち街角広場）、「目配り、気配り、気遣いが当番全員の最も大切な役割」（実家の茶の間・紫竹）というように、場所全体に気を配り、一人で過ごしたい人には無理な関わりを求めないこともその配慮である。主（あるじ）が場所全体に気を配ることができるのは、当然のことながら、人々が居合わせている場所に、主（あるじ）もまた居合わせているからである。

　大きさや高さ、形の違うテーブルを置いたり、通りの桜が見渡せる大きな窓をもうけたり、本を置いたりする（親と子の談話室・とぽす）、一人の人は当番がいる喫茶コーナーで過ごして欲しい（下新庄さくら園）、自由に移動させることのできる小さなテーブル（ひがしまち街角広場）、カフェスペース（土間）と和室にいくつかの領域のある広い空間（居場所ハウス）、希望された物は何でも揃えたり、テーブル配置を工夫したり、約束事を茶の間に掲示したりする（実家の茶の間・紫竹）というように、物によって場所をつくりあげることもその配慮である。

　人々が居合わせる場所を実現するための配慮は、相手への直接的な関わりだけでなく、場所全体に気を配る、物によって場所をつくりあげるというように場所への観点を抜きにして捉えることはできない。

■ 親密さからの解放

　「実家の茶の間・紫竹」では「こっち、こっち」と手招きして仲間同士で固まったり、仲間同士で電話で待ち合わせをして集まったりしないように決められていた。親密な関係にある人々の集まりが、居合わせているほかの人に対して排他的

になり、結果として一人で孤立せずに居られる場所でなくならないようにするためである。親密さは、居合わせる状況を崩してしまう可能性がある。「実家の茶の間・紫竹」でめざされているのは「困った時に『助けて』って言える関係」［160801］を築くことだが、そのために大切なことが適切な距離をおいた「矩（のり）を越えない距離感」［160801］と表現されているように、助け合いの関係は親密な関係とは異なるものと捉えられている。親密だから助け合うのではなく、親密であるか否かにかかわらず同じ地域に住んでいるから助け合える関係を築くことがめざされているのである[9]。

　社会学者のリチャード・セネットは親密さについて次のように指摘する。

　　親密さとはひとつの限られた視野であり、人間関係によせる期待である。それは人間の経験を局所に限ることであり、そこで直接的な生活環境に近いものが至上のものとなる。この局所化が支配的になればなるほど、人々は素直さとお互いの腹蔵のなさにとって邪魔になっている習慣、風習、身振りといった障害を取り除こうとますます努めるか、お互いに圧力をかけるようになる。……。人々が近づけば近づくほど、人々の関係はより社交性の乏しい、より苦痛な、より兄弟殺し的なものになるのである。（セネット、リチャード, 1991）

　親密さとは「人間関係によせる期待」であるが、それは人間関係を捉えるための「ひとつの限られた視野」に過ぎない。そして、親密さを求めようとすればするほど「人々の関係はより社交性の乏しい、より苦痛な、より兄弟殺し的なものになる」。そこで、リチャード・セネットは次のように指摘する。「都市は……、他の人々を人間として知らねばという強迫的な衝動なしに人々と一緒になることが意味のあるものになるフォーラムでなければならない」。

　この表現を借りれば、居場所を次のように表現することができる。「居場所は、他の人々と親密にならねばという強迫的な衝動なしに人々と居合わせることが意味のあるものになるフォーラムでなければならない」。

3 居られる場所のしつらえ

　施設における人々の関わり方は利用者、参加者を特徴とする。これに対して居場所における人々の関わりは、サービスの利用者ではなく場所をつくりあげる当事者になれること、プログラムへの参加ではなく居合わせることである。

　これを実現するためのさまざまな配慮は、人と人との直接的な関わりに注目するだけでは捉えることができない。場所をつくりあげる同じ立場として、それぞれが当事者になれることを実現していく。場所全体に気を配ったり、物によって場所をつくりあげたりすることで、居合わせることを実現していく。このように場所への観点が大きな意味をもつ（図11-1）。

　居場所において、要求に対応していく主（あるじ）の振る舞いをホスピタリティと捉えたが、山本哲士は、ホスピタリティはコミュニケーションやもてなしではないと指摘する。

　　ホスピタリティは「もてなし」ではない、むしろ《しつらえ》である。人と人との関係が成立しうるために、場を〈しつらえる〉のだ。モノによって雰囲気によって、言葉にならぬものによって《しつらえ》がなされる。つまり、人とモノと場所とが非分離になる環境がしつらえられることである。したがって、ホスピタリティは「コミュニケーション」ではない。ある場の《気》をつくりだすことだ。「気に入る」「気がおちつく」「気がやすまる」場をつくりだす。（山本哲士, 2006）

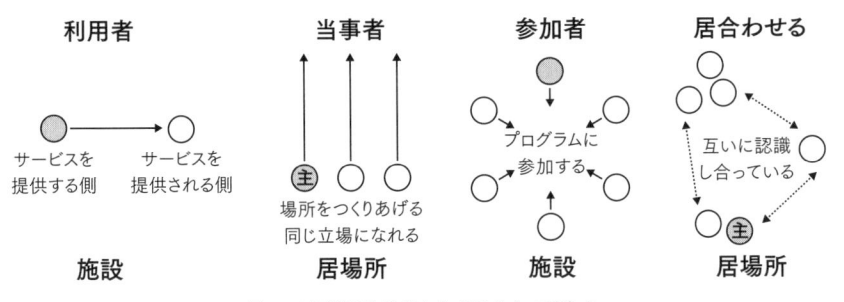

図11-1 居場所と施設における人々の関わり

ホスピタリティはコミュニケーションや、もてなしという人と人との関わりではなく、「モノ」、「雰囲気」、「言葉にならぬもの」による場のしつらえである。この指摘は、場所をつくりあげる当事者になれること、居合わせることを実現するための配慮が、場所への観点をもっていることと重なってくる。

　施設においては第三者としての専門家により先取りされた要求に対応する機能が空間に割りあてられる。そこでの人々の関わり方は利用者、参加者に限定されていく。これに対して居場所においては、人々が場所をつくりあげる当事者になれる、居合わせるというかたちで居られることが場所としてしつらえられている[10]。

　居られる場所としてしつらえることは、人々の要求を、先取りして利用者や参加者にすることなしに、受けとめていくための配慮である。前章でみたように、人々の要求に対応することは、理念の具体例をつくり出し、理念をより豊かなものに育てていくものであった。さらに前章では、建築学者の鈴木毅による、他者が「そこにそう居る」ことは、たとえその他者と直接の関わりがなくても、その他者を「見守っている者には様々な情報・認識の枠組みが提供される」という指摘を受けて、理念が部分的に実現されている場所に居られること自体ですでに、「そこにそう居る」他者の居方から理念を教えてもらっていること、そして、今度は自らがほかの人にとっての「そこにそう居る」他者になることで、ほかの人に理念を伝える側になっていくことを議論した。この議論をふまえれば、場所としてしつらえられているからこそ、居られることを理念の具体例として、ほかの人に伝えることができることになる。

　居られる場所のしつらえは、人々の要求を理念の具体例にするかたちで受け止め、理念をより豊かなものにしていくと同時に、理念を共有していくことを通して、居場所を育てていく。

注
1　施設は機能を空間に適切に割りあてる機能主義によって生み出されるが、歴史家のエイドリアン・フォーティー（2005）による「機能主義の方程式のもうひとつの係数である『使用者』」という表現からは、利用者（User／使用者）という概念は機能主義と不可分であることが伺える。エイドリアン・フォーティーは建築に関して利用者（User／使用者）という表現が用いられるのは、建築と、それを用いる人々との関係を語るよりより表現がないからだとも指摘している。「おそらく、『使用者』という言葉に対する不満のもう一つの理由は、それが人々の建築作品との関係を描写する上で不十分なやり方だったことにあるのだろう。たとえば誰も彫刻作品を『使う』と語る者はいない。しかし建築では、いまだにそれを用いる人々との関係を語るよりよい表現がないのだ」。

2 筆者が確認できる記録を調べる限り、インタビューにおいて白根さんが利用者という表現を使っているのは、ここで紹介した2回だけである。一方、「下新庄さくら園」の和南さん、「ひがしまち街角広場」の赤井さんは、筆者が確認できる記録を調べる限り、インタビューにおいて一度も利用者という表現を使っていない。インタビューにおいてという限定であるため、発言の回数だけで居場所において利用者が使われる頻度を議論することに意味はないが、居場所において利用者という表現がほとんど使われないことの傍証として紹介しておきたい。

3 『とぽす通信』の「『とぽすとその仲間展』第18回記念号」（2011年）より。

4 「居場所ハウス」では、オープン後しばらくして時間通貨を導入しないかという提案がなされたことがある。「居場所ハウス」において、個人がほかの個人に対して行った行為をカードに記入していき、記入欄が埋まれば金券として利用できるという内容の提案であった。しかし、開始までの議論の中で、「居場所ハウス」では本棚をつくったり、事務作業をしたり、植木の手入れをしたりするなど、ほかの人を宛先とする行為ではなく、「居場所ハウス」という場所自体を宛先とする行為が多いと明らかとなった。そこでカードに記入する行為の宛先をほかの人に限定せず、「居場所ハウス」と記入してもよいことに変更された。「居場所ハウス」に時間通貨を導入する話は少しの試行の後に立ち消えとなったが、この出来事は場所自体が行為の宛先になること、つまり、ここで議論している場所への観点が重要であることを現している

5 「愛するということは、おたがいに顔を見あうことではなくて、いっしょに同じ方向を見ることだ」（サン＝テグジュペリ, 1955）。この言葉は、筆者が大学院在学時に履修していて教職課程の講義で教わったものである。

6 全国の通いの場で2018年度に行われた活動内容。厚生労働省老健局老人保健課『介護予防・日常生活支援総合事業（地域支援事業）の実施状況（平成30年度実施分）に関する調査結果（概要）』より。

7 ただし、通いの場の現場においては、ここにあげたようなプログラムへの参加では捉えきれない関わりの場面が生じているはずであり、厚生労働省老健局老人保健課『介護予防・日常生活支援総合事業（地域支援事業）の実施状況（平成30年度実施分）に関する調査結果（概要）』にこのような関わりを捉える視点がないということである。こうした視点の欠如が、通いの場を一層プログラム偏重の施設にしていく可能性がある。

8 噂話は世間を生み出していると言える。「世間とは個人個人を結ぶ関係の環であり、会則や定款はないが、個人個人を強固な絆で結び付けている」もので、それは「排他的であり、敢えていえば差別的ですらある」（阿部謹也, 1995）。「矩（のり）を越えない距離感」[160801] を大切にしてきた河田さんらの活動は、「個人個人を強固な絆で結び付けている」がゆえに排他性を有してしまう世間を乗り越えようとするものだと捉えることができる。

9 筆者は「親密な関係にはないが、かといって全くの他人でもないような顔見知りという関係」を「中間的な関係」と呼んでいる。「『中間的な関係』がより親密な関係へと変わっていくこともあり得る」が「『中間的な関係』が『中間的な関係』なままであることが許容される」（田中康裕・鈴木毅, 2008）ことが、一人で孤立せずに居られるためには重要になる。

10 居られる場所とは、まさに居場所のことである。筆者は既往文献における記述を整理することで、居場所は大きく「ありのままの自分が受け入れられる」、「自分の力が発揮できる」、「世界を垣間みることができる」という3つの意味で使われていることを明らかにした（田中康裕, 2019b）。「られる」という助動詞は受身・自発・可能・尊敬という広がりのある意味をもつが、これは居場所の意味の広がりに通じている。カナダ在住の言語学者で、日本語教育にも携わる金谷武洋（2019）は、日本語は受身（自発・可能・尊敬）、自動詞、他動詞、使役が大きな体系をつくっていると指摘し、これを「受自他使連続線」と呼ぶ。「受自他使連続線」においては、左に向かうほど「自然の勢い」が増し、右に向かうほど「人間の意図的な行為」が強調されるスペクトルをなしている。このうち、最も「自然の勢い」が増す受身（自発・可能・尊敬）を現すのが、「存在動詞『ある』起源の形態素」の「(R) ARE-」である。この議論を受ければ、「られる」は「自然の勢い」を表現していると捉えることができる。印欧語古語には、能動相（態）と対立する文法カテゴリーとして中動相（態）があったとされる。中動相（態）とは「形は受け身だが意味は能動」という言語表現だが、金谷武洋は中動相（態）について、「機能は行為者の不在、自然の勢いの表現」であり、「印欧語における無主語文」である指摘する。居られるとは「自然の勢い」として、主語の行為ではなく、あたかも自然にそうなったかのように述語として成立するということである。居られる場所を実現するためのさまざまな配慮が人と人との直接的な関わりだけでなく、場所への観点をもつことはこの点に関わってくる。

第12章 居場所を支えることの可能性

1 ハブ型から分散型へ

　施設にあらかじめ備えられる機能は、要求に対応することが想定されたものである。しかし、施設の機能が対応するのは第三者としての専門家によって先取りされた要求であり、そのような要求を抱く人々が抽象的な存在として想定される。従って、先取りされた要求と一人ひとりの要求には「ずれ」がある。そのため、自らの要求は既存の制度や施設の枠組みでは上手く対応されないと感じる人々や、そのような人々がいることに気づく人々がいる。居場所とは、このような人々によって制度や施設の外側の場所として開かれてきた。このような居場所はどのようなかたちで支え得るのか、このとき、専門家は何らかの役割を担い得るのか。

　実業家の佐藤航陽 (2015) による社会システムの変遷の議論を糸口として、このことを考えたい。佐藤航陽は、社会システムは「血縁型の封建社会」、「ハブ型の近代社会」、「分散型の現代社会」と変遷してきたと指摘する。ここで注目するのは「ハブ型の近代社会」と「分散型の現代社会」である。

　「ハブ型の近代社会」とは「『情報の非対称性』、言い換えれば『誰もが同じ情報を容易に共有できない』ことを前提」とする社会システムで、「この時代にはどこか一カ所に中心をつくり、そこに情報を集めて誰かが代わりに指示を出す形が、最も効率的なアプローチ」になる。「ハブ型の近代社会」において、中心としてのハブの位置に立つのが代理人であり、必然的に代理人には権力が集中する。

　本書では居場所の制度化を、要求への対応として居場所に備わった機能を抽出し、それを実現すべきものとしてあらかじめ設定していくプロセスと捉えた。この具体例が、コミュニティカフェ、地域の茶の間、宅老所などの居場所をモデルとすることで、通いの場、小規模多機能型居宅介護という介護予防や介護の機能

を担う制度や施設を普及させていく動きであるが、このプロセスは「ハブ型の近代社会」のモデルで捉えることができる。このプロセスにおいて第三者としての専門家は代理人として振る舞ってきた、あるいは、振る舞うことが期待されてきたのである。

居場所の制度化が「ハブ型の近代社会」のモデルで捉えることができる一方、本書で紹介する場所の主（あるじ）は、居場所の広がりを次のように捉えている。

白根さん：誰にでもできると思うのね、やりたい気持ちがあれば。だけど、その人なりのものしかできないんですよね。できないって言うとおかしいけど、その人だからできるものっていうのが、それぞれにあると思います。［050422］

和南さん：〔ほかの「ふれあいリビング」で〕主（しゅ）になってる人、豪傑の人が多いわ、女の人でも。……。だから華奢ではできないね、見た感じじゃなくて自分の考え方。「この人やったらやるやろなぁ」っていうような感じの人が前出てはるねぇ、女の人でも。……。やっぱり、どんと迫力があるっていうことは大切やねぇ、今少ないもんねぇ。私は背がちっこいから、いっつも昔から母親に言われたんよ、「小そうても太閤さんって言え」いうて。太閤秀吉ね。だから、「小そうても太閤さん」って、いっつも自分でそう思ってた。［051027］

赤井さん：ノウハウを全部書いて帰ってそのまましようと思ったら絶対できないから、やっぱり自分流でその場所に合ったようにするのが一番いいと思う。どういうふうにしたらその場所では一番似合うかとか、とけ込めるとか。自分だったら、どういうふうに対応できるかっていうか、そういうことも考えていかないと。たとえば、よく言われるのは「あなたがいてたからこれはできたのよ」って。でも私がいなくても、ほかの人がやっても違ったかたちでできて、ずっと持続していけると思うから。その人はその人流のやり方をすればいいんだから、同じものがコピーみたいに、色々できなくていいと思うんです。［050219］

河田さん：居心地のいい場をつくる秘訣は、形態ではないように思います。ですから、「こんな場がつくりたい。」と考えたときに、「うちの実家」での決まりごとを、そっくり真似ればいいか、というとそうではありません。地域性もありますし、文化もあります。そんな中でここは何を目的にしているのかを明確にし、その上で「どうしたら、居心地のいい場がつくれるか？」「どうしたら、だれもが安心して、気兼ねなくいられるか？」を、みんなでつくっていけばいい。（常設型地域の茶の間「うちの実家」, 2013）

　ノウハウや決まりごとを真似すればいいわけでない。誰にでもできるが、その人なりのものしかできず、考え方や目的をはっきりさせる必要がある。地域や文化の影響も受ける。これらの言葉においては、その場所が誰によって、どこに開かれるのかという現場が重視されており、これは「ハブ型の近代社会」のモデルでは上手く捉えることができない。

　ここで注目したいのは、居場所をめぐっては「分散型の現代社会」のモデルで捉え得る動きが生じていることである。佐藤航陽によれば、「分散型の現代社会」とは「情報の非対称性」が崩れることで生まれる「中心が存在しない」社会システムである。「近代のハブ型社会のように代理人に情報を集約させなくても、それぞれのノード同士ですぐに情報の伝達ができるのであれば、ハブが存在する意味」はなく、「むしろ、ハブに情報を集約させるほうが、コストがかかってしま」う。「分散型の現代社会」では「これまでつながっていなかったノード同士が相互に結びつくことで、情報のハブであった代理人の力が徐々に失われていく」とされる。

　「ひがしまち街角広場」のある新千里東町には、「ひがしまち街角広場」のような場所が欲しいと考えた人々により、いくつかの「同じような」場所が開かれてきた。2009年7月から府営新千里東住宅で始められた「3・3ひろば」、2010年4月に千里文化センター・コラボに開かれた「コラボひろば」（コラボ交流カフェ）、2005年に竣工した分譲マンションにもうけられた共用施設「桜ヶ丘まちかど広場」である。佐竹台の「佐竹台サロン」、新千里西町の笹部書店のカフェコーナー、新千里北町の「畑のある交流サロン＠Kitamachi」など、千里ニュータウンのほかの住区に開かれた場所の参考にもなってきた（太田博一, 2018）。さらに、北海道の「北広島団地地域交流ホームふれて」、三重県名張市の桔梗が丘自治連合会

による「ほっとまち茶房ききょう」、大阪府金剛団地の「わっくCafé」は、「ひがしまち街角広場」に見学に訪れた人々が開いた場所である。

河田さんは「求める人にはそのノウハウを惜しみなく伝えてきた」。そして、「『うちの実家』もすでに、ほかの地域でもオープンした。認知症の母親を介護している人が、自宅を開放して『実家』にしている例もある」（WAC, 2007）と指摘されているように、河田さんのノウハウを受け継いだ人が場所を開く出来事も生まれている。「実家の茶の間・紫竹」は河田さんらが、新潟市から「うちの実家」の再現依頼を受けて開かれた場所であり、新潟市は「河田珪子氏のノウハウを継承・波及」[1]することで市内全8区に「地域包括ケア推進モデルハウス」を開いてきた。また、「『地域の茶の間』を立ち上げたい！参加したい！と思っている」[2]人を対象とする「茶の間の学校」が開かれ、河田さんや「実家の茶の間・紫竹」のスタッフが講師となる講座の開催、「実家の茶の間・紫竹」の見学が行われてきた。

大阪府では、2018年度末時点で43の「ふれあいリビング」が開かれている。「ふれあいリビング」の運営は、それぞれの府営住宅や周辺地域の状況にあわせた独自のものとなっているが、「ふれあいリビング」の運営者が集まり、運営状況や今後の運営のアイディアなどについて意見交換するための「意見交換会」を大阪府が主催していた時期もある。

「親と子の談話室・とぽす」を訪れていた人が両親から受け継いだ土地を使って高齢者が立ち寄れる場所を開いたり、白根さんの親類が自宅をサロンとして開放したりする出来事も生まれている。

「居場所ハウス」に見学にやって来る人の中には専門家だけでなく、すでに居場所の運営に携わっている人や、これから居場所を開きたいと考える人もいる。

このように、居場所は代理人である第三者としての専門家を抜きにして、現場の当事者から現場の当事者へと直接影響を与え、「同じような場所」として広がりつつある[3]。興味深いのは「コラボひろば」、「ふれあいリビング」、「地域包括ケア推進モデルハウス」のように行政が開設に関わる場所にまで、こうしたかたちでの広がりが波及していることである。

「分散型の現代社会」のモデルで捉え得る広がりが、何をきっかけとして生まれているかに注目したい。たとえば、「ひがしまち街角広場」と「3・3ひろば」、「コラボひろば」、「桜ヶ丘まちかど広場」は同じ機能を担ってはいない。それゆ

えここでは「同じような」場所と表現してきたが、これらの広がりを生み出すきっかけは「ひがしまち街角広場」の光景を目の当たりにした人々のこのような場所が欲しいという要求である。新潟市の「茶の間の学校」は『『地域の茶の間』を立ち上げたい！参加したい！と思っている」人というように、要求を抱いた人々を対象として開校されている。つまり、「分散型の現代社会」のモデルで捉え得る広がりにおいては、自分たちの地域にもこのような場所が欲しいという要求が大きなきっかけとなっている。その要求は第三者としての専門家によって先取りされたものではなく、後にそれぞれの場所の現場に関わることになる人々が抱く要求である。「ひがしまち街角広場」や河田さんらの活動は、それを目の当たりにした人々に、自分たちの地域にもこのような場所が欲しかったのだという要求を喚起させるものとして、理念がすでに具現化された光景としてある。そして、喚起された欲求への対応として場所が開かれる。

　ただし、場所が一旦開かれた後は、それぞれの現場における一人ひとりの要求に対応することで機能が備わっていくため、備わる機能は同じものとはならない。それゆえ、「同じような」場所として広がっていくことになる。

2　代理人からインタープリターへ

　居場所は代理人である第三者としての専門家を抜きにして、「分散型の現代社会」のモデルで捉えうる動きとしてすでに広がりつつある。この状況を受け入れるとき、専門家には、居場所に対して何らかの役割が求められているのか。もし求められているとすれば、それはどのような役割なのか。ここでは、当事者に注目する研究や実践の手助けを得ることで、居場所を支える専門家像を描くことを試みたい。

　建築学では、当事者の動きに注目する研究者によって次のような専門家像が描かれてきた。

　本書で「要求－機能」関係にもとづく宅老所と施設の違いについての議論を参照した大原一興（2007）は、「専門家の専門性とは、設計など供給・整備する際に発揮されるだけはなく、本質的な要求を引き出す場面にも十分に発揮されて良いものなのである」と指摘する。また、公共施設をめぐる議論について次のように

指摘する。

　近代を脱して、現代の建築計画学に求められていることは、ある機能を提供する施設のための最適条件を探ることだけではないのではないだろうか。施設と社会は時間的に常に変化する。その時々の社会や生活の要求を顕在化する装置として施設があるのであれば、施設を通じて現代社会の方向性を的確に見出すことが大事なのであって、それは「建築を」計画する学に留まらず、建築という場で生じている現象を通じて「社会を」計画する学のことなのではないかと感じている。（大原一興, 2007）

　鈴木毅（2019）は「行政や専門家ではなく、その問題に気づいたセンスある地域住民、切実な必要性を感じた『当事者』たちが、自らのビジョンと試行錯誤によって、従来にないタイプの場所や、新しい施設形式を創造している」動きを「当事者による場づくりの時代」と呼ぶ。そして「当事者による場づくりの時代」における建築の専門家・建築計画の対応の方向性として「モノとしての建築の専門家に徹する」、「アドバイザー、コーディネーターになる」、「自分が当事者になる」の3つをあげている。

　松村秀一（2016）は戦後日本の建築関係産業の流れを「民主化」のキーワードで捉えている。「第一世代の民主化」は「人々が、民主主義の担い手に相応しく近代的な生活を送れるような『箱』を遍く届けること」を目標とするもの、「第二世代の民主化」は「近代がもたらした戦争、環境破壊、人間軽視の効率主義等の深刻なひずみを顧み、その状況から抜け出そうとする脱近代の時代精神の表れ」であり、「第一世代の民主化」と「第二世代の民主化」に対応するのが「箱の産業」である。それに対して、「第三世代の民主化」は「専門家ではない空間の利用者たちが、既にある建物をより幸せでより豊かな人々の暮らしの場に仕立て上げる活動」あり、これに対応するのが「場の産業」である。

　第三世代の民主化は多くの人々が様々な暮らしの「場」を創り上げていく営為の総体であろうから、前の二つの世代のように、専門家が目指すべき状態を指し示す類のものでもなければ、ましてやその目指すべき状態を実現する方法

や手段を合目的的に論ずる類のものでもない。

　建築の専門知識、専門技術は「箱」造りにおいては主要な座を占めてきたが、「場」創りでは必須ではないし、主要な座を占めもしない。
　「場」創りにおいて主要な座を占めるのは、従来のような専門的な知識・技術ではなく、「箱」をどう利用してどんな暮らしの「場」を創るかについての、生活者の自由な構想力である。これを私は「利用の構想力」と呼び、来るべき「場の産業」の中核をなすものと考えてきた。知識や技術を持つ専門家よりも、構想力を持つ生活者が待望される時代なのだと思う。（松村秀一, 2016）

松村秀一は「第三世代の民主化」の時代における建築専門家の役割を庭師にたとえている。庭師と樹木との関係と同じように、建築専門家も「住まいをつくることはできないが、住まいがよく育つ環境を整えることはできる」と指摘し、その具体的な役割として「利用する空間資源の改良の必要性の判断やその方法自体の提供」、「既存の技術や知識の収集と編集」、「生活者が『場』創りの際に使いやすい材料、技術、ファイナンス、政策をまとめてデリバリーする行為」、「設える空間の内容に関するある種の言語体系の提供」をあげている。
　小松尚（2010）は「『居場所』のように市民の日常生活により軸足を置いて構想され、具現化される空間の計画に際しては、建築・都市一般に関する専門的な知識や技術だけでなく、当該地域に対する深い理解に基づく先見力や継続的で綿密なコミュニケーション、そして信頼関係が不可欠となる」と指摘し、そこに関わる専門家を「計画が予算化されて初めて選定され、竣工とともにお役御免となるこれまでの計画者、設計者とは明らかにスタンスが異なる」ものと捉えている。

　「居場所」を創り、支える。計画の指導者や牽引者としてだけではなく、継続的な助言者、地域住民の伴走者や後ろ支え、時には黙って推移を見守るといった、建築・地域空間のホームドクターの役割が求められているといって過言ではないだろう（小松尚, 2010）

ほかの分野にも目を向けてみたい。本書で当事者に関する議論を参考にした

中西正司と上野千鶴子は「専門家よりも当事者が、自分自身のことをいちばんよく知っている、自分の状態や治療に対する判断を専門家という名の第三者に任せないで、自己決定権をとりもどそう、という動き」を「当事者の時代」と呼ぶ。そして、従来の専門性が「『客観性』の名において、当事者の『主観性』を否定してきた」のに対して、「当事者の時代」における専門性を次のように描く。

　当事者の意向を尊重して、どうすればそのニーズに沿えるように支援できるかと考えてくれるのが専門家の役割であろう。
　専門家が要らないというわけではない。専門知識と経験にもとづいて、当事者が知らない情報を提供し、インフォームド・コンセントを十分にして、当事者が不安をもたず納得できるように説明責任を果たすべきだろう。

　当事者主権の時代には、それにふさわしい専門性のあり方がある。‥‥‥、この専門性の核心にあるのは、当事者ニーズを理解するコミュニケーション能力である。そしてそのコミュニケーション能力は、必ずしも言語的な能力に限らない。（中西正司・上野千鶴子, 2003）

中西正司と上野千鶴子は「当事者の時代」の動きとして北海道浦河町の「浦河べてるの家」を紹介している。
　「浦河べてるの家」は精神障害をかかえた当事者の地域活動拠点である。「浦河べてるの家」では地域で生きること（社会復帰）が大切にされているが、これは「精神障害者のみの社会復帰」を意味しない。「浦河べてるの家」に設立から携わっているソーシャルワーカーの向谷地生良（2009）は次のように指摘する。

　この過疎の町で「精神障害者のみの社会復帰」は、きわめて非現実的な課題と感じられたのである。すべての人にとっての社会復帰、いわゆる「地域全体の社会復帰」という目標が、ここに与えられたのである。それは、「地域の人たちや、ドクター、ナース、ワーカーでも社会復帰できる場づくり」への挑戦であった。（向谷地生良, 2009）

「浦河べてるの家」では「当事者研究」[4] という先駆的な活動が行われてきた。また、「当事者が支援スタッフとして役割を果たし、健常者のスタッフとともに働くという場面が当たり前の光景として定着している」。向谷地生良は「当事者スタッフを育む支援のあり方」[5] として次のような点をあげている。

　　ソーシャルワーカーや専門スタッフは、「問題の解決者」ではなく、「関係の仲介者」としての役割を果たす。生活上の困った体験や深刻な問題が、新たな人との出会いやつながりを創出する機会となるように心がける。

　　当事者に対する適切な情報の提供と社会サービスの活用をうながすための支援をする。社会サービスの活用は、当事者の抱える問題解決のためにあるのではなく、生活の質の向上と社会参加の促進というニーズの充足にあることを重視する。（向谷地生良，2009）

　先に触れたように「浦河べてるの家」で大切にされてきたのは「地域の人たちや、ドクター、ナース、ワーカーでも社会復帰できる場づくり」である。向谷地生良は「専門家が『答え』と『真理』の鍵を、常に握っているとする専門家神話は、すでに崩壊しつつある。ちまたでは『専門家の当時者化』と、『当時者の専門化』がはじまっている」（向谷地生良，2006）と指摘し、「専門家である以前に、ひとりの人間として、市民として担っている "あたりまえの生きづらさ" に目を背けてはならない」（向谷地生良，2006）、「私が心がけたのは、この地域で暮らす『隣人』としてのワーカーである」（向谷地生良，2009）とも述べている。
　精神科医の小澤勲は、向谷地生良との対談「『当事者の時代』に専門家はどこに立つのか」の中で「浦河べてるの家」に触れて、専門家に求められる役割を次のように話す。

　　いまわれわれに求められているのは、たとえば心理検査や診断技術のように、学会で発表するような抽象度の高いものと、事例報告との中間みたいなものじゃないでしょうか。いろいろな事例を体験しながら、抽象化しすぎない範囲で、現場で活かせる物事の考え方を見つけていく作業ですね。それが向谷地

さんや私のように、現場から離れず、現場での体験を基盤にして物事を考える人間のつとめだろうと私は思っています。そこが案外欠けているところかなという気がします。(向谷地生良・小澤勲, 2006)

哲学者の鷲田清一 (2012) は「原子力発電から、公衆衛生や健康、そして環境問題まで、科学によって問うことはできるけれども、科学によって答えることのできない問題群」、つまり、「トランスサイエンス的な問題」においては、専門家も「特殊な素人」でしかあり得なくなったと指摘する。そして、こうした状況において求められる専門家を次のように描く。

　　いま問われているのは、コミュニケーション圏の間でもはや共有する言葉がない、あるいは共有する対話の土俵がないときに必要なコミュニケーションです。一方通行の啓蒙ではなく、科学についてある種の信頼感をベースに素直に語りあえる場をあらためて開いていく。‥‥‥
　　そういう意味でいま、もっとも必要なのは、異なる言語のフレームを相互に翻訳できるプロフェッショナルです。異なる言語フレーム、異なるカルチャーの間で、送り手と受け手の橋渡しができる人。かれらをたがいに接触させることができるという意味で、インタープリテーション、トランスレーションができる人です。(鷲田清一, 2012)

これは哲学でも同じだという。鷲田清一は哲学者にとっての現場の意味を次のように指摘する。

　　哲学もおそらく同じはずです。現場に行くというのは、じぶんが密室で磨いてきたナイフで現場を切ることではありません。予測がつかないことが次々に起こる場に身を挿し込んで、そこに居合わせる人たちがどういう知恵を働かせて事態に対処しているか、不確定な状況のただなかで、不確定なままにどう正確に対応してきたか、その知恵を発見すること、そのことが重要です。ずっと現場にいる本人は「経験」でやっているから、言語化できない。そこを言語化し、翻訳するということです。‥‥‥、哲学のもう一つの大きな仕事として、

そういう翻訳者としての仕事があると思います。(鷲田清一, 2012)

　科学哲学者の小林傳司 (2007) はトランスサイエンスの時代において、「専門家は自分の意義をしゃべると同時に、限界を語り、社会の声を聴かねばならない」と指摘する。

　　科学が福音であった時代、科学者、技術者は黙って研究をしていればよかった。しかし今はそうとばかりは言っておられない。「トランス・サイエンス」の時代なのだ。科学技術は、その可能性とともに自らの限界を語らなければならない。人々はそういう話を聞きたがっている。セールストークを聞きたがっているのではないのだ。
　　そのうえで、われわれは、専門家とともにこの巨大な科学技術をどのように使いこなすのかを考えねばならないのである。だからこそ専門家は自分の意義をしゃべると同時に、限界を語り、社会の声を聴かねばならないのだ。売り込みではなく、応答すること。このようなしくみを何とか設計したいと思う。
(小林傳司, 2007)

　限られた記述を参照したに過ぎないが、専門家でない人々が当事者となる動きに注目したり、従来の専門家のあり方の限界に直面したりしてきた人々の言葉からは、次のような共通点を見出すことができる。

■ 要求を理解する
　専門家に期待される役割として、要求を理解することがあげられている。言語化したり、翻訳したりすることを通して要求を引き出すことを支える役割も重要だとされる。
・「本質的な要求を引き出す場面にも十分に発揮されて良い」(大原一興)
・「当事者ニーズを理解するコミュニケーション能力」(中西正司・上野千鶴子)
・「ずっと現場にいる本人は『経験』でやっているから、言語化できない。そこを言語化し、翻訳するということ」(鷲田清一)
・「自分の意義をしゃべると同時に、限界を語り、社会の声を聴かねばならな

い」、「売り込みではなく、応答すること」（小林傳司）

■ 機能を提案しない

要求を理解することが期待されるが、これは決して要求を先取りすることではない。要求を分析したり、類型化したりすることでもない。さらに、先取りした要求に応じた機能を、解決方法として提案することが期待されるわけでもない。

- 「ある機能を提供する施設のための最適条件を探ることだけではない」（大原一興）
- 「目指すべき状態を指し示す類のものでもなければ、ましてやその目指すべき状態を実現する方法や手段を合目的的に論ずる類のものでもない」（松村秀一）
- 「計画の指導者や牽引者」としてだけではない（小松尚）
- 「問題の解決者」ではない（向谷地生良）
- 「じぶんが密室で磨いてきたナイフで現場を切ることではありません」（鷲田清一）

■ 要求の実現を支える

専門家に期待されているのは要求の実現を支えることである。それぞれの分野における知識や技術は要求の実現を支えるプロセスにおいて発揮することが求められる。

- 「モノとしての建築の専門家に徹する」、「アドバイザー」になる（鈴木毅）
- 「庭師を目指す」（松村秀一）
- 「当事者の意向を尊重して、どうすればそのニーズに沿えるように支援できるかと考えてくれる」、「当事者が知らない情報を提供し、インフォームド・コンセントを十分にして、当事者が不安をもたず納得できるように説明責任を果たす」（中西正司・上野千鶴子）
- 「社会サービスの活用は、……、生活の質の向上と社会参加の促進というニーズの充足にあることを重視する」（向谷地生良）
- 「抽象化しすぎない範囲で、現場で活かせる物事の考え方を見つけていく」（小澤勲）

● 関係の媒介者となる

　要求の実現を支えるプロセスにおいては、人々の関係を媒介していくことも期待されている。

・「コーディネーターになる」（鈴木毅）
・「『関係の仲介者』としての役割」、「新たな人との出会いやつながりを創出する機会となるように心がける」（向谷地生良）
・「異なる言語のフレームを相互に翻訳できるプロフェッショナル」、「異なる言語フレーム、異なるカルチャーの間で、送り手と受け手の橋渡しができる人」（鷲田清一）

● 隣人、伴走者、当事者となる

　以上のような役割が期待される専門家は、現場から離れたハブの位置に立つ第三者ではなく、隣人、伴走者として現場の人々と共にある存在である。このような存在としての専門家は、自らも当事者に近づいていく。

・「自分が当事者になる」（鈴木毅）
・「知識や技術を持つ専門家よりも、構想力を持つ生活者が待望される」（松村秀一）
・「継続的な助言者、地域住民の伴走者や後ろ支え、時には黙って推移を見守るといった、建築・地域空間のホームドクターの役割」（小松尚）
・「この地域で暮らす『隣人』としてのワーカー」、「専門家である以前に、ひとりの人間として、市民として担っている"あたりまえの生きづらさ"に目を背けてはならない」（向谷地生良）

　以上からは次のような専門家像が浮かびあがってくる。

　人々の要求を理解すること。ただし、要求を先取りして、機能を提案するのではなく、あくまでも要求の実現を支える立場に徹すること。その過程で人々の関係の媒介者となること。そして、第三者でなく現場と共にある隣人、伴走者であり、自らも当事者に近づいていくこと。このような存在は、本書で紹介した居場所における主（あるじ）とも重なってくる。

　このような役割を一言で表現するのに適切な日本語は見つからないが、鷲田清

一（2012）で言及されているインタープリテーション（Interpretation）が近いように思う。この言葉には理解、解釈、説明、通訳、そして、演奏、演技という意味がある。居場所を支える専門家とは、第三者としてハブの位置に立つ代理人から、理解者、解釈者、説明者、通訳者として居場所、および、居場所の結びつきの現場を支え、演奏者、演技者のように自らも居場所を表現していくインタープリター（Interpreter）となる[6]。

注

1　新潟市「地域包括ケア推進モデルハウスの取り組み」のページ。

2　新潟市「支え合いの地域をつくる『茶の間の学校』」のページ。

3　東京都大田区で始まった「みま〜も」（おおた高齢者見守りネットワーク）では、こうした広がりが「のれん分け」と表現されている。「みま〜も」は現在、全国9か所に広がっているが、東京都大田区の取り組みと同じ事業を行うことではなく「『協賛』という仕組みで様々な分野の企業・団体とともにまちづくりを進め」ること、つまり、同じ機能を担うことでなく理念を共有することが「のれん分け」の基準になっている。『おおた高齢者見守りネットワーク（みま〜も）』の「みま〜もは専門職が地域に飛び出すことができる土台作り！」のページより。「みま〜も」の詳細は、おおた高齢者見守りネットワーク（2013）を参照。

4　向谷地生良（2009）は当事者研究の特徴を「生きづらさを抱える当事者自身が『自分の専門家』『苦労の職人』としての立場から幻覚や妄想からの影響、服薬をめぐる苦労、生きがいや人生の目標、気分の変動、対人関係や就労にかかわる困難などに対して、仲間とともに、家族や支援者と連携しながら『研究』し、当事者ならではのユニークな生き方や苦労への対処法を見出して、現実の生活の中に活かしていこうとするところにある」と紹介する。

5　「当事者スタッフ」とは「自らの精神障害の体験に基づき精神保健の分野で専従職員として働く有給のスタッフの一員」（向谷地生良，2009）のこと。

6　「13歳のハローワーク 公式サイト」では、職業の一つとしてインタープリターが掲載されており、次のように紹介されている。「自然学校やエコツアーなどで、自然の大切さや素晴らしさを参加者に伝える人。インタープリター（interpreter）とは、通訳者、解説者という意味だが、単に地域に生息する植物や野生動物に詳しいというだけではなく、地域の文化や歴史、さらにはそれらの背後に潜む意味や関係性にいたるまで精通していることが前提。その上で、参加者の興味を引きつけるエンターテイナーとして、話術にたけ、ツアープログラムを演出する力も求められる。世界自然遺産をはじめ、エコロジーに世の中の関心が集まる中、インタープリターの数はまだまだ少なく、やりがいのある仕事として注目度も高い」。

おわりに

　居場所は、「介護予防・健康寿命延伸」と紹介されることが多くなったが、必ずしも「介護予防・健康寿命延伸」の枠組みには収まり切らない。本書では、現場に立ち続けてこられた方によるこの問題提起に対して、目的としての介護予防ではなく、結果としての介護予防という観点を示した。それはどのようにして可能なのか。一人ひとりの要求を先取りするのではなく、居られる場所をしつらえることによって、というのが本書の結論である。そのための具体的なあり方は、5つの場所を通して紹介した通りである。

　居場所は、既存の制度や施設の枠組みでは上手く対応されない要求に対応するために開かれてきた場所であり、このような場所にしたいという明確な理念が掲げられている。そして、訪れた一人ひとりの要求へのその都度の対応により機能が備わってくる。要求への対応は理念の具体例となり、理念を豊かなものに育てていくと同時に、理念の共有にもつながっていく。一人ひとりの要求への対応を契機として、より豊かな場所に育っていくこと。これが居場所の大きな可能性である。

　この可能性を捉えるため、本書では居場所と施設とを対比的に論じてきたが、最初に述べたように本書は施設を批判するものではない。そして、大原一興（2007）が「その時々の社会や生活の要求を顕在化する装置として施設があるのだとすれば」と指摘するように、「要求を顕在化する装置」として居場所と施設がめざす方向は同じなのかもしれない。このような施設の現場においては、インタープリター（Interpreter）としての専門家、そして、居られる場所のしつらえという観点を見出すことができると考えている。

「ひがしまち街角広場」の赤井直さんは次のように話す。

　空気を文章にするって難しいじゃない、本にもできひんし。〔『ひがしまち街
角広場』は〕ごく普通のありふれた日常のことをやってるだけだと思うんだけ
ど、ごく普通のありふれたことをするっていうのは、ものすごい難しいことだ
とは思う。一生懸命頑張れば頑張るほど、何かできあがってしまうから。だか
ら、あんまり頑張り過ぎない。もう少し、肩の力を抜いて、リラックスしてっ
ていう感じね。それが自然をつくる中での、一番大事なことかな。こうしまし
ょうとか、ああしましょうとかね、ああなりたいとか、こうなりたい思ったら、
もう肩に力が入る。[090817]

　この言葉は、居場所を支える専門家のあり方としても読むことができる。居場
所の日々は「ごく普通のありふれた日常のこと」であり、空気のように文章にす
るのが難しいこと。専門家には「肩の力を抜いて、リラックス」して居場所の姿
を見つめ、空気を文章にするように、当たり前のものとして見えにくくなってい
るものを記述し、表現していくことが求められるのである。
　本書では白根良子さん、和南治子さん、赤井直さん、河田珪子さんの多くの言
葉を引用させていただいた。筆者自身が、伺った言葉から要求を先取りする代理
人でなく、理解者、説明者、表現者としてのインタープリター（Interpreter）に
なっていることを願う。

参考文献・資料・ウェブサイト

- 青木淳（2004）『原っぱと遊園地』王国社
- 赤井直、歳脇儀一、辻本明子、福岡正輝、吉村英祐（2002）「座談会：新千里東町における社会実験「ひがしまち街角広場」」・『TOYONAKA ビジョン22』Vol.5, pp.53-60
- 赤井直（2005）「ひがしまち街角広場の挑戦：居場所作り」・『TOYONAKA ビジョン22』Vol.8, pp.38-41
- 赤井直（2007）「住民の目で見守る通学路：気軽に集まれる街角広場から！」・『地方自治職員研修』通巻555号, pp.79-81
- 赤井直（2008）「『ひがしまち街角広場』における居場所つくり」・『住宅』Vol.57, No.2, pp.17-20
- 麻野翔太、鈴木毅、奥俊信、木多道宏、松原茂樹（2006）「大阪府ふれあいリビング事業「下新庄さくら園」の利用実態とその意味の考察：まちかどの居場所の研究」・『平成18年度日本建築学会近畿支部　研究報告集』pp.73-76
- アサダワタル（2012）『住み開き』筑摩書房
- 芦田英機（赤澤明編）（2016）『豊中まちづくり物語』啓天まちづくり研究会
- 阿部謹也（1995）『「世間」とは何か』講談社現代新書
- 五十嵐太郎（2001）「ビルディングタイプとはどういうものか」・五十嵐太郎 大川信行『ビルディングタイプの解剖学』王国社
- 伊藤俊介（2007）「建築地理学の考え方」・長澤泰、伊藤俊介、岡本和彦『建築地理学』東京大学出版会
- 伊富貴順一（2001）「住民の視点からみるニュータウンの再生とまちづくり：歩いて暮らせる街づくり（千里ニュータウン新千里東町地区）での取り組みを通じて」・『日本都市計画学会関西支部設立10周年記念論文集』pp.103-108
- 伊富貴順一、宮本京子（2002）「ニュータウン再生における地域住民参加：歩いて暮らせる街づくり構想推進事業「ひがしまち街角広場」の取り組みを通じて」・『都市住宅学』No.39, pp79-84
- イリイチ、イバン（1984）「専門家時代の幻想」・イバン・イリイチほか『専門家時代の幻想』新評論
- 岩佐明彦（2014）「復興のために人々が集う場所」・『建築雑誌』Vol.129, No.1655, pp.20-21
- 植田正治、鷲田清一（2000）『まなざしの記憶：だれかの傍で』阪急コミュニケーションズ
- 上田竜也、藤田忍、薬師寺宏美（2002）「大阪府営住宅における「ふれあいリビング」に関する研究」・『平成14年度日本建築学会近畿支部　研究報告集』pp.81-84
- 植茶恭子、広沢真佐子（2001）「大阪府コレクティブハウジングの取組み」・『財団ニュース』高齢者住宅財団, Vol.45, pp.105-112
- 上野千鶴子（2002）『家族を容れるハコ　家族を超えるハコ』平凡社
- 上野千鶴子（2004）「性の絆からケアの絆へ」・鈴木成文, 上野千鶴子, 山本理顕, 布野修司, 五十嵐太郎, 山本喜美恵『「51C」家族を容れるハコの戦後と現在』平凡社
- 内田樹（2010）『街場の大学論』角川文庫
- 内田樹（2019）『生きづらさについて考える』朝日新聞出版
- 大分大学福祉科学研究センター（2011）『コミュニティカフェの実態に関する調査結果［概要版］』大分大学福祉科学研究センター
- 大阪府（2019）『大阪府営住宅ストック活用事例集　2019年度版』
- 太田博一（2018）「千里ニュータウンの市民活動の動きとコミュニティ再生の展開」・『都市住宅学』102号, pp.37-44
- おおた高齢者見守りネットワーク編, 澤登久雄, 野中久美子（2013）『地域包括ケアに欠かせない多彩な資源が織りなす地域ネットワークづくり：高齢者見守りネットワーク『みまーも』のキセキ』ライフ出版社
- 大阪市（2012）『地域活動協議会　設立&運営ハンドブック（Ver.2.0）』
- 大原一興（2007）「プロセスと制度のデザイン：高齢者施設を例として」・日本建築学会建築計画委員会編『いま、あらためてプロセス・デザイン（2007年度日本建築学会大会（九州）　建築計画部門研究協議会資料）』日本建築学会, pp.26-38
- 生越美咲、森傑、野村理恵（2014）「大船渡市末崎町「ハネウェル居場所ハウス」の設計意図と使いこなしの比較：東日本大震災被災地域の環境移行を支えるコミュニティカフェに関する研究」・『日本建築学会大会学術講演梗概集（近畿）』pp.25-28

- オルデンバーグ、レイ（忠平美幸訳）（2013）『サードプレイス：コミュニティの核になる「とびきり居心地よい場所」』みすず書房
- 介護予防マニュアル改訂委員会（2012）『介護予防マニュアル改訂版』
- 金谷武洋（2019）『述語制言語の日本語と日本文化』文化科学高等研究院出版局
- 河田珪子、清水義晴（2013）『誰でも参加できる「居場所」づくり』在宅介護支援協会
- 河田珪子（2016）『河田方式「地域の茶の間」ガイドブック』博進堂
- 河田珪子（2020）「『実家の茶の間・紫竹』再開への思いと絆」・『さぁ、言おう』さわやか福祉財団, 2020年7月号, pp.7-10
- 清田英巳, パワー, アレン, 高橋杏子, 田中康裕, 原田麻穂（2014）『Ibashoカフェ：大切にしたいこと』（2nd Edition）, Ibasho
- 倉持香苗（2014）『コミュニティカフェと地域社会：支え合う関係を構築するソーシャルワーク実践』明石書店
- 厚生労働省老健局老人保健課『介護予防・日常生活支援総合事業（地域支援事業）の実施状況（平成30年度実施分）に関する調査結果（概要）』※刊行時期未記載
- 厚生労働省老健局保健課（2017）『地域づくりによる介護予防を推進するための手引き［ダイジェスト版］』
- 国土交通省近畿地方整備局（2004）『近畿圏における持続可能なまちづくりに関する調査業務　報告書』
- 小林傳司（2007）『トランス・サイエンスの時代』NTT出版
- 小松尚（2010）「居場所が変える都市と建築」・日本建築学会編『まちの居場所：まちの居場所をみつける／つくる』東洋書店
- 昆布山良則（2015）「コミュニティカフェ　“続けること”が重要」・『シルバー新報』2015年6月12日号
- 佐々木嘉彦（1975）「生活科学について」・日本生活学会編『生活学』第一冊, ドメス出版
- 佐藤航陽（2015）『未来に先回りする思考法』ディスカヴァー・トゥエンティワン
- さわやか福祉財団編（2016）『シリーズ　住民主体のサービスマニュアル　第3巻　居場所・サロンづくり』全国社会福祉協議会
- サン＝テグジュペリ（堀口大學訳）（1955）『人間の土地』新潮文庫
- シェレール、ルネ（安川慶治訳）（1996）『歓待のユートピア』現代企画室
- 篠田昭（2020）「俺たちの実家が、また始まったよ：新潟市「実家の茶の間・紫竹」再開への取り組み」・『さぁ、言おう』さわやか福祉財団, 2020年7月号, pp.4-6
- 清水義晴（2016）『地域福祉の拠点：河田珪子さんがつくる「地域の茶の間」のヒミツ』博進堂
- 常設型地域の茶の間「うちの実家」（2013）『常設型地域の茶の間　うちの実家　10年の記憶　2003-2013』
- 白根良子（2001）「親と子の談話室・とぽす」・日本女子社会教育会編『おや、オヤ？親子・21世紀』日本女子社会教育会
- 白根良子, 滋野淳治, 赤井直, 小松尚, 司会：鈴木毅（2005）「公共の場の構築」・『建築雑誌』Vol.120, No.1533, pp.22-27
- 直田春夫（2005）「千里ニュータウンのまちづくり活動とソーシャル・キャピタル」・『都市住宅学』No.49, pp.15-21
- 鈴木毅（2004）「体験される環境の質の豊かさを扱う方法論」・舟橋國男編『建築計画読本』大阪大学出版会
- 鈴木毅（2007）「環境適応プロセスのデザイン」・日本建築学会建築計画委員会編『いま、あらためてプロセス・デザイン（2007年度日本建築学会大会（九州）　建築計画部門研究協議会資料）』日本建築学会, pp.10-15
- 鈴木毅「当事者による場づくりの時代」（2019）・日本建築学会編『まちの居場所：ささえる／まもる／そだてる／つなぐ』鹿島出版会
- 生活環境問題研究所（2002）『歩いて暮らせる街づくり構想推進事業　ひがしまち街角広場記録集』
- セネット、リチャード（北山克彦, 高階悟訳）（1991）『公共性の喪失』晶文社
- 芹沢俊介（2003）『「新しい家族」のつくりかた』晶文社
- 千里グッズの会編（2005）『街角広場アーカイブ’05』ひがしまち街角広場
- 千里グッズの会編（2007）『街角広場アーカイブ’07』ひがしまち街角広場

- 宅老所・グループホーム全国ネットワーク編（2016）『シリーズ　住民主体のサービスマニュアル　第7巻 宅老所』全国社会福祉協議会
- 橘弘志（2019）「『まちの居場所』の背景と意味」・日本建築学会編『まちの居場所：ささえる／まもる／そだてる／つなぐ』鹿島出版会
- 田所承己（2017）『場所でつながる／場所とつながる』弘文堂
- 田中治彦（2001）「子ども・若者の変容と社会教育の課題」・田中治彦編『子ども・若者の居場所の構想』学陽書房
- 田中康裕, 鈴木毅, 松原茂樹, 奥俊信, 木多道宏（2007b）「『下新庄さくら園』における目的の形成に関する考察：コミュニティ・カフェにおける社会的接触」・『日本建築学会計画系論文集』No.613, pp.135-142
- 田中康裕, 鈴木毅, 松原茂樹, 奥俊信, 木多道宏（2007c）「コミュニティ・カフェにおける「開かれ」に関する考察：主（あるじ）の発言の分析を通して」・『日本建築学会計画系論文集』No.614, pp.113-120
- 田中康裕, 鈴木毅, 松原茂樹, 奥俊信, 木多道宏（2007d）「日々の実践としての場所のしつらえに関する考察：「ひがしまち街角広場」を対象として」・『日本建築学会計画系論文集』No.620, pp.103-110
- 田中康裕, 鈴木毅（2008）「地域における異世代の顔見知りの人との接触についての一考察：「中間的な関係」と「場所の主」の観点から」・『日本建築学会計画系論文集』No.632, pp.2107-2115
- 田中康裕, 鈴木毅（2009）「「親と子の談話室・とぽす」の開設プロセスにみる「場の許容性」についての一考察：「場所の主」へのインタビューを通して」・『日本建築学会計画系論文集』No.636, pp.379-386
- 田中康裕（2010a）「場所の主（あるじ）」・日本建築学会編『まちの居場所：まちの居場所をみつける／つくる』東洋書店
- 田中康裕（2010b）「地域住民が公共施設に開いた「ひろば」」・日本建築学会『まちの居場所：まちの居場所をみつける／つくる』東洋書店
- 田中康裕編（2015）『居場所ハウスのあゆみ（2015年夏版）』Ibasho
- 田中康裕（2016）『プロダクティブ・エイジング実現に向けた「まちの居場所」の役割と可能性：岩手県大船渡市「居場所ハウス」の取り組みから』一般財団法人長寿社会開発センター・国際長寿センター
- 田中康裕（2017）『「まちの居場所」の継承にむけて』長寿社会開発センター・国際長寿センター
- 田中康裕（2018）『岩手県大船渡市「居場所ハウス」の歩み〜プロダクティブ・エイジング実現に向けた先駆的取り組みの考察〜』長寿社会開発センター・国際長寿センター
- 田中康裕（2019a）「フィリピンとネパールにおけるIbashoプロジェクト」・『財団ニュース』高齢者住宅財団, Vol.146, pp.29-38
- 田中康裕（2019b）『まちの居場所、施設ではなく。：どうつくられ、運営、継承されるか』水曜社
- 田中康裕（2019c）「居場所と施設：非施設としての居場所の可能性」・ダチケンゼミ編『足立孝先生生誕百周年記念論文集：人間・環境系からみる建築計画研究』デザインエッグ社
- 辻真菜美, 洪有美, 小松尚（2005）「事例にみる交流の場の立地・設え・もてなしの状況：地域住民が主体的に設立・運営する交流の場に関する研究　その2」・『日本建築学会大会学術講演梗概集（近畿）』E1分冊, pp.5-8
- 中西正司, 上野千鶴子（2003）『当事者主権』岩波新書
- 日本建築学会編（2010）『まちの居場所：まちの居場所をみつける／つくる』東洋書店
- 日本建築学会編（2019）『まちの居場所：ささえる／まもる／そだてる／つなぐ』鹿島出版会
- 新潟県（2015）『高齢者見守り・支え合い活動事例集』新潟県福祉保健部高齢福祉保健課
- 新潟県（2019）『高齢者見守り・支え合い活動事例集（平成30年度改訂版）』新潟県福祉保健部高齢福祉保健課
- 新潟市『住民と行政が協働でつくる助け合いの地域』（地域包括ケア推進モデルハウスパンフレット）新潟市福祉部地域包括ケア推進課　※刊行時期未記載
- 萩原健次郎（2018）『居場所：生の回復と充溢のトポス』春風社
- 原田啓之（2018）「全国2286カ所に急増　貧困対策、交流の場」・『毎日新聞』2018年4月3日
- 久田邦明（2000）「子どもと若者の居場所」・久田邦明編『子どもと若者の居場所』萌文社
- 平田オリザ（1998）『演劇入門』講談社現代新書
- 広井良典（1997）『ケアを問いなおす』ちくま新書
- 広井良典（2009）『コミュニティを問いなおす』ちくま新書

- フォーティー、エイドリアン（坂牛卓, 辺見浩久訳）（2005）『言葉と建築：語彙体系としてのモダニズム』鹿島出版会
- ペリー、クラレンス（倉田和四生訳）（1975）『近隣住区論』鹿島出版会
- 堀越栄子（2015）「サポート拠点（サポートセンター）の機能と地域支え合い体制づくりに向けた課題」・『自治総研』第446号, pp.20-47
- 増田ユリヤ（1999）『「新」学校百景』オクムラ書店
- 松岡洋子（2011）『エイジング・イン・プレイス（地域居住）と高齢者住宅：日本とデンマークの実証的比較研究』新評論
- 松原茂樹, 岩根敬子, 鈴木毅, 田中康裕, 奥俊信, 木多道宏（2009）「大阪府ふれあいリビング事業の運営と連携：住民が運営する交流の場所と地域環境の関係に関する研究」・『日本建築学会計画系論文集』No. 636, pp.347-354
- 松村秀一（2016）『ひらかれる建築：「民主化」の作法』ちくま新書
- 三浦文夫（1987）『増補社会福祉政策研究：社会福祉経営論ノート』全国社会福祉協議会
- 宮本京子（2004）「「ひがしまち街角広場」によるニュータウン再生」・『建築と社会』Vol.85, No.985
- 向谷地生良（2006）『「べてるの家」から吹く風』いのちのことば社
- 向谷地生良, 小澤勲（2006）「「当事者の時代」に専門家はどこに立つのか」・小澤勲『ケアってなんだろう』医学書院
- 向谷地生良（2009）『統合失調症を持つ人への援助論』金剛出版
- 麦倉泰子（2019）『施設とは何か：ライフストーリーから読み解く障害とケア』生活書院
- 山本茂, 宮本京子（2001）「千里ニュータウンにおける取り組みと展望」・『地域開発』Vol.444, pp.33-37
- 山本哲士（2006）『ホスピタリティ原論』新曜社
- 山本哲士（2009）『イバン・イリイチ』文化科学高等研究院出版局
- 山本裕一（2004）「子どもの居場所づくり新プランについて」・『保健医療科学』第53巻第2号, pp.120-124
- 山本理顕（2004）『新編　住居論』平凡社ライブラリー
- 湯浅誠（2017）『「なんとかする」子どもの貧困』角川新書
- 横川和夫（2004）『その手は命づな：ひとりでやらない介護、ひとりでもいい老後』太郎次郎社エディタス
- ルフェーブル、アンリ（斎藤日出治訳）（2000）『空間の生産』青木書店
- WAC編（2007）『コミュニティ・カフェをつくろう！』学陽書房
- 鷲田清一（2012）『語りきれないこと』角川学芸出版
- 鷲田清一（2019）『濃霧の中の方向感覚』晶文社

参考ウェブサイト

- 浅川澄一（2015）「行政が目論む「安上がりの介護へ転換」の実態」・『ダイヤモンド・オンライン』2015年9月16日　http://diamond.jp/articles/-/78587
- 「歩いて暮らせる街づくり」関係省庁連絡会議「「歩いて暮らせる街づくり」モデルプロジェクト地区の選定について」2000年3月　https://www.kantei.go.jp/jp/kakugikettei/2000/koukyoukouji/sentei.html
- 「Ibasho」　https://ibasho.org/
- 「Ibasho Japan」　https://ibasho-house.jimdo.com/
- 「居場所ハウス」　https://ibasho-house.jimdofree.com
- 岩手県大船渡市「地区別の被害状況について」2011年6月2日　https://www.city.ofunato.iwate.jp/uploaded/attachment/15425.pdf
- 「Operation USA」　http://www.opusa.org/
- 『おおた高齢者見守りネットワーク（みま〜も）』の「みま〜もは専門職が地域に飛び出すことができる土台作り！」（2017年10月23日）のページ　http://mima-mo.net
- 厚生労働省老健局振興課「介護予防・日常生活支援総合事業の基本的な考え方」　https://www.mhlw.

go.jp/file/06-Seisakujouhou-12300000-Roukenkyoku/0000192996.pdf

- 厚生労働省「これからの介護予防」 https://www.mhlw.go.jp/file/06-Seisakujouhou-12300000-Roukenkyoku/0000075982.pdf
- 厚生労働省「地域包括ケアシステム」 http://www.mhlw.go.jp/stf/seisakunitsuite/bunya/hukushi_kaigo/kaigo_koureisha/chiiki-houkatsu/
- 厚生労働省老健局「2015年の高齢者介護：高齢者の尊厳を支えるケアの確立に向けて」 https://www.mhlw.go.jp/topics/kaigo/kentou/15kourei/index.html
- 国立社会保障・人口問題研究所「日本の地域別将来推計人口（平成30（2018）年推計）」 http://www.ipss.go.jp/pp-shicyoson/j/shicyoson18/t-page.asp
- 「下新庄地域活動協議会」 https://simosinjocikatu.jimdo.com
- 「社会福祉法人大阪市東淀川区社会福祉協議会」 https://www.hohoemi-kushakyo.or.jp
- 「13歳のハローワーク　公式サイト」の「インタープリター」のページ https://www.13hw.com/jobcontent/J000100055.html
- 「全国小規模多機能ホーム情報サイト」 http://www.shokibo-takino.com
- Tan, Sue-Ann（2017）, Cafe run by seniors for seniors opens in Bukit Batok, The Straits Times, October 6, 2017　https://www.straitstimes.com/singapore/cafe-run-by-the-elderly-for-the-elderly-opens-in-bukit-batok
- 「ディスカバー千里」（千里ニュータウン研究・情報センター） https://discover-senri.com/
- 豊中市「アダプト活動」 https://www.city.toyonaka.osaka.jp/kurashi/gomi_risaikuru_bika/machi_bika/machibika_activity/adaputo.html
- 豊中市「新千里東町近隣センター地区市街地再開発事業に関連する都市計画の決定及び変更のお知らせ」 https://www.city.toyonaka.osaka.jp/machi/toshikeikaku/tokei_topics/juran.html
- 豊中市「千里文化センター市民実行委員会について」 https://www.city.toyonaka.osaka.jp/machi/korabo/siminzikkouiinkai.html
- 豊中市「地域の自治・コミュニティ」 https://www.city.toyonaka.osaka.jp/machi/npo/jiti/index.html
- 長寿社会文化協会（WAC）「全国『コミュニティカフェ』一覧」 http://www.wac.or.jp/comcafe/community_cafe_list.html
- 内閣府（2012）『平成23年度　高齢者の居場所と出番に関する事例調査結果（全体版）』 https://www8.cao.go.jp/kourei/ishiki/h23/kenkyu/zentai/index.html
- 新潟市「支え合いの地域をつくる『茶の間の学校』」 https://www.city.niigata.lg.jp/kosodate/manabishogaku/search/shisetsu/kakukominkan/sironechiku/shironetiku/shirone_tyanoma.html
- 新潟市『『実家の茶の間・紫竹』（基幹型地域包括ケア推進モデルハウス）」 https://www.city.niigata.lg.jp/smph/iryo/korei/chiikihokatsucare/jikkanocyanoma.html
- 新潟市「地域包括ケア推進モデルハウスの取り組み」 https://www.city.niigata.lg.jp/smph/iryo/korei/chiikihokatsucare/houkatsucaremh.html
- 「ニュータウン・スケッチ」 https://newtown-sketch.com/
- 認知症施策推進関係閣僚会議（2019）『認知症施策推進大綱』 https://www.mhlw.go.jp/content/12300000/000519434.pdf
- 「パブリックシェルターガイド」 https://publicshelter.jimdofree.com
- 「ひがしまち街角広場」 https://e-machikado.jimdofree.com
- 文部科学省「学校週5日制に関するこれまでの経緯」 https://www.mext.go.jp/a_menu/shougai/week/index_b.htm

※全てのウェブサイトは2020年2月1日時点でアクセスできることを確認。

謝辞

本書を執筆するにあたっては多くの方のお世話になりました。

「親と子の談話室・とぽす」の白根良子・喜代志さんご夫妻、「下新庄さくら園」の和南治子さん、木本弘恵さん、「実家の茶の間・紫竹」の河田珪子さんには長時間にわたるインタビューにご対応いただきました。また、訪問の際にはスタッフや来訪者のみなさまに暖かく迎えていただきました。

千里ニュータウンでの調査、および、活動を続けるにあたっては「ひがしまち街角広場」の赤井直さん、太田博一さん、スタッフや来訪者のみなさま、「千里グッズの会」と「千里ニュータウン研究・情報センター」（ディスカバー千里）のみなさまをはじめとする方々から多大なるご協力をいただきました。

大船渡市末崎町で生活しながらフィールドワークを続けるにあたっては「居場所ハウス」の近藤均さん、鈴木軍平さんをはじめとするスタッフや来訪者のみなさま、山岸仮設と大田仮設の支援員・居住者のみなさまをはじめとする方々から多大なるご協力、ご支援をいただきました。

以上で個人のお名前を書かせていただいた方々は書籍や雑誌、新聞記事、ウェブサイトなどで広くお名前が知られているため、本文中でも実名で記載させていただきました。

これまでにも5つの場所に関する文章を執筆してきましたが、本書を執筆するにあたっては、インタビューの記録を全て読み返す作業を行いました。この作業を通して、今だから理解できた言葉、意味されていることの大きさに気づかされた言葉がいくつもありました。お聞きした言葉は、自らの思考の枠組みの範囲でしか理解できないこと、それゆえ、自らの思考の枠組みをたえず更新させていくことが必要であること。白根良子さん、和南治子さん、赤井直さん、河田珪子さ

んからはこのことを教えていただいたように思います。

　本書における「居場所ハウス」の取りあげ方はほかの4つの場所とは異なりますが、「居場所ハウス」の当事者としての経験が、白根良子さん、和南治子さん、赤井直さん、河田珪子さんの言葉を理解するための大きな助けになっているのは間違いありません。

　5つの場所は、いずれ運営のかたちが変わったり、運営を終了したりすることがあるかもしれません。たとえそうであったとしても、5つの場所が積み重ねてきたこと、照らし出してきたことの価値がなくなるわけではなく、5つの場所から学ぶ姿勢が重要であり続けることには変わりません。

　フランス文学者で思想家、武道家でもある内田樹 (2010) は学術論文の本質は「私たちが先人から受け取った『贈り物』を次の世代にパスするものである」と記しています。幸いにして、5つの場所から受けとった「贈り物」を、次の世代にパスしておくこと。これも本書執筆の大きな動機となっています。

　本書はワシントンDCの非営利法人「Ibasho」代表の清田英巳さん、Ibasho Japanのみなさま、日本建築学会環境行動研究小委員会のみなさま、ダチケンゼミ（大阪大学工学部建築工学科第三講座（建築計画学）に所属した研究者有志）のみなさま、国際長寿センター・日本 (ILC Japan) のみなさまをはじめ、多くの方々との議論がベースになっています。また、SNSを通していただいたコメントからも多くのことを教えていただきました。みなさまに深くお礼を申し上げます。

　最後になりましたが、新型コロナウイルス感染症の収束がまだ見通せない困難な状況であるにもかかわらず、本書の出版という貴重な機会を与えてくださった水曜社の仙道弘生氏に深く御礼を申し上げます。

田中 康裕 (たなか・やすひろ)

京都府八幡市生まれ。2007年大阪大学大学院工学研究科博士後期課程修了、博士（工学）。清水建設技術研究所・研究員を経て、2013年より岩手県大船渡市の居場所ハウスの運営・研究に携わる。2014年よりワシントンDCの非営利法人Ibashoがフィリピン、ネパールで進めるプロジェクトをサポート。2015年12月より東京大学大学院経済学研究科・特任研究員（〜2017年3月）。2018年10月よりIbasho Japan・代表（〜現在）。大阪府の千里ニュータウンでは、大学院の頃から居場所、計画住宅地のアーカイブに関する研究と実践を行っており、2012年9月より千里ニュータウン研究・情報センター事務局長（〜現在）。

わたしの居場所、このまちの。
—— 制度の外側と内側からみる第三の場所

発行日　2021年6月28日 初版第一刷

著者　　田中 康裕
発行者　仙道 弘生
発行所　株式会社 水曜社
　　　　〒160-0022 東京都新宿区新宿1-14-12
　　　　TEL 03-3351-8768　FAX 03-5362-7279
　　　　URL suiyosha.hondana.jp/
装幀　　中村 道高(tetome)
印刷　　日本ハイコム株式会社

 地域社会の明日を描く──

全国の書店でお買い求めください。価格はすべて税込（10%）

全国の書店でお買い求めください。価格はすべて税込（10％）

全国の書店でお買い求めください。価格はすべて税込（10%）